KB271102

李佑成 著作集

5

碧史館文存 上 詩

李佑成 著作集

5

창비

李佑成 著作集을 펴내며

처음으로 서고정사(西皐精舍)를 방문했던 기억이 난다. 서고정사는 퇴로(退老)마을, 벽사 선생님의 생가(生家)에서 멀지 않은 산자락에 위치한 아담한 정자이다. 이곳에서 선생님은 6세부터 성장기에 이르기까지 전통적인 한문(漢文)을 수학(修學)하셨다고 한다. 선생님의 큰 학문을 배태(胚胎)한 바로 그 요람(搖籃)에 내가 와 있다는 생각에 감회가 새로웠다. 그러나 감회에 젖었다가 곧 또다른 생각이 일어났다. '선생님이 만일 끝까지 한문에만 전념하셨더라면 지금의 학문적 업적을 이룰 수 있었을까?'

그렇다. 선생님은 한문으로 출발하셨지만 결코 한문에 매몰되지 않으셨다. 선생님은 20세 무렵부터 대학에서 신학문을 공부하면서 광범위한 서양지식을 독학으로 답파(踏破)하셨다. 그리하여 젊은 학자들도 따라갈 수 없는 진보적인 사상을 기반으로 학술사(學術史)에 길이 남을 논문을 계속 발표하셨는데 여기에는 젊은 시절에 익힌 한문에 대한 조예(造詣)가 일정한 기여를 했으리라 생각된다. 이렇게 볼 때 선생님의 학문자세를 '법고창신(法古創新)'이라는 말 이외에는 달리 표현할 길이 없다.

이른바 문사철(文史哲)이 극도로 세분화된 이 시대에 선생님은 드물게도 이 세 가지를 겸비한 분이다. 한국한문학회, 역사학회, 한국실학학회 등의 회장을 역임하신 사실이 이를 말해준다. 그렇기 때문에 남들이 지니지 못한 폭넓은 시야를 가지고 한국학 전체를 통섭(統攝)하는 학문적 업적을 이룰 수 있었던 것이다.

선생님은 또한 결단을 내려야 할 역사적 순간에는 몸을 던져 행동하는 데에 망설임이 없으셨다. 1961년 4·19 직후에는 학원민주화운동에 적극 가담한 이유로 동아대학교 교수직에서 물러나야 했으며, 1980년에는 군 부독재에 맞서 '361교수성명'을 주도하고 이어 지식인선언에 참여한 이유로 치안당국에 구속수감되고 성균관대학교 교수직을 4년간 박탈당했다.

1990년 성균관대학교에서 정년퇴직하실 때까지 선생님은 후학들에게 참으로 많은 것을 깨우쳐주셨다. 아니 그후로도 실시학사(實是學舍)에서 젊은 학자들과 함께 한국고전 강독을 지금까지 계속하신다. 이 강독회의 결과, 선생님의 지도가 아니면 나올 수 없었을 귀중한 역주서(譯註書)들이 수없이 출간되었다.

그러나 이제 선생님의 연세(年歲)가 80대 중반에 이르러 전과 같은 창조적 학문활동을 계속하기가 어렵게 되었다. 이에 후학들이 뜻을 모아 그동안 산발적으로 간행되었던 선생님의 저서를 한 질의 저작집(著作集)으로 묶게 된 것이다. 이 저작집은 선생님 개인적으로는 일생의 업적을 정리하는 계기가 될 것이고, 후학들에게는 앞으로 공부하는 데에 더없이 좋은 나침반이 될 것이다. 그리고 무엇보다 이 저작집은 한국 학술사의 한 시대를 획(劃)하는 기념비적인 성과물이 될 것이라 생각한다.

선생님이 주도하셨거나 공편(共編)한 책들 그리고 실시학사에서 강독을 통하여 번역된 책들은 이 저작집에 수록하지 못하였다. 그 서목(書目)들은 별도로 권말에 부기(附記)해둔다.

끝으로 선생님과는 오랜 인연을 맺어온 창비의 식구들, 특히 백낙청 선생님의 후의(厚誼)와 고세현 사장의 지원, 염종선, 부수영씨의 노고에 진심으로 감사한다. 그리고 전재(轉載)를 흔쾌히 허락해준 한길사, 일조각, 경인문화사, 아세아문화사에도 고마운 마음을 전한다. 저작집 간행의 실무를 총괄한 김용태 교수와 교정위원 제군의 노고 또한 잊을 수 없다.

2009년 12월

不肖弟子 宋載卲 삼가 씀

일러두기

1. 이 저작집은 벽사 이우성 선생의 저작 8권으로 구성하였으며, 고전국역서는 제외하였다.

2. 제2권 『한국중세사회연구』는 원 저작에 한자가 노출되고 한문이 직접 인용되어 있으나, 독자들의 이해를 돕기 위해 한자를 괄호 안에 넣어 한글과 병기하고 한문 인용문은 번역 문을 함께 실었다.

3. 제3권 『실시학사산고』는 2부에 2편, 3부에 1편의 글을 추가하였다.

4. 제5, 6권 『벽사관문존』은 기존의 『벽사관문존』을 상(시)·하(산문)로 분책한 것으로, 상권에 '몽송집(夢松集)'과 '제오차 중국기행시초(第五次中國紀行詩抄)', 하권에 산문 9편을 추가하였다.

5. 제7권 『신라사산비명 교역』은 1부와 2부는 원 저작을 영인하고, 3부 역문은 번역을 다듬고 각주와 색인을 첨가하였다.

6. 제8권 『고양만록』은 3부에 2편, 5부에 1편, 7부에 2편의 글을 추가하고, 권말에 저작집 간행 후기와 2종의 저자 연보(自撰年譜 포함)를 실었다.

7. 명백한 오탈자는 바로잡았고, 인명 표기 및 문장은 가급적 원본대로 두는 것을 원칙으로 하였다.

책을 펴내면서

이 책은 벽사(碧史) 선생님께서 한문(漢文)으로 쓰신 글을 모은 시문집(詩文集)이다. 우리나라 한문학과 역사학 연구에서 선생님이 차지하는 위치는 실로 높은 산과 같아서 이 분야에 종사하는 학자로서 직·간접으로 선생님의 영향을 받지 않은 사람이 드문 것이 사실이다. 우리나라뿐만 아니라 중국과 일본 학계에서도 선생님의 학문은 높은 평가를 받아왔다. 선생님은 강학(講學)과 집필(執筆)의 여가에 틈틈이 한문으로도 저작을 하셨는데 이렇게 해서 쌓인 한시문(漢詩文)의 분량 또한 적지 않았다. 이에 온지회(溫知會)에서 발의(發議)하고 실시학사(實是學舍) 고전문학연구회에서 편집을 맡아 한 권의 책으로 묶게 된 것이다. 선생님께서는 한문문집(漢文文集)을 출간하는 것이 이 시대에 무슨 소용이 있겠느냐고 하시면서 극구 만류하셨지만, 선생님의 논문과 저술에서는 느낄 수 없는 또다른 향기에 젖고 싶은 제자들의 욕심 때문에 이 책을 펴내게 되었다.

선생님은 전통적인 한학(漢學)으로 학문에 입문하셨다. 소싯적에 이미 많은 양의 한시를 지었음은 물론이고 15, 6세 경에는 한문으로 논(論)과 설(說)을 창작하셨는데 지금 읽어도 그 명쾌한 논리에 감복하지 않을 수 없다. 이후로는 주로 시를 지으셨고 다른 사람들의 청탁에 의하여 서(序)·기(記)·발(跋)·비문(碑文) 등도 지으셨다. 이렇게 한학으로 출발하여 평생을 한문적 분위기에서 살아오셨지만, 지금까지 선생님께서 발표하신 한문학과 역사학 관계 논문들은 발표될 때마다 학계의 비상한 주목을 받아왔다. 또한 선생님의 논문들은 그 독창성과 진보성으로 인하여 젊은 후배들의 미욱함을 깨우쳐주는 하나의 지표가 되었다. 선생님의 학

문은 전통과 현대의 이상적인 조화 속에서 탄생하고 성숙되었다는 생각
이 든다. 연암(燕巖)이 말한 법고창신(法古刱新)이 선생님의 학문에 꼭
부합된다고 감히 생각해본다.

근 삼십여년 동안 선생님을 가까이 모시고 가르침을 받아오면서 선생
님은 언제나 높은 학자, 근엄한 스승으로만 느껴졌다. 그러나 이 책을 엮
으면서 특히 시를 읽으면서 봄바람같이 따뜻한 선생님의 인품을 접할 수
있었다. 학문적으로 추호의 빈틈도 용납하지 않으시고 불같은 꾸중을 내
리시던 선생님의 모습과는 다른 훈훈한 정(情)이 가슴에 와닿았다. 선생
님의 시에 대하여 나 같은 천학비재(淺學非才)가 감히 무어라고 말할 수
없지만, 청경(淸勁)하고 고담(枯淡)한 선생님의 시에는 선생님 평생의 갖
가지 곡절과 정신적 지향이 곡진하게 투영되어 있어서 선생님의 인간적
인 풍모를 살피는 데에 더없이 좋은 자료가 아닌가 한다.

지난해 스승의 날 야유회에서 "내가 죽고 난 후에도 추억거리가 되게 사
진을 많이 찍자"고 하셨다는 말을 전해듣고 가슴이 뭉클했다. 선생님은
아직도 실시학사에서 고전문학연구반과 경학연구반 제자들을 변함없이
지도하고 계신다. 앞으로도 영원히 학사에서 선생님의 기침소리를 듣고
싶은 것이 우리 제자들의 소망이다.

이제 선생님의 80회 생신을 맞아 이 책을 선생님께 바치고자 한다. 그리
고 먼 훗날 선생님이 그리울 때, 선생님과 함께 찍은 사진과 함께 이 책의
시와 글들을 읽으면서 선생님에 대한 그리움을 반추하고자 한다.

끝으로 원고의 입력에서부터 교정에 이르기까지 도맡아 고생을 한 이
철희(李澈熙), 한영규(韓榮奎), 김진균(金鎭均), 최영옥(崔煐玉) 제군에
게 감사의 마음을 전한다.

2005년 2월

不肖弟子 宋載卲 삼가 씀

| 차례 |

西皐蛾述集

西皐 我先代別墅之西皐精舍也 余自七歲 至十九歲 從師傅 受業
於此 蛾術者 謂幼少時習讀習作 如蛾之食葉而成長也

서고(西皐)는 우리 선대(先代)의 별장인 서고정사(西皐精舍)를 말한
다. 나는 七세로부터 十九세까지 사부(師傅)를 좇아 여기에서 글공
부를 하였다. 아술(蛾術)이란 것은 유소년시절에 읽기와 짓기 등 학
습하는 것이 나방이 잎을 갉아먹고 자라나는 것과 같다는 뜻이다.

遊郊外晚歸 寄金表兄 熙麟 己卯一九三九年 仲春

送客攀湖樹　尋春過野橋
西亭今夜月　花下好相邀

登嶺南樓 己卯一九三九年 九月

廢郭千年跡　寒江萬古流
秋風無限意　獨上嶺南樓

春日西皐即事 庚辰一九四〇年 三月

黃茅墻上午時雞　獨向前村舉首啼
似有情人侯不到　梅花亂落竹林西

春日西皐遣閒 庚辰一九四〇年 四月

乍捲陳編倚小樓　東風浩盪拂簾鉤
青狨獨在庭中睡　不省桃花落滿頭

遜堂李相羲先生 爲督余課做 自桂城移住退里

庚辰一九四〇年 孟秋

家大人 爲買一屋子於精舍東麓 以處之

竹園茅屋淨無塵　　迎得賢師作主人
愧我跳踉餘舊習　　焦先生在敢因循*

*前此 宜庵裴炳翰先生 館于我家 我王考 與宋晦川書 曰汝鸞兄 延在書塾
而不能用焦先生遺法 一任其跳踉 可哂 盖王考 深以余怠學爲憂 故有是言
也

摘茶二絶 庚辰一九四〇年 暮秋

霜落秋園葉未枯　　滿筐靑綠向陽鋪
三冬添得齋居趣　　閒汲淸泉煮小爐

不隨薑桂共登盤　　氣味偏堪配菊餐
最愛書燈風雪夜　　一盃融却一窓寒

三從兄仁成 自京師歸 余爲寄梅花一枝 請夜會西亭二絶

庚辰一九四〇年 季冬

西皐亭畔數株梅　　冒雪衝霜幾度開
閉戶忽驚春信到　　巡簷一笑興難裁

遠向京師憶故人　　隔墻聊寄一枝春

西皐蛾述集 13

願君無負今宵月　花下携樽敍至親

夜　辛巳一九四一年 二月

重門寂寂少人過　讀罷床書月未斜
忽有暗香來撲鼻　碧窓深處有梅花

草堂梅花盛開　有懷港寓 辛巳一九四一年 仲春

憶弟思兄別恨新　故山寥廓一年春
憐渠窓外寒梅樹　滿發東風待主人

龍城寒食 辛巳一九四一年 仲春

水向城南去　人從城北來
濛濛寒食雨　幾處杏花開

凝川渡　憶裵友宅基 辛巳一九四一年 三月

雪盡江南萬柳春　隔年回首杳行塵
城樓縹緲倚欄處　驛店依稀題壁辰

只爲妙齡同趣尙　非緣亂世少情親

西亭三月花如海　那得芳樽對故人

遊華岳山 辛巳一九四一年 暮春

坐惜三春暮　行偸半日閒
鳥啼山寂寂　花落水潺潺
處靜僧猶老　探奇客忘還
夕陽疎磬發　浩嘯下雲間

餞春 辛巳一九四一年
　陪遜堂翁 及小隱時谷兩再從叔父 出遊藍湖

惜春難得挽春留　杖屨追隨作勝遊
却爲尋芳同出野　何須望遠獨登樓
花如世事來還謝　水共年華逝不休
引取湖波千頃濶　臨風滌蕩舊塵愁

陪諸長老 遊靜存軒 辛巳一九四一年 初夏

睡起林窓日正長　却欣文酒會高堂
閒鷗對浴池荷影　戲蝶雙飛野菜香
簷迎遠岫來晴靄　軒壓平郊納晚涼
明日海山佳約在*　廣收風物入詩囊
　*將以明日往釜山

西皐月下賞梅二絶　壬午一九四二年　早春

冰輪乘雪弄清光　玉樹臨風吐暗香
欲向西湖招白鶴　逋仙同醉水雲岡

瑤宮端正素娥眉　窮巷孤高處士姿
徙倚曲欄成一笑　三人相對澹相知

五老吟　壬午一九四二年　仲夏

老儒

場屋無成環堵寒　蕭疎短髮戴塵冠
一生游泳惟書裏　萬古經綸是筆端
硯弊幾年磨不已　榻穿雙膝坐猶安
莫言碌碌無奇術　胸臆包藏地海寬

老將

落拓江湖每自悲　當年萬里討戎夷
功名未大塵氛息　志氣猶雄骨骼衰
李廣不候違世用　廉頗爲客少人知
坐聞邊報心還動　匣裏秋蓮夜吼時

老農

婦能播穀子能犂　解誦豳風七月詩
田畯招邀同酒食　村氓占問似著龜
豫將旱潦觀年象　慣種桑麻識土宜

休道一生無事業　邦家賴此免窮飢

老吏

少時讀得數行文　服事如今鬢雪紛
眼閱簿書如燭照　口談刑律等絲分
黎民每被徵求急　守令還須承奉勤
追悔往愆嗟莫及　生兒早使學耕耘

老妓

銀屏錦帳憶依稀　四十年前二八時
夢罷悲啼燈下頰　容衰羞畫鏡中眉
梨園弟子多新選　金屋公侯少舊知
莫抱琵琶彈夜月　江州詞客淚雙垂

八哀詩

萬古三仁幷世名　少師罹禍獨捐生
宮庭剖腹知何見　一片丹心向日明
　　　　　右　哀比干

說到申生我每悲　世人休獨怨驪姬
早令父子心爲一　祭肉何能遽致疑
　　　　　右　哀申生

濁世難容察察身　可憐魚腹葬忠臣
湘南春草青千里　魂返年年恨益新

右　哀屈原

劉起山東項渡江
胡亥纔死子嬰降
當時如使賢儲在
不築長城可守邦
右　哀扶蘇

蜀中非復漢乾坤
痛哭祠堂白日昏
當日背城須一戰
家亡國破義聲存
右　哀劉諶

四十晝宵槍矢間
孤城不保保心丹
何當快把龍泉釰
先斬胡兒次賀蘭
右　哀張巡

南渡官家憂日深
岳爺豪氣盪層陰
英雄枉死何須說
直爲神州慟陸沈
右　哀岳飛

翰苑歸來寵渥多
幾年賈誼滯長沙
建文皇帝昇天去
留此殘生可奈何
右　哀方孝孺

征戰苦

長河之水流浩浩
年年人向塞北道
一渡河水久不歸
黃沙萬里征夫老

旌旗飄搖劍戟寒　十月獰風吹枯草
千軍一呼地欲裂　滿空砲火濺紅血
日暮戰罷金錚鳴　幾人顛仆幾人絶
去年死者不掩魄　今年死者更露骨
新鬼舊鬼哭煩寃　從此塞上少晴天
塞北征夫未解甲　豈知隴西又烽烟
已敎羽檄馳列郡　復見車仗出窮邊
天下父母多生子　生子半送戰場死
死者不返生者又　苦哉征戰無時已
桑村十室八九空　寡妻孤兒誰賴恃
閭巷蕭條田野荒　秋來稻黍不滿場
老弱相與艱收拾　太半去納官家倉
官家倉廩如山阜　來歲盡發充軍糧
征戰苦幾時休　營中少年欲白頭
不須閱史談往昔　我目所睹政可憂
君不聞海東天子張不弛　縣吏朝朝募壯士

七夕 壬午一九四二年 季夏

世人多重七夕節　七夕故事言太俚
牽牛織女本虛名　只是渺渺雙星爾
男娶女嫁似相好　雲旗香車誰所造
詞客自古皆尚詭　愚婦至今或乞巧
七夕年年苦殘暑　今年嶺南秋氣早
崇朝小雨成泥淖　入夜微風侵巾帽
白露初下四野淨　新月未圓千家照

我上西樓倚曲欄　庭松院竹生輕寒
悲虫何意吟床下　宿鳥時驚號樹間
微物亦自知時變　我懷幽獨與誰歡
商音一曲無人會　臥看螢火飛簾外

夜久上西亭 壬午一九四二年 初秋

喚出山童啓竹扉　星河西昃月沈輝
隔溪群吠誰家犬　無數村燈自市歸

送鷰 壬午一九四二年 季秋

江南三月帶春歸　生得新雛兩兩飛
陽圃曾隨花蝶戲　霜籬漸覺草虫稀
重尋海國雲間路　同出山家水上扉
知汝微誠不忘舊　也應明歲復來依

立春日 西亭紅梅已開 用東坡韻 癸未一九四三年 一月

昨夜春信入湖村　孤山驚返林仙魂
一樹清標百物首　眼明天地破陰昏
根同老石近前砌　枝連脩竹映後園
經歲冷凜節獨苦　對人香艷情偏溫
鐵榦帶雪凌夕靄　玉顏點朱迎曉暾

境靜慣聞讀書響　小齋寂歷臨池門
讀書少年塵外態　欣然相視也無言
得句閒吟聊寄意　何須月下倒芳樽

近來　酒禁甚苛　遜堂翁　自絕飲以後　貌甚瘦　長老往往嘲
笑　書爲長句伏呈 癸未一九四三年　初春

先生六十食無肉　自愛淸貧似陶潛
白屋蕭然來客少　三時獨對盤中塩
不害居處水共淡　却有威稜霜如嚴
最是酒盃難棄絕　一日不可屑不霑
濁世長與麴蘖友　老年幾被兒童嫌
昏冥之逃非所慕　儒家本色端而廉
只喜濃郁芬香味　六腑五臟薰沈漸
養我太和消我鬱　胸間無滯絲毫纖
西皐水竹盛夏節　壺觴日日傍書籤
醉後錯落驪珠句　滿堂酬唱驅煩炎
那知此樂亦不永　世亂年荒無吉占
初訝街頭酒價貴　禁令一朝收靑帘
先生不飮動閱朔　瘦盡鶴骨餘疎髯
葛巾凄冷明月照　瓦盆寂寞閒塵黏
吟詩頓覺舊興減　遇事還多新愁添
昨夜雨過春意動　笑索梅花試巡簷
東風吹遍三千里　衆蟄欲啓群芽尖
此時不得一盞開懷抱　空有華山入顧瞻
華山萬古碧繞繚　先生留連歲且淹

採丹不隨葛玄杖　著易且下君平簾
如今但願得酒不願他　好事由來不可兼
聞昔淵明欲止酒　暮寢晨起意難恬
嗟吾家有山東之田三百畝　何由分其一半
爲我先生種秫藝黍　釀得千甕如密甜

東村 癸未一九四三年 仲春

風吹白袷輕於紗　趁陌看桑日已斜
布穀千聲雨過野　梨花一樹春滿家
不愁市貨如潮湧　只喜田功逐日加
道見鄰翁笑相問　東村有酒試來賒

西皐 憶裵友 癸未一九四三年 暮春

地不崇朝信息稀　寥寥花竹鎖巖扉
詠歸橋上靑春暮　空遣東風拂袷衣

盧誠庵根容 成溪巖耆憙二丈 枉臨精舍 同遜堂翁唱酬　余
亦次韻奉餞 癸未一九四三年 仲夏

榴花纔落筍初齊　一坐林亭到日西
倦夢驚回樑燕語　淸吟喜和谷鶯啼
詩書着眼絲毫細　天地披胸海嶽低

祖道堪愁炎熱虐　更將盃爵洗寒溪

六月一日夏課開硯　述懷二首 癸未一九四三年

十載竿頭進步遲　干戈滿地杏佳期
狂飆江海魚龍怒　落日關山草木悲
已信英雄無避世　亦知文學有關時
詩篇自此增豪氣　陸老風惊使我思

中國詩　多悲時苦俗之語　讀之令人傷損心志　獨陸放翁　豪縱慨慷
有英雄口氣　吾將學焉

大陸茫茫夜色遲　東方曙日出無期
歐西文物金星燦　濠北風雲畫角悲
戰伐將成新世史　平和謾說昔王時
男兒十九胸懷壯　一嘯長天有所思

述志

東西通何時　宇內破天荒
紛紛蠻與觸　亦旣息一方
異種相接近　海水爲津梁
列國粲文明　欲奪日月光
奢靡爭競習爲俗　天公俯視厭鴟張
一聲巨雷轟破二十世紀之平和史　地球三面皆戰場

歐風亞雨捲大陸　百萬軍歌出扶桑

纔傳荷蘭失領屬　怒砲已落太平洋

正值人界換局始　善惡興亡判於此

不知何處少年婉婉若處子　足跡未嘗離庭戶　每聞時事輒掩耳

獨在雲林泉石裏　讀書窮理不願人知己

云是生於檀箕禮義之國　其家富典籍　閣貯八千軸

置身古今中外群書裏

下尋諸子之餘緒　上咀六經之糟粕

嘗思往昔人物多超倫　惟有英雄占位尊

新洲輝赫華盛頓　絶島慷慨拿破崙

有時激昂靑編中　更將地圖察西東

登高山兮一浩嘯　遂令四海風雲盪其胸

不願兀兀守緇帷　秉翰執牋　剽竊前人之文辭

又不願隱蟄閭巷　甘作無用之民　飢而食飽而嘻

手持黃金渡玄灘　適彼東洋第一繁華之市關

買得秋水之神釖　橫佩腰帶間

虎豹見之驚竄山谷兮　鯨鰐慴伏不敢起波瀾

立馬崑崙頂　掛弓珊瑚灣

功業載簡策　聲名播人寰

嗚乎客氣易衰　豪言無憑

撥亂濟艱　爾尚乏材力

且須歛向名山　攻苦十年燈

究聖賢之用心　學豪傑之所能

舉局簸盪而沙土淘汰　此後開拓新時代

豈不見朝陽鳴鳳　待逢休運方出世

農村即事

黃梅落盡江南村　　霏霏一雨霑田園
正屬農家多事日　　四隣耒耜招呼喧
隴上新秧綠一色　　水被前郊方移根
雨量未足水未遍　　疏開溝洫引泉源
西疇種豆久未理　　豆苗不見草正繁
露滴簑衣出淸曉　　月照牛背歸黃昏
共說去年逢大無　　羹黎三冬竈不溫
今年但願百穀熟　　我輩勞苦何須言
桑麻百畝接屋舍　　楊柳十里映川原
居人日日在野外　　空庭曝麥晝掩門
日午墟落還寂寂　　鷄豚散食繞籬樊
七十老翁支頤坐　　石榴花下弄兒孫

題五湖扁舟圖

越王句踐初破吳　　將與功臣同歡娛
范蠡勳勞何以酬　　萬戶千駟惟所求
一朝脫屣冥鴻擧　　却向五湖雇扁舟
長頸鳥喙姑勿論　　震主之功自古憂
五湖烟波無限景　　獨抱明月遊淸秋
天下公侯盛威儀　　榮華勢熖傾一時
黃金第宅方丈食　　後人何曾丹靑爲
誰知江海散髮客　　百代髣髴傳心跡
幾多塵埃沒脚者　　想像高風徒太息

富貴原如夢一場　況復興亡來無常
君看姑蘇基下路　古木衰草迷烟雨　行旅尋常去不顧
前車已壞後車覆　越王宮城登麋鹿

其雨其雨

高亭望晨朝　白霧帶山腰
競言是雨兆　千門皆首翹
有雲西南來　斯須遍青霄
池蛙吠閣閣　林蟬息寥寥
桐葉時滴滴　竹枝乍蕭蕭
紅日忽露面　輕風更動條
却向山口望　霏霏未全消
小塘微波作　虛空細絲飄
於焉朱曦遍　天地朗昭昭
俄頃黑沈沈　空作四野陰
陰晴苦不常　焦燥黎民心
遙知北平洋　積水蒸太陽
大氣正濃厚　漸被極東方
此時低壓氣　發生中原地
遠自揚子江　暗乘薄寒至
兩氣不相涵　遲留天空曇
那能致調和　百物得霈甘
萬事費經營　其終竟有成
佇看一霈然　宇內振歡聲

平壤行

平壤吾東第一地　　江山樓觀兩無愧
蘇杭佳麗比形勝　　冀雍高爽看風氣
大江西吸渤海潮　　群山南坼黃州郊
客車星馳中京線　　商舶雲集外邦標
乙密臺裡笙歌鬧　　練光亭中綺羅飄
繁華歡樂徒爲爾　　我來悵然憶古史
檀君下降都邑奠　　箕師遠渡夷俗變
宏謨增築三郎城　　遺規尚存八夫甸
厥有霸業高朱氏　　虎據龍蟠七百禩
嗚乎如此好江山　　坐付他人永不還
丈夫自有三尺釰　　由來壯志隘人寰
何時擊楫渡浿水　　牧丹峯上橫眺三千里

金剛山歌

金剛之山出朝鮮　　世界列國目瞠然
萬二千峰放光彩　　夜色不到東海天
遍布望氣惶稽首　　落機聞名汗流顛*
本是上帝石假山　　置之玉京御階間
化工日日運大斧　　費極意匠何辛苦
一朝粲爛呈實相　　殊形異態紛叢聚
人間文化漸發達　　降作世界萬美譜
俯視天下遍相攸　　阿斯達種宜爲主*
巨靈叱雷破鴻濛　　半島搖動滄溟中

太白走龍腰一轉　靑霄忽落金芙蓉

花雨十方迷白日　綵雲百匝凝香風

長矛危戟森武庫　銀屏繡幕羅瑤宮

聖母神將儼現象　邪魔奸鬼驚竄蹤

溪川曲曲效才技　巖巒箇箇誇顏容

競秀爭拔那有盡　淸聲激音殊無窮

正似檀君初下臨　天樂飄雲端　肅肅諸侍從

又似新羅玉寶高　彈罷加耶琴　玄鶴舞遙空

俠客誅暴暗中逃　戰軍破敵凱歌高

左有黎力士之博浪椎*　右有李忠武之海山刀

不但造物耀群奇　還有幽妙玄秘境　宛如邃古時

希臘神話今髣髴　支那仙傳此依稀*

最與印度宗敎有宿因　釋迦觀音之後身　化作千億棲玆濱

須知是天下唯一而無二　永爲吾族莫大之寶器

我願吾族無忽輕　常致崇拜意

豈惟景槪中之獨特

實我文化之模型　精神之標幟

*遏布落機　歐米之名山
*朝鮮史家　稱邃古時代　爲阿斯達社會
*黎力士　張良傳所稱滄海力士　世傳東人　後爲琉球國王云
*中國列仙傳　希臘神話記　俱爲世界奇著

此詩　多用崔某『金剛禮讚』之語　以成篇　覽者諒之

觀日出歌　癸未一九四三年

茫茫宇宙內　夜色冪幾洲

大地正廻轉　我在東半球
列宿漸歷落　赤道尙冥幽
衆生方熟睡　鼻息鬧寰區
遙天生白暈　知是扶桑頭
羲和促鞭馭　一刻不暫休
有氣驕曙空　萬里忽通紅
平陸呈山岳　滄海翹魚龍
焰焰千百炬　羅列晃朗中
巨斧擘火城　圓輪出波宮
祥雲帶瑞靄　四圍鬱玲瓏
赫赫太陽精　於焉掛天東
朝暉滿世界　璀粲黃金同
紛紛百物起　羣動自此始
於是有希望　於是有歡喜
晝宵相遞謝　人事亦如彼
戰伐雖無極　進化那有已
局勢日日異　光陰類逝水
不知今世界　將造何歷史

夏日書事三絕

一春牢落閉茅茨　藥裹書籤兩不離
好向園林消夏景　此中高趣少人知

廢筆經旬涸硯池　偶將新意欲題詩
淸晨露重薔薇架　手把銀瓶掬取時

山扉終日少相尋　樓北池東萬樹陰
風動盆蘭香勃勃　一床經史獨潛心

華山雜詠 癸未一九四三年 季秋

平田泉

有泉山下出　遇險徘徊久
看看漸盈科　沛然滄海赴

登高

風髮飄飆汗尙流　登高鞋襪暫時休
眼中萬里雲霾淨　碧海靑山一色秋

又

屈曲雲屛十萬重　天風吹我上高峰
東南灝氣全吞納　一望乾坤一拓胷

峯頂眺望

天地渾相接　中間得實區
萬國森人物　吾在海東隅

雲住庵夜坐二絶

風雲萬里迫東垂　一代功名定屬誰
虎嘯猿啼都不管　華山秋夜讀書時

靜坐猶看意氣殊　萬峰深處一燈孤

中宵忽覺龍刀吼　半壁蒼茫出塞圖*

＊壁上有揭古戰陣圖

淵民跋語

此吉甫癸未九月宿雲住庵二絶　卅載前山中故事也　今爲題其小箋　相視一笑

丙辰夏　淵民書于洌上之玉溜山館　一九七六年　五月　李家源　題

蟬

山木晝陰陰　山途人跡絶

寒蟬有底思　獨抱深條咽

過內堂谷 得石澗 有小潭明靜 上蔭松翠 可愛

千歲苔花老石顔　蒼松翳日午陰寒

淸泉滿耳如仙樂　不辨蟬聲在樹間

碧水巖二絶

淸溪生急瀑　白晝散霏烟

忽失登臨苦　心神一灑然

靑山同古今　流水無日夕

蹲龍耽聽瀑　不知身化石*

＊有巨石 在瀑布右側 俗稱龍岩

夕陽

滿腹烟霞氣　歸來興正濃

山僧催客步　打送夕陽鐘

夕向西皐 背後月方昇矣 癸未一九四三年 季秋

我欲上西皐　月方出東嶺
前途方在行　已入光明境

詠盆植 四絶

松

數寸正昂藏　蒼虯蟠黑土
中宵聽悚然　几閣隱雷雨

菊

滿堂風露氣　淸夜點燈初
晉史無人續　花前數卷書

梅二絶

春色何從至　千山積雪深
晴窗觀易處　早覺天地心

雪鳴簷日暖　靑鳥至窓邊
硯水忽驚動　春光登彩箋

登火王山 癸未一九四三年 季秋

荒城埋劍戟　陰洞宿風雲

不見紅衣將　秋山落日曛

極樂庵
在昌寧

薄暮投孤寺　披衣當晚凉
衆山高盡處　愈覺碧天長

自昌寧歸　至雲汀峴　始望華岳

相逢相別盡初顔　客路驅馳幾日間
却喜亂雲紅照外　三峰靑出我家山

山火　甲申一九四四年　三月
華岳山大火連夜不滅

海門蒸黑霧　天闕湧紅雲
熱鑠春如掃　通明夜不分
空林逃鬼魅　陰壑驟神軍
嗟爾崑岡玉　休同木石焚

舞鳳庵夜玩月　戲贈大隱上人 甲申一九四四年　仲秋

霧破雲空怳惚時　長天一碧月揚輝
須知眼界光明處　已觸禪家頓悟機

溪南感舊集

溪南 爲安東陶山眞城李氏之一洞里 位于退溪水之南故名 余年十六 委
禽於此 往來資益 未幾 外舅姑俱歿 一村 入于水沒地區 遂不免絶跡 晚
年 有事于陶山書院 每行過其近地 不勝感舊之懷 形諸吟詠者多 因并
少年時之諸作 錄之於此

계남(溪南)은 안동 도산 진성이씨(眞城李氏)의 한 마을. 퇴계수(退溪水)의
남쪽에 위치해 있기 때문에 계남(溪南)이란 이름이 된 것이다. 나는 十六
세 소년으로 이곳에 장가들어 왕래하다가 얼마 뒤에 장인 장모가 다 돌아
가시고 마을은 온통 수몰지구로 들어가서 드디어 발을 끊게 되었다. 늘그
막에 도산서원(陶山書院)에 일이 있어, 자주 그 근처로 지나다니면서 옛일
이 새로워지고 감회를 누를 길 없어 시를 읊은 것이 몇수가 된다. 이에 소
년시절에 지은 시들을 한데 묶어 '계남감구집(溪南感舊集)'이란 이름으로
여기 실어두기로 한다.

過宣城縣衙門 庚辰一九四〇年 季冬
　十二月 遊溪南甥館 過禮安面事務所 見昔時 宣城縣衙門扁額猶在 吟一絶

遠過宣城洛水濱　　舊衙門外暗行塵
最憐東閣官梅樹　　冷雨年年獨放春

陶山謁廟

院宇輝煌廟貌尊　　先生遺躅耀巖軒
愚蒙尋逐詞華末　　今日方知進道門*
＊陶山書院正門 曰進道門

讀書于先墅 檃括內簡 成七言四絶 却寄源卿 內子之字
　　　　　　　　　　　　　　辛巳一九四一年 初春
　時 源卿 歸寧于溪南 以書相往復不絶

銀盤肴盡燭成堆　　一縷閒情不自裁
憶否陶山歸去後　　東風愁寂檻前梅

愛聽髧髦讀孝經　　等閒妨我繡工程
三冬模得金家篆　　製進高堂福壽屏

賦得春寒寄所思　　娟娟初月上羅帷
棕櫚堪把前冬葉　　重誦烟霞閣裏詩

料峭東風已着花　簷端籠鳥報陽和
春來易作閒心事　又此停針不語何

又題二絶 寄源卿 辛巳一九四一年 三月

花外樓亭柳外池　西皐春色正逶遲
睡餘閒凭朱欄角　屬玉雙飛點水時

一穗靑燈一炷香　華南風雨讀書莊
郵中但問衣寒燠　不說前頭歲月長

四月到溪南 與源卿 遊陶山 步歸烟霞閣 辛巳一九四一年 暮春

今日新成單袷衣　天淵臺畔詠而歸
芳洲日暖鸕鷀睡　深院花明蛺蝶飛

陶山書院 辛巳一九四一年 初夏

洛水溶溶逝不回　陶山千古鬱崔嵬
武夷尙有琴書在*　曲阜長爲俎豆來*
室撫遺塵多感慨*　臺觀眞理故徘徊*
依然當日風霜契　欲向軒前拜老梅*
＊光明室
＊尙德祠

＊玩樂齋
＊天淵臺
＊節友社

戲贈源卿

靈芝東出翠屏連　復有蓮花映洛川＊
四海非無明月色　溪南明月最團圓
＊靈芝　蓮花　俱是山名　翠屏　指東翠屏山

宣城縣衙門志感　庚辰二〇〇〇年　七月

昔庚辰冬　余遊溪南甥館　過禮安　見宣城縣衙門扁額　有弔古之詠　其下聯
曰最憐東閣官梅樹　冷雨年年獨放春　當時　陶山烏川諸長老　皆以爲佳作　相
與諷詠　此已屬六十年前事矣　其後　禮安　爲水沒地區　扁額不知去處　今行
偶然過陶山面西部出張所　乃其扁額　及舊東軒建物　移在其地　但不見梅樹
矣　余爲之下車一覽　徘徊悵黯　不勝感舊之懷　題一絕

邈若山河感昔年　幾多知舊半歸仙
猶存短句成追憶　東閣官梅冷雨天

拜外舅南坡李公墓

雲亭霞閣昔何年＊　獨過丹砂向葛仙＊
寂寂墓門青草合　村鳩迎哭夕陽天

＊棲雲亭 烟霞閣 皆溪南亭閣
＊墓在丹砂村之北 葛仙臺之西

過溪南舊墟 志感 辛巳二〇〇一年 七月

久旱之餘 安東湖水減其半 溪南舊墟 露出其一邊 余過之 不勝傷感 因追
憶昔余少時 戲贈內子源卿詩曰 靈芝東出翠屛連 復有蓮花映洛川 四海非
無明月色 溪南明月最團圓 淵民李家源兄 收錄此詩于其所著『朝鮮文學史』
後更寄余詩曰 記得溪南明月句 如君無愧古鴻光 今淵民 已作古人 源卿沈
淹病席有年 余踽踽獨來過此 此懷可得已耶 聊題一絶

浮水蓮花認舊山＊　多情還似到鄕關
可憐明月鴻光句　落日令人淚兩顔
＊溪南家後山 爲蓮花峰 俗稱溪南地形 爲蓮花浮水形

凝鄕落穗集

吾鄕密陽 古號凝川故曰凝鄕 乙酉光復 余爲密陽中學敎師 自退里 移
就邑城 居沙門郊(三門洞) 其後移職于釜山 而獨身赴任 家眷 姑留在邑
中 余以時往來 頗有題詠

내 고향 밀양의 옛 이름이 응천(凝川)이므로 응향(凝鄕)이라고 하였다.
一九四五년 광복 후에 나는 밀양중학교 교사가 되어 퇴로마을[退老里]에
서 읍내로 옮겨와 삼문동(三門洞)에 살았다. 그 뒤 부산으로 직장을 옮겼
지만 독신으로 부임하고 가족은 당분간 읍내에 남아 있어, 나는 수시로 내
왕하면서 시를 남긴 것이 적지 않다.

丙戌元朝 丙戌一九四六年

好是元正節*　東風拂我扉
江山和氣象　雲日燦光輝
萬國開新曆　千家颺舊旗*
嗟今爲政者　莫蹈往時非

　＊解放以後最初元日
　＊舊旗　謂太極旗

早春　沙門郊居　現三門洞　丁亥一九四七年

柳梢舒眼荻生芽　一夜瀟瀟雨薄沙
臥想鱖魚時節近　馬巖春水更如何

隣居朴某翁　晚得孫兒　設小宴自祝　乞余詩甚懇二絕

丁亥一九四七年　暮春

懷中瑤珥得來遲　晚歲歡情抱此兒
笑向衛家同詑異　阿翁那及長成期

不愧聾癡聽視遲　素鬚皤腹戲嬰兒
餘生好見蘭芽茁　物外春風相與期

贈金日萬　丁亥一九四七年　孟夏

　余就密陽中學校職　與同僚金日萬教師　日日相從　而不知其能解詩律也　一
　日　偶誦其所作詩　車過龍頭橋　一聯　曰嶺南樓閣俯南川　長笛一聲浮水烟
　余驚而異之　盖金　嘗卒業於東京立正大學日語漢文科　頗習詩作故也

幾載彌離伐*　尋常與子遊
南樓一聲笛　使我喚詩愁

*密陽　古之彌離彌東國　密陽中學　在邑之南郊　稱其址曰　彌離伐　伐也者　國
　語原野之謂也

中秋月　丁亥一九四七年
　寄示金友日萬

滿意圓輪桂影飛　銀河杳杳衆星稀
天高不許浮雲礙　地白惟看滴露微
萬壑松杉凝灝氣　千家簾幕散淸輝
倉灘知有觀濤客　閒艤孤舟夜未歸*

*佔畢齋金先生竹枝詞　有'共君須向中秋夜　閒艤倉灘看雪濤'之句　金友日萬
　所居南浦洞　卽古之倉灘也　故及之

友蓮鄭友鉉何琴權寧韶兩公　訪我邑居　因與往退里　途中
呼韻口占一絶　丁亥　一九四七年　仲秋

城裏閒居不識秋　出門風景浩難收
知應近日山廚富　白酒黃雞藉勝遊

退里夜話

筆囊詩橐映淸秋　湖海風烟滿意收
江右樓臺明月好　思君頻作夢中遊*
＊友蓮何琴　俱是晉州人

同友蓮何琴　登宛在亭
　　在位良里　權氏先亭

畫鷁飛出碧湖頭　樹影橫波不見舟
尙有漁樵傳往事　幾多風月閱名流
秋深秔稻黃雲野　日暮蒹葭白露洲
爲說明年春水好　更將佳約付沙鷗*
＊權氏諸老　與何琴講族誼　要明春再訪

凝川渡二絕 　戊子一九四八年　季秋
　　自釜山歸

寥落寒山古寺秋　望中金碧嶺南樓
太平風月蕭條甚　牧老魂歸可奈愁*
＊牧隱詩　嶺南樓下大川橫　秋月春風　屬太平

嶺南樓下水回圍　古寺寒鐘落翠微
是處沙鷗曾有約　商量只少一蓑衣

端陽日　鄕中諸公　會于蓮桂所　余亦往參　因與同上嶺南樓
共賦　辛卯一九五一年　初夏

索居牢落久忘詩　分外淸遊喜可知
細雨靑帘携客處　長風孤笛倚樓時
江山不老文章健　戰伐無終歲月遲
忽憶湘南蘭芷綠　千秋騷客淚如絲

家大人回甲日　衆賓　頌壽成帖　翌日細雨　同登嶺南樓共賦
辛卯一九五一年　仲夏

平朝衆客醉初醒　南國風流萃一庭
鳳舞空山雲漠漠*　龍噓大澤雨冥冥*
阿娘身化石花白*　義士魂歸楓樹靑*
此會居然成故事　凝州千古有芳馨
＊舞鳳山
＊龍頭淵
＊阿娘祠前　有所謂石花　沿路成群　是爲密陽八景之一云
＊樓前有獨立鬪士之碑

携客　遊今是堂　放隱成樂薰敎授　先發向釜山　余以詩贈別
辛卯一九五一年　仲夏

連朝愁對雨霏微　爲上江亭一振衣
草長平原牛臥倦　苔深幽徑鹿來稀
邊關雲暗君何去　故里山靑我未歸

但願殊途同努力　歲寒心事兩無違

華陽洞　同許護石涉申遜庵晟圭吳靜堂圭錫諸公　用惟君與
我同懷抱　分韻　人賦一體 辛卯一九五一年　仲夏

亂世少同心　　諸公不棄我
追遊戲水雲　　止宿飫茶果
北海噴鯨波　　南天流狼火
瀟瀟夜雨聲　　默默燈前坐

秋日　暫歸退里　登西山　偶見杜鵑花　感賦二絕
辛卯一九五一年　十月

滿山紅葉闃無人　　忽得孤芳照眼新
誰識風霜搖落日　　陽林還有一枝春

自是春風雨露姿　　謾從霜後獨專奇
東籬老菊應無恙　　歲晏心期可與知

駕谷洞　訪護石宅　與遜庵靜堂諸公　出遊龍頭淵　因登南樓
至夜始歸二絕 壬辰一九五二年　仲夏

野坼山回江蘸天　　麗粧繁吹夕陽邊
牧翁畢老風流遠　　如此江山付俗烟

朱幡翠盖暮江天　仙侶同舟又一邊
記取南樓今夜景　千家水竹月如烟

詠新柳 壬寅一九六二年 三月
　奉次南樓詩社韻　寄邑中諸公

澹黃樹樹春　南陌與東隣
黯黯江郊雨　依依驛路塵
貫魚風味古　繫馬旅情新
遙憶凝川渡　攀吟有幾人

將之日本 暫歸鄉里 至凝川渡 用前韻二絶 丁巳一九七七年 仲秋

故里松篁春復秋　幾年深鎖讀書樓
如今又作乘桴計　雲海滄茫萬斛愁

浮由萬里減腰圍　異國文明興趣微
好在凝川鷗鷺伴　春風重拂舊蓑衣

宿嶺南莊旅館 辛未一九九一年 暮秋
　密陽文化院 將刊行『地名攷』要余任校讐之責 留宿邑中 至十餘日

牢落鄉山又一秋　隔江咫尺嶺南樓
風流文物成編久*　更把地名巡一州
　＊年前 編『密陽誌』余實主其事

嶺南莊 憶舊時蘭友會諸友

蕭索西風憶舊遊　凝川江水自悠悠
可憐蘭友如星散　嶺月湖雲總入愁

鴈

碧水明沙接翼遊　蕭蕭蘆荻古江頭
一聲遠過南樓去　落月旅窓無限愁

次韻德谷孫氏先齋 乙亥一九九五年　暮秋

大樹風聲幾處樓　玆從德谷溯源頭
平湖皓月陽良夜　曠野黃雲赤項秋
髣髴儀容猶可仰　連綿陰澤也長流
人間樂地爭尋逐　名敎之中不待求

次韻洛洲齋 己卯一九九九年　仲春
覓禮全州李氏先齋

清洛湯湯晝夜東　令公風韻與無窮
西宮夜冷霜華白　南路春晴日脚紅
舊賜宸毫无價寶　新營堂構不虧功
金枝玉葉輝州里　仙李千秋祚運隆

海山故事集

往在日帝强占下 我一門 不勝抑壓誅求之苦 各家 避寓都市 舍伯亦奉
祠版 移居于釜山 余獨留故里 讀書于西皐 爲參先忌 時往釜山 頗有題
詠 解放後 奉職于釜山中高校及東亞大學 與諸賢 唱酬甚多 前後詩藁
合輯爲海山故事集

지난 일제강점하에서 우리 집안은 억압과 주구(誅求)를 견디다 못해 각
집이 도시로 피해가서 살았는데 우리 사백(舍伯)도 큰집 사당을 모시고
부산으로 옮겨 살았다. 나는 홀로 마을에 머물러 있으면서 서고정사에서
글을 읽었다. 그러나 조상님들의 제사에 참석하기 위해 가끔 부산으로 내
왕하면서 시를 남기게 되었다. 해방후에 부산중고등학교 그리고 동아대학
에 재직하면서 여러 인사(人士)들과 시를 주고받은 것이 매우 많았다. 여
기 전후(前後)의 시고(詩藁)들을 한데 묶어 '해산고사집(海山故事集)'이라
고 하였다.(해산은 부산을 가리키는 말.)

二十三日發釜山行 過青雲 路上口占一絶 己卯一九三九年 五月

少年重作海山行　驛路塵晴步履輕
昨夜前郊秧雨過　田間處處叱牛聲

洛東江

霏霏烟雨滿汀洲　大野中分一水流
日暮漁人收網去　菰蒲深處泛虛舟

龜浦

隱映茅茨翠竹疎　沿江點點有民居
誰言浦上龜曾見　清洛千年不出書

釜山鎭

東南藩鎭此要衝　據海依山面勢雄
太息當年鄭僉使　只成忠義未成功

永嘉臺

脫却腥塵迥倚樓　畫欄橫壓海東頭

二十三日發釜山行 過青雲 路上口占一絶

雲邊檣帆連天遠　日下閭閻撲地稠
商舶客車都會地　荒城古木幾回秋
少年奇氣無人識　欲效文公賦遠遊

海

一笑開懷萬里風　永嘉臺外碧無窮
長天慘淡浮光裏　大地輕盈積氣中
潮平對馬山迤黑　霧罷扶桑日漾紅
始識江淮河漢水　千岐百折盡歸東

伏兵山

戰壘頹荒草樹悲　茫茫往蹟有誰知
四山松檜風聲定　猶似含枚息鼓時

開雲浦

風帆歷歷眼前過　斜日家家曬網羅
海畔居民老漁業　生來不把半筐禾

陪再從祖退修齋先生及從叔碧岩公 舟向松島

己卯一九三九年 六月

連天波浪不禁風　對馬青山指點中
却望群仙方會宴　此行疑與十洲通*
　*望見島上 數十人列坐 方巡盃呼詩

牧島 己卯一九三九年 六月
　絶影島 時稱牧島

牧島山何峻　海中一巨標
虹橋開復合　風帆近還遙
波迥浮晴靄　沙平挹晚潮
荒臺停躍處　人去草蕭蕭*
　*太宗臺

釜山歸日上家兄 庚辰一九四〇年 仲夏

大隱還須隱市城　凌風莊舍更幽清
架藏文史通今古　門掩藤蘿罕送迎
是處看雲眠白日　幾回聽雨咏寒檠*
故山雲物長依舊　他歲重尋猿鳥盟
　*東坡詩 坐聽夜雨哦寒檠

曉發凌風莊 乘車至龜浦驛 庚辰一九四〇年 仲夏

凌晨行泊洛江邊　寥落殘星尙點天
最是溶溶波上月　相隨也復到凝川

曉江曲

曉江依稀峀影微　殘浪破月驚禽飛
漁人泛泛舟中宿　波底纖鱗弄釣絲

渡洛東橋二絶 丁亥一九四七年 九月
　　自晉州歸

入望群山次第開　長天東北大江來
海神千里驅鯨鰐　怒浪驚濤日一回

七點三叉海上天　高臺何處是招賢
分明身過金官國　回首山川却杳然

詠梅 戊子一九四八年 一月

何處來花信　東風第一番
海山曾記面　天地更回魂
玉局先生宅　石湖居士村

靑驢馱興去　造次叩柴門

釜山中學校直日　獨坐書懷 己丑一九四九年 四月 日曜日

客中猶作舊生涯　閉戶看書似我家
春雨成霖人不到　滿庭流泛木蓮花

蓮村鼎坐 己丑一九四九年 暮秋
　草梁一隅　爲蓮花洞　淵民李家源所寓也(釜山中學校舍宅)　一日雨中　與淵
　民小飮于路傍酒肆　轉至其居　則其季氏國源　適來同席　三人鼎坐　因與賦詩
　每呼一韻　爭先落筆　以角勝爲戲　得五言二絶　及七言一絶

一盃有餘興　冒雨訪君宅
蕩漾新思潮　惟詩舊風格

我愛忠信人　曾求十室邑
君家賢弟昆　風義有難及

曾向東萊傷古今*　曉星殘月最關心
可憐千載瓜亭曲　高雅非君孰解音
＊淵民　嘗寓東萊　關于鄭瓜亭曲　有所論述

西面 與放隱成樂熏敎授 相見 同郭龍岡鍾于 訪友蓮鄭友
鉉宅 拈韻共賦 己丑一九四九年 十月

蓬山一笑破風烟　執手論情又暮天
不是淸談因酒後　也知佳境在詩前
十年鬱鬱蒸沙飯　萬里泱泱向海川
從此長途同進拓　何論北馬與南船*
＊放隱 與我論討 多有不相合者 故云

黃花臺 憶方山柳壽 字子壽 己丑一九四九年 十月
　去年秋 余與方山 散步至西面鐵路邊小丘 見野菊遍開 命名爲黃花臺 方山
　就食都下 余時獨行過此 不禁懷想

黃花臺外暗車塵　每憶前緣獨愴神
滿地悽風寒雨裏　可憐京洛賣文人

西面 友蓮宅 同臨堂河性在 于人曹圭喆 淵民李家源 何琴
權寧韶諸公共賦 己丑一九四九年 十月

蓬萊秋色喚愁生　得此淸緣一遣情
天地欲寒虫語切　海山如洗月輪明
吾將膏抹無盤谷　何處絃歌有武城
黯黯家園時入夢　黃花籬外小橋橫

奉寄郭龍岡鍾于雞龍山居 己丑—一九四九年 十月

海上淸姿有郭高*　芝歌一曲遯雲皐
遙知風雨名山夜　手鍊眞丹煮石爐
＊李淵民 嘗稱郭龍岡河臨堂 爲釜山二高

友蓮 邀晚惺權寧運校長 同臨堂于人淵民及余 出遊松島
呼韻共賦 庚寅—一九五〇年 仲春

出門一笑海天晴　日色波光相與明
二月東風輝草木　三年南土暗戈兵
名區雲水吾長往　季世文章孰善鳴
吟到靑蒼望極處　白鷗飛落句初成

暮春 梵魚寺 憶西皐精舍 庚寅—一九五〇年

幾年奔走慕虛名　惟有西皐未忘情
花落滿庭吾不去　一春愁殺故山鶯

六二五亂後 自密陽下釜山 友蓮招致諸公 相會于富民洞
放隱亦至 分韻各賦一体 庚寅—一九五〇年 十月

遠海涵秋色　孤燈闢夜陰
亂離相握處　俱是故鄕音

放隱 將之晉州 參矗石樓行事 龍岡 挽止之 同宿于西面
招淵民及余 呼韻各賦一絶 庚寅一九五〇年 十月

有樓何處不堪登　一夜天涯共此燈
記否前冬相憶句　名山風雨藥爐蒸*
＊龍岡 經亂後 自鷄龍山 還寓釜山

同淵民友蓮 陪山康卞榮晚翁 往東萊 訪權晚惺校長宅
辛卯一九五一年 初春

春返荒城獨掩扉　鶴巢臺畔一蹊微
應同老杜悲靑坂　且愛南陽臥布衣
節過上元邀月晚　樹因老榦着花稀
却憐風雨鷄鳴夜　方寸相期矢勿違

西面小集 辛卯一九五一年 仲春
　山康 淵民 友蓮

有酒可無肴　有錢且莫驕
名山咫尺是　春雨共編茅*
＊余與友蓮 約共卜居于金井山麓 故及之

二十日 西面 于人藥欄夜會 辛卯一九五一年 三月

春夜沈沈雨滿空　一樽相屬亂離中
江河震盪鯨鯢浪　關塞荒涼艸木風
不用廣交求海內　須知高隱在墻東
酒闌忽憶釣臺處　花泛凝川魚鬣紅

晚惺校長　將移職于馬山高校　友蓮送別于西面　余與淵民
同席　以詩奉餞 壬辰一九五二年　仲春

手奉離觴向海天　詩愁笛怨夕陽邊
應將古意付看竹*　不用新詞歌採蓮
鄉里牽情多歲月　關河極目暗塵烟
萊州風雪陪歡夜　留得梅花證去年
＊晚惺故里　名竹谷

是夜　回集于西面　呼韻口占

萬事人間等幻烟　不將憂喜擾心田
古詩擬續篇三百　美酒何辭斗十千

凌風莊 壬辰一九五二年 仲夏

五月 自密州 移家于釜山之凌風莊 戰亂之餘 感今懷古 不能自已 形諸吟
詠者甚多 玆錄近體二首

咫尺塵腥不染眉　碧梧新竹暎疎籬
山連居漆雲來遠　海隔扶桑日出遲*
委巷難逢三益友　晴窓謾寫八哀詩
故園風物關情甚　正屬櫻桃薦廟時

* 余家釜山鎮 東臨于海 而諸島嶼峰巒 圍繞前面 且余家後山 背東面西 得
朝旭差晚 故 第二聯及之

伊誰破碎舊山河　志業蹉跎奈我何
雨薄子城輪轂湊　雲開毛浦帆檣多
曠懷聊寓詩中史　壯氣憑消酒後歌
蕙佩荷衣從所好　不妨湖海獨婆娑

憶寄裵友 壬辰一九五二年 暮秋

海國秋涼雁陣回　故人不寄一書來
空敎此日吟懷苦　更向那邊笑口開
白露未晞禾欲實　黃花齊發酒初醅
思君不見歲將暮　怊悵山庭紅葉堆

友蓮 邀致山康翁於馬山別莊 因招余自釜山至 以詩酬唱
三絶 癸巳一九五三年 仲夏

不厭馳車百里行　名莊水竹最鮮清
坐看天海青相合　一幅布帆雲際生

微凉起處繞庭行　酒困詩愁取次清
記取南方情景好　枇杷葉長橘陰生

卞翁於世喜孤行　湖海襟姿老益清
他日蓬瀛添故事　列仙班裏着先生

歲暮詠懷 伏次家大人韻 癸巳一九五三年 季冬

故園回首莽雲山　奈此風塵意未闌
世事蒼茫憐素志　年華荏冉惜朱顏
塞門候鴈先秋至　海國商船抵夜還
薄俸猶堪供菽水　一家康濟有餘歡

謹錄家大人詩

平生心跡付雲山　海曲逍遙此歲闌
春草池塘頻入夢　晚柯庭院足怡顏
吟餘短錫尋僧去　病後輕杉買藥還
老境不愁儕友少　戲呼童稚與爲歡

訪友蓮于馬山別莊 晚惺校長 同濤山成純永 屈川李一海
兩公來到 滄洲李載浩 亦隨後而至 甲午一九五四年 九月

弱冠辜負子長遊　湖海相尋舊輩流
正是蕃帆連港口　又何珍貨散街頭
霏霏雨雪年將暮　擾擾關山事未休
謾把橘香臨硯墨　江南風物入淸愁

還鄉途中 至院洞驛二絶 庚子一九六〇年 初春

緣江踈柳不成春　雨後山川刺眼新
共說銀魚風味好　車中多是密陽人

手閱新書倦且休　射窓西日暖如裘
睡中不覺故鄉近　長笛遙鳴三浪頭

院洞驛用前韻 癸卯一九六三年 仲春

雪消冰泮古江春　滿面和風物象新
遙見群鷗烟外起　渡頭方有補船人

憶在書莊讀不休　我家詩禮是箕裘
如今陸碌風埃裏　苦海迷津莫轉頭

院洞驛 再用前韻 庚申一九八〇年 初夏

臺名臨鏡已千春*　每過黃山興趣新

飛鳥無蹤風帆遠　孤雲眞是有情人

＊黃山臨鏡臺　距院洞驛不遠　孤雲詩　有飛鳥風帆之語

月墅今堂好退休*　七灘咫尺笑羊裘

逢場輒說同歸計　却恨親朋苦掉頭

＊月淵亭　今是堂　皆吾先祖棄官退休之所　隔江有贅漢孫公七灘亭　孫公詩曰
當年却笑羊裘子　終帶人間諫議官　余解職後　欲奉舍伯　歸棲故里　因勸暉山
一灘作同歸之計　兩友輒不肯焉　暉山河載裕　一灘河漢植兩友　俱余隣里人
故云

澤民朴雨達兄　招余遊彦陽酌川亭盤龜臺　文炯萬明甫同之 留題一絶 戊辰一九八八年 季夏

清流噴薄動雲簷　白石平鋪作水簾

名勝元來人共樂　狂歌亂舞亦何嫌*
＊於酌川亭見男女相聚歌舞故及之

贈澤民兄

地質人文至理存*　東西學術轉多門

密城家世源流遠*　別有嘉謨貽後昆

＊澤民令胤兄弟　留學美洲　專攻人文地理學及地質學
＊澤民以其先世家訓　譯出刊行　使其子弟輩常目存之

遊通度寺 回路 又入梵魚寺

蒼苔老塔記前遊　歲月崢嶸殿閣頭
賴有溪聲淸滿耳　名山隨處滌塵愁

太宗臺

勝地重成半日遊　斜陽倚遍鐵欄頭
尋常鯨鰐驅濤浪　東海茫茫萬古愁

晚泊海雲臺 捨裝於翡翠飯店 步上冬柏島 辛未一九九一年 一月

高臺迎我作遨遊　雲外仙山競出頭
回首三韓分未合　崔公遺像尙含愁
＊島上置大石屛 屛面 刻崔孤雲坐像 孤雲一字 海雲 故竪遺像於此云 孤雲
　嘗論及三韓

院洞驛復用前韻 壬申一九九二年 仲春

溶溶江水漾山春　簇簇烟巒畫意新
日午鯉魚風漸緊　柳條靑拂渡頭人

南來北去幾時休　釜馬塵埃撲我裘＊
牢落鄕庄歸計晚　親朋今亦雪渾頭＊

＊舍伯歿後　長姪熙奎　奉先世祭祀于馬山　余每自京下釜山　因往馬山
＊暉山一灘　俱已老白首故云

歸京車中　又用院洞驛詩韻　沈吟之頃　居然到秋風嶺矣

丙子一九九六年　四月

院洞詩篇幾十春　　每年南路感懷新
江山風物渾無改　　奈此星星白髮人

有田有屋未歸休　　欲買簑衣換帽裘
夢想忽驚鄕國遠　　秋風嶺上謾回頭

扶桑鴻爪集

余三次寓居于日本　一則在東洋文庫　蒐輯吾邦佚書之時也　一則在東京
大學　研究韓日兩國所受唐令影響之時也　一則爲韓國軍事政權所壓迫
避走日本　放浪海外之時也　此時內子源卿　每隨余而行　苦樂與同焉　其後
又以國際學術會議事　暫時往來　亦有題詠　合輯爲扶桑鴻爪集　鴻爪云者
謂余在日本之足跡　有同於鴻之留爪也

나는 세 차례 일본에 우거(寓居)했는데 한번은 동양문고에서 우리나라 일
서(佚書)들을 수집할 때였고, 한번은 동경대학에서 한국과 일본 두 나라가
당령(唐令)에서 받은 영향이 어떤 것인가를 연구하던 때였으며, 한번은 한
국군사정부의 핍박을 받아 일본으로 도피해서 해외에 방랑생활을 하던 때
였다. 이때 아내 원경(源卿)이 항상 나를 따라다니며 고락을 함께하였다.
그 뒤 국제학술회의 관계로 잠깐씩 다녀오기도 하였다. 그때마다 시를 남
긴 것이 있는데 한데 묶어 '부상홍조집(扶桑鴻爪集)'이라고 하였다. 부상
(扶桑)은 일본이고 홍조(鴻爪)는 기러기 발톱, 일본에서의 나의 족적(足
跡)이 기러기가 발톱을 남긴 것과 같다는 뜻이다.

端陽日 同柳姨兄麟善 登富士山頂眺望 因歷覽山中湖等
諸湖 歸抵某別莊宿 丁未一九六七年 仲夏

遨遊城市意難窮　今日置身雲五重*
萬里故鄉瞻地角　一年佳節屬天中
＊日本人 以五重爲五合 自山下一合 至山頂 爲五合 高出雲上

長堤芳草烟籠碧　小院殘花雨褪紅
遍覽五湖無剩物　滄波何處覓朱公

日本東海道車中二絕 丁未一九六七年 十月
　車中無聊 喚麥酒欲飲 太冷 僅傾一盞而止 仍成小睡 夢一灘與暉山 過我
　栖碧莊 握手相笑 一灘 誦余舊作院洞驛詩 暉山 出手帖錄之 一灘 忽愀然
　曰光陰如流 子 久滯日本 語未半 忽車動風鳴 驚而覺焉 則窓外風光 如電
　如浪 正在馳過熱海中矣 惘然無以爲心 因用院洞驛詩韻 作二絕 俟歸江戶
　奉寄兩兄

不是吾家退老春　麒麟酒冷旅懷新
車中忽作鄉園夢　咫尺慇懃壽洞人*
＊暉山 一灘故里大頂 別稱壽洞

客裏光陰逝不休　居然夏葛變冬裘
山輝倏與灘聲遠　萬里馳行東海頭

松戶寓舍 辛酉一九八一年 仲秋

遠涉扶桑節物移　羈懷添却鬢邊絲
篁園橘戶深秋雨　一穗靑燈滿紙詩

松戶秋夜 用癸未九月宿雲住庵詩韻 奉寄舍伯

漢水悠悠暮色垂　今宵風雨對床誰
三秋步月看雲思　又一扶桑小住時*
＊余三次寓日本 今行 一灘 以‘又一扶桑小住’六字題贈

萬里扶桑風土殊　有書千軸不爲孤*
他鄕春色難相就*　好向家山點地圖
　＊余每日 出就東洋文庫 任意繙閱古書
　＊杜詩 ‘他鄕就我生春色’兄弟相逢之意也 日本人某 贈余新刊書一冊 表紙 用
　　慶尙道古地圖粧點 中有華岳山

暉山 自美洲歸國途中 過余于日本松戶 余用院洞驛詩韻
贈其行幰 辛酉一九八一年 仲秋

正進門庭六載春　更因蘭會友情新*
天涯萬里相尋意　可但殊方見故人
　＊解放後 余與暉山及諸友 結成蘭友會

萬里環球行未休*　不須肥馬與輕裘
孤衾夜月梨山頂　一杖秋風漢水頭

＊暉山 又將往遊臺灣 故云

晖山 歸國後 用余韻 見寄二絶 余又次寄四絶

情函遠帶故鄕春　又得瓊篇句益新
玉蘊山輝屯德下　政宜溫雅有斯人

卅年辜負密城春　白水靑山入夢新
蘭友會中吾亦老　秋風又作異邦人

求食求名苦未休　蔣園三逕阻羊裘
今朝又逐詩魔去　其奈春卿已白頭＊
＊春卿 李奎報字 有逐詩魔文
＊余以詩作 有妨於硏究生活 對暉山一灘 約以不作詩

探書問史任行休　旅榻蕭然只一裘
第待春風同作伴　故鄕千里到龍頭＊
＊密陽驛 別稱龍頭驛 明年三月 余歸漢城 擬與暉山同作鄕行

一灘 在漢城 讀余詩 用其韻 見寄二絶 余更次寄

憶曾尋逐玉壺春＊　欲寫風光語乏新
萬里來函驚括目　始知吾友有詩人
＊一灘故里大項 別稱玉壺

杏樹壇邊講久休　異邦風雪弊貂裘

華山三月同歸路*　笑把春花揷滿頭
　＊明年三月觀善契會時　吾擬與一灘　同參故云

松戶 奉呈旗田巍翁三絕 辛酉一九八一年 仲秋

天南合浦好風烟*　水麗山明內海邊
此是先生生長地　舊居街巷尙依然
　＊旗田翁　出生於我國馬山　馬山古號　合浦

戰爭渦裏夢和平　徵實求眞出至誠
華北村村行踏處　至今農社識高名

帝國亡靈去益驕　滿鮮虛像未全消
史家良識千金貴　切祝先生壽算遙

夕後 自外至 見一灘書在案上 開讀後 卽席用前所往復詩韻 題寄三絕 辛酉一九八一年 暮秋

長天渺渺月星垂　今夜漢城懷我誰
故國秋光盈紙面　燈前驚喜坼函時

杏硯風流幕已垂*　個中金賞屬阿誰
又靑函裏寫眞在　正是品書評畫時
　＊一灘　從成均館大學教授諸人　結杏硯會　每週相與練習書畫　今聞其一次展
　　示會　品評施賞已畢云

北漢連峰暮靄垂　街邊吟望是爲誰
詩兼書畫稱三絕　無負雲田述志時*

　*解放卽後　余與一灘　每日往雲田初等學校　開靑年運動　其時　一灘每自言他
　日爲東洋三絕　盖以之自勗也

東洋文庫　奉贈榎一雄博士三絕 辛酉一九八一年　十一月

一區松樾擁靑蒼　萬軸圖書溢古香
賴有榎公勤管領　幾多髦俊學東洋

邈彼流沙不見涯　東西文物此交媒
千年埋沒絹街道　好作先矛開拓來

春木爲椿壽八千　榎從夏木更多年
吾詩且可留爲證　他日來歌萬壽筵

東洋文庫二樓上　次韻贈古屋昭弘君 辛酉一九八一年　十一月

　古屋君　年少才逸　專攻音韻學　又頗能詩　贈余一絕曰繙經閱史任優遊　壯志
　何徒在校讐　茶後偶談鄕國事　使人遙憶嶺南樓

西陸東瀛汗漫遊　平心不欲事恩讐
君詩喚我鄕關夢　萬里秋風雨灑樓

松戶寓舍 用明年觀善契會韻 奉寄契中諸公 辛酉一九八一年 十二月

牢落殊方賦式微　幾回關月照寒衣
無金買地難爲隱　有翼垂天奈不飛
華山蒼翠連宵夢　蓬海汪洋隔歲歸
記否年年皐下路　一溪廻盡闢柴扉

立春日　松戶　憶竹夫石如　壬戌一九八二年

萬里海邦春復回　殘年偏覺歲華催
鄉關路阻今冬雪　旅舍窓明昨夜梅
眞工不負書千卷*　謾興惟憑酒一盃
何日乘風歸漢北　篋中文藁爲君開
＊余寓松戶 每日乘電車 往東洋文庫 繙閱書籍 故云

第三回東亞細亞實學國際會議開催于日本早稻田大學國際
會議場二絕　甲戌一九九四年 十二月

海域茫茫空路遙　關東千里闢畿郊
相逢面面申前約　徵實求眞第一條
　　　　　　　　白塔詩社韻

昔聖曾言德有鄰　扶桑嘉會續前塵
殊音異貌欣相握　均是東方實學人
　　　　　　　　蘭社韻

天長山永昌寺　追悼旗田翁
　　翁死後付火　其遺骨　留置是寺　余往弔之　爲題一絶

惆眷非徒四寸鄰　　吁嗟鶴骨化爲塵
吾邦史學千秋後　　應記扶桑有此人

宮田節子女史　招待午餐于新大谷飯店十三樓上　飯後散步
眺望二絶

御苑神宮相與鄰　　樹林葱鬱路無塵
駕歐凌美非誇誕*　　惱殺當年去國人
　*清末梁啓超　亡命至日本　有去國行一篇　中有明治新政耀大地　駕歐凌美氣
　　葱籠之句

嗟吾邦禮重交鄰　　每被蠻兒起戰塵
信美江山非我土　　撫攔天末憶前人*
　*梁啓超詩　有撫攔天末望斜陽之句

贈別宮田節子女史朝鮮史研究會會長　甲戌一九九四年　十二月

一別江關歲月遙　　幾回遊夢涉東郊*
政和館外長亭冷*　　又遣秋風拂柳條
　*余曾寓日本松戶市　與宮田女史　鄰居常往來　松戶　屬江戶東邊　故謂之東郊
　*政和館　昔余在松戶時　寓舍名

觀善輔仁集

我王考省軒先生 以己未(一八五九年)三月十五日誕生 回甲之日 値萬歲
運動(三一運動) 王考嚴禁宴會 其後 東南士林 設立一會 每年以是日修
契事曰觀善契 歿後續行 至于今日焉 後 再從祖父退修齋先生回甲之日
士林 又設一會曰輔仁契 自此 兩契同日集會 相與酬唱 並致崇慕之意

우리 조부 성헌(省軒)선생이 기미(己未) 一八五九년 음력 三월 十五일에
탄생하셨는데 一九一九년 회갑날에 삼일운동이 일어나, 조부께서 일체 연
회(宴會)를 엄금하셨던바, 그 뒤에 동남사림(東南士林)들이 한 회(會)를
조직하여 관선계(觀善契)라는 이름으로 매년 이날에 계회를 열고 돌아가
신 후에도 그대로 시행하였다. 뒤에 재종조부 퇴수재(退修齋)선생의 회갑
일에도 사림들이 또 한 회(會)를 설립하여 보인계(輔仁契)라고 했는데 이
로부터 두 계(契)가 한날에 집회하여 동시 행사를 하면서 시를 지어 추모
의 뜻을 올렸다.

觀善契會 庚辰一九四〇年 四月

萬物鮮華雨後天　東南縫掖一欣然
古詩重續蘭亭帖　春事初回栗里田
花近池塘搖錦浪　柳深墟落鎖靑烟
鄭同此日偏多感　永憶康成在世年

壬午契會 壬午一九四二年 四月

一境雲烟擁舊居　蕭條絳帳十年餘
蘭亭尙見同修契　藜閣深藏未了書
滿室淸香花氣重　繞軒凉翠竹陰疎
笑看石逕蓬門外　此日重停長者車

癸未契會 癸未一九四三年 四月

綠髮朱顏集老仙　靈區勝會自年年
高談逸韻縱橫處　美酒鮮肴錯落邊
霞蒸白晝花圍屋　風送微凉柳拂川
康樂惠連俱在座　堪將勝事續前賢

甲申契會 甲申一九四四年 四月

十載幽棲意若何　良辰節屆喜相過

花階日暖蜂歌鬧　　石逕苔深鹿跡多
世亂從知人事變　　時晴猶覺我心和
武陵應有劉君至　　好遣紅桃逐水波

觀善契 輔仁契 乙未一九五五年 四月
自是歲 兩契 同日集會

古雲今雨暗還明　　門巷依然舊笑聲
酌酒烹藜添逸興　　培花護石寓微誠
十年兀坐心難定　　萬里環遊學未成
却喜春風吹不盡　　連墻喬木再敷榮

己酉契會 己酉一九六九年 四月

晨裝催發向南天　　勝會風流六十年
一笑賓筵情可掬　　幾多鄉路夢相連
寒雲晚渚漁梁火　　細雨春村野饁烟
尚記昔余題字石　　苔封花落小溪邊

庚戌契會 庚戌一九七〇年 四月

藍湖清勝映高軒　　華岳雄姿壓厚坤
十里風光開玉洞　　半床書卷證儒門
延朋破寂頻成笑　　覓句耽佳故不言

桃李芳園多樂事　春宵且莫醉昏昏

癸丑契會　癸丑一九七三年　四月

勝會年年趂此時　一區魚鳥慣相知
蒼苔曲澗尋詩逕　老檜閒庭掛幘枝
風義每思東海蹈　烟霞長恐北山移
飛觴秉燭還多事　靜坐芳園春夜遲

再用前韻

長憶山窓做課時　十年風雨一燈知
菖蒲無恙龜遊石　楊柳有情鶯語枝
中心鬱悒關河阻　岐路彷徨歲月移
萬里乘桴徒自苦*　早歸農圃學樊遲
＊將遊日本故云

乙卯契會　乙卯一九七五年　四月

不將心事說區區　逐鹿場中可獨娛
邊議每愁聞路梗　鄉書最苦報田蕪
靑春欲晚花浮水　好友相逢鳥止隅
太息今年歸未得*　村婆野老亦嘲吾
＊今年　余有故　不得還鄉參契會　只以詩　寄會中

辛酉契會 辛酉一九八一年 仲春

一年一會錄靑襟　政似南村多素心
向子畢婚遊嶽晚　君平著易下簾深
芳園花落春仍在　遠樹雲歸日未沈
無限雨風霜雪裏*　庭前老檜自千尋
＊余爲軍政所壓迫　解敎授職　正在苦難中故云

癸亥契會 癸亥一九八三年 四月
　於天淵亭

擬向江天問少微　胡爲萬里振征衣
身遊大海鯨難挈　夢拂靑山蝶共飛
漢北書莊經歲返　嶠南田舍伴春歸*
重追先志藏珠玉*　好揭新扁耀舊扉
＊余以今年四月　歸自日本　參契會故云
＊今年新築藏板閣　扁曰珠藏玉府

甲子契會 甲子一九八四年 四月

大野靑靑麥穗齊　長空澹澹鳥飛低
懷鄕夢慣凝川北　展墓心傷惠岫西
風雨卽今違素約　松篁依舊擁寒棲
何時歸享家園樂　常棣花前手共携*
＊舍伯　病臥京第　今年不得參契會

乙丑契會　乙丑—九八五年　四月

吾行正值鷰飛初　　三月東風返舊居
霜雪增青園裏竹　　芸香無恙閣中書
華山猿鶴盟猶固　　泮水絃歌夢漸踈
多賴一鄉賢父老　　昇平良俗見其餘

丁卯契會　丁卯—九八七年　四月

風塵碌碌抱遺文　　慚愧屧孫說府君
十世儒門難繼業　　三年蠻土更離群
漢陽人去書香寂　　嶺外天長雁影分
踽踽獨行尋故第*　　村婆迎我淚霑裙
*去年舍伯棄世　今余獨作鄉行故云

戊辰契會　戊辰—九八八年　四月

我亦居然一老身　　鄉園惆悵憶前塵
竹林實乏難棲鳳　　荊樹花開不見人
雲谷和詩空寓意　　輞川模畫莫傳神
鶯隣鷰社春長在　　他日歸來作里民

己巳契會前日到鄉廬 己巳一九八九年 四月

歲月無情白髮侵　故園春色好來尋
紫荊花下重垂淚　流水聲中一洗心
不關市貨翻騰落　莫把人情較淺深
高唱低吟隨意足　樵兄漁弟總知音

己巳契會

緣溪幽逕綠苔侵　多荷諸公歲一尋
地迥雲烟迆屋角　天晴花木漾池心
年光似水春將暮　文債如山病欲深
學鬥勞騷千里外　枕泉終夜有清音

辛未契會 辛未一九九一年 四月

華山巍巍出晴空　凝水洪洪來北東
故土風光長在夢　平生經濟也無功
草深蹊逕衣沾綠　花覆欄干筆染紅
秉燭莫辭春夜宴　眼前烟景隙駒同

甲戌契會　甲戌一九九四年　暮春
　於天淵亭·

又逐東風返故園　春衣被酒去年痕
買魚楊柳湖邊店　訪友桃花洞裏村
心在林泉安淡泊　身從城市慣啾喧
珠藏玉府寥寥久*　何日文星復耀門
*後園　有我家先集藏板閣　署以珠藏玉府

乙亥契會　乙亥一九九五年　暮春

嘉會清宵耐薄寒　一年春菜又登盤
芳樽相對花飛席　好句初成月上欄
此地養眞心計久　何時寄傲膝容安
善仁觀輔追先德　可但親朋半日歡

丙子契會　丙子一九九六年　四月

東南耆舊日彫零　賴此淸緣契事成
一境松篁遮俗氣　百年詩禮保家聲
春閒綠草當階長　夜靜寒泉入戶鳴
勝會蘭亭纔罷夢　明朝又復向京城

丁丑契會 　丁丑一九九七年　暮春

一笑逢迎又暮春　　西亭契事逐年新
藏書最適烟霞境　　展墓偏傷雨露辰
花落床頭香入筆　　竹搖欄角綠侵巾
善仁二字吾家寶　　把作青氈授後人

己卯契會 　己卯一九九九年　暮春
　　用靜存軒板上韻

太息先人有弊廬　　孱孫承守亂離餘
蘭亭修契欣同席　　栗里歸耕苦挽裾
已判功名難入手　　謾從畿甸且營居
鶯啼花發年年事　　多謝春風不負余

庚辰契會 　庚辰二〇〇〇年　暮春

還鄉先檢舊衣巾　　欲整威儀不露貧
歷世嘉謨罔或墜　　平生野性也難馴
鶯雛學語遷喬木　　燕子尋巢識主人
好是群賢修契處　　故園風景一時新

辛巳契會　辛巳二〇〇一年　四月

又向南州出漢京　蘭亭佳會適期成
華山鶴唳夜陰冷　藍水鷗飛春日晴*
老後逢迎情益篤　病餘吟唱氣還平
年年此席相觀善*　朋友遺規示後生
＊此地　背華岳而面藍湖
＊觀善之意　謂朋友相觀以善

壬午契會　壬午二〇〇二年　暮春

出京千里叩鄉扉　一路春風拂我衣
地冷北關鴻已去　天晴南國燕初歸
山陰勝事群賢集　河朔豪情四座圍
醉裏相看俱白首　臨岐分手故依依

杏壇唱酬集

與成均館大學校漢文學國文學科同僚諸友 結成詩壇 唱酬爲樂 已
刊行一集 杏壇者 成均館之象徵也 故取以爲名

성균관대학교 한문학·국문학과 동료교수들과 시사(詩社)를 결성하
여, 취미삼아 시를 지어 서로 화답하며 즐기기로 하였다. 이미 『행시
단창수집(杏詩壇唱酬集)』한 책을 간행하기도 하였다. '행단(杏壇)'은
성균관대학의 상징이므로 이름으로 붙였다.

別栖碧舊莊 甲子一九八四年 四月

搬書移畫舊莊空　留得春花泣晚風
厚朴老翁應解悟　此生無始也無終

所藏書畫　盡得搬移　而庭中花木　不得携去　可惜也　有厚朴一樹老大　余戲呼
爲厚朴翁

又

登山每笑背囊空　幾載豪吟北漢風
又作清潭漁叟去*　江南烟月興無終
　*新居爲清潭洞北岸　故擬更號清潭漁叟

二十八日　移就江南新居戲題

漢江江水蘸春空　滿載圖書一帆風
無限山光隨我至　依然栖碧碧無終

自題栖碧新居 江南三成洞 甲子一九八四年 六月

又將栖碧署新居　戶牖憑高興有餘
漢北千峯來咫尺　雲煙長護一床書

有懷栖碧舊莊 戲用前韻 贈內

牢落道峯山下居　幾年瓶粟罄無餘
平生愧乏謀生術　謾坐閒齋託著書

自嘲二絶 乙丑一九八五年 三月

歲月忽忽逝不居　鬢毛蕭颯亂離餘
六經四子抛閒久　太學村中講稗書*
　*余所擔當科目 爲古典文學特講 因從『東稗洛誦』『靑邱野談』等書 拔萃爲敎
　　材以行講義

晚卜江南奠厥居　吟詩討酒盡三餘
西方碧眼相逢處　每問年來有著書*
　*西洋人之爲『韓國學』者 往往求余著書 而余懶散 無以應之 可愧

詩壇結成後志喜 乙丑一九八五年 三月

朝登泮學見諸生　晚入茶樓眼更明
杏下詩朋俱在此　風塵偸得片時淸

懷鄉

春回江國水初生　南土風光一倍明

遙憶西皐讀書處　早梅紅綻小軒清*

＊西皐精舍　余少時讀書處　有一樹紅梅　每歲早發於蒼松修竹之間　初春絶景
　也

古宮賞花　歸抵樂園洞　與杏詩壇諸公相會　乙丑一九八五年　五月

滿城簪佩媚春容　漢北烟花似酒濃
一片樂園清淨土　品茶評墨好相從

題農家圖　乙丑一九八五年　六月

數疊靑山一曲江　踈籬寂歷蝶飛雙
家人盡向西疇去　惟有榴花掩半窗

曉枕有作

前宵歸夢到凝江　喜逐蒼波白鳥雙
咫尺奉恩鐘響落　五更殘月掛西窗

明倫洞有感　乙丑一九八五年　七月
　將欲登校　至大成門　見學生輩與警察　激突　彈煙衝天

雹擊風飛老杏枝　三千徒衆激昂時

街頭獨立含幽憤　醉拂蘆簾更一巵

翌日午後 閑步校庭

忽有一蟬鳴樹枝　喊聲纔息日西時
此間也識天機妙　凍土春生大白巵

奉和又靑'歸心' 乙丑一九八五年 九月

清洛東邊是我居　粉塵絲夢卄年餘*
尙今未決歸鄕計　爲愛京中古店書
＊潘香祖詩 吾家西子湖邊樹 淺碧深黃二月時 如此江南歸未得 軟塵如粉夢
　如絲

江邊路 乙丑一九八五年 十月

城裏未能占一區　淸潭之上作漁夫*
寒楓野菊江邊路　一任紛紜萬轂驅
＊新居在淸潭洞北岸

遣憫 乙丑一九八五年 十一月 學生節

秋日閒行古苑西　蕭條街樹兩行齊

尋詩觀劇吾何樂　處處硝烟彈雨迷

初雪 乙丑一九八五年 十一月

飄颻萬片混東西　玉海銀山一望齊
秋嶺寒梅應好在*　夢中鄉路不吾迷
＊秋嶺 卽秋風嶺

雲洞夕集

詩境元無東與西　風松雨竹韻難齊
高吟濶步長安道　萬點紅燈醉不迷

閒居 乙丑一九八五年 十二月

窓梅几竹景添佳　冬日閒居不出街
文債如山歲將暮　一盃香茗且澆懷

哀茶洞美人
有客來言老妓某 流寓麻浦 尙稱茶洞美人 盖往時名動長安者也

二八曾誇絕代佳　春花秋月漢陽街
嶺南豪富鎖金盡　老抱江商謾訴懷

押鷗亭

閒中覓句苦耽佳　散步江南第一街
萬戶笙歌歡樂夜　何人與我說幽懷

栖碧新居　盆梅初綻二絶 丙寅一九八六年 一月

新年花信到窓梅　十四番風次第來
公道世間頭自白　江邊詩客謾催哀*
*杜甫詠梅詩 江邊一樹垂垂發 朝夕催人自白頭

漢上新居得此梅　春光遙自故鄕來
東坡忽發西山興　往和松風萬壑哀*
*東坡詩 憶從樊口載春酒 步上西山尋野梅 其末句曰 往和萬壑松風哀

退老春酒名　正初開新甕　諸少友連日來飲

一甕淸香十斗梅　新年多喜有朋來
春風解凍三千里　醉裏渾忘分斷哀

歲初志感 丙寅一九八六年 陰暦正月

喊聲聲裏歲華新　卅載京師萬丈塵

述史年來甘寂寞　盡情歌哭任詩人

金友浩吉自浦項至　喜賦 丙寅一九八六年 初春
上元前夕

樽前相笑舊情新　警句奇談脫俗塵
儘是上元名節好　同筵俱是嶺南人

上元夜　有友人見過　道城中事 丙寅一九八六年 二月

含春苑外月光新　醉舞狂歌滿路塵
長廣水標埋作地*　可憐無復踏橋人
＊長廣水標　皆城中舊時橋名

憶桃源亭
我家別墅　在密陽山東

清溪曲曲境隨新　疊疊雲巒遠市塵
一任落花流水去　世間今少問津人

獨坐書齋述懷 丙寅一九八六年 三月

讀遍經書道未聞　史中還苦是非紛

丹齋不作心山死　謾說千秋有子雲

春夜　聞窓外微雨點滴　興發　打傘步出三成路

春雨中宵細入聞　樓前街路息囂紛
出門似有佳期在　漢北千峰漸捲雲

詩壇

世事多端不欲聞　樽前談屑謾紛紛
勸君且復耽佳句　古苑春深花似雲

寄舍弟謹成二絶　丙寅一九八六年　四月
　　在病院

奉母治農在僻村　時憑郵遞問寒溫
賣牛不得償官債　市罷歸來山雨昏

每言都市勝農村　薪桂三冬竈不溫
知否講壇心事苦　漢陽塵土九衢昏

醉渡東湖 丙寅一九八六年 四月 大學歸路

半世栖遑大學村　新知尙淺故難溫
漫天彈雨硝烟裏　醉渡東湖片月昏

夜坐 丙寅一九八六年 四月

四月凄風捲泮村　可憐師席坐難溫
東隣西巷雞聲亂　久矣乾坤漆夜昏

萬德蘭 丙寅一九八六年 六月
　頃年　訪茶山艸堂　宿萬德寺　寺卽茶山草衣往來處也　見道傍蘭草自生　同行
　諸友　採得數十本　余亦分其數叢而歸　置諸書室　名之曰萬德蘭

千里移來萬德蘭　塞琴風露入窓寒*
茶翁氣味恂公相　一室藹然相與安
＊塞琴 康津古號

夏日遣憫 丙寅一九八六年 七月

年來文債積如山　長夏家居不暫閒
安得飛機東走海　寒溪雪嶽醉中看

七月初 連日報颱風北上 驟雨一過 忽雲散天晴

颱風聲勢震江山　一日天晴萬象閒
三角道峯無限好　閨人催我捲簾看

來靑閣戲題

霧捲雲收江北山　高窓淨几主人閒
不關文債徵求急　碁譜茶經盡日看

一灘 擬作退里十六景圖 久而未就 以詩促之

迢迢華嶽我鄉山　林壑淸幽猿鳥閒
好倣米家新潑墨　雲烟長得畫中看

從茶山硏究會諸友 遊北漢山溪谷

城闉咫尺好溪山　濯足吟詩半日閒
巖面且休題姓字　風磨雨洗有誰看

第二雞肋集

古人一字重於山　多少奇談破補閒*

春鳥秋蟲聊與樂　不要千載後人看
＊破補閒 『破閒集』 『補閒集』 吾邦詩話之祖

移居江南後 不作山行久矣 林用植崔博光兩友　勸我登攀
甚勤 書此以謝

每說江南無好山　遊人何處得淸閒
明朝緩步登冠岳　萬戶長安一俯看

避暑至釜山 澤民朴雨達兄　爲余招滄洲李載浩敎授及文炯
萬明甫 同遊海雲臺冬柏島諸處 丙寅一九八六年 八月

京師苦熱夜難眠　東走蓬萊訪列仙
滿袖淸風醒舊夢　海山陳跡卅餘年

翌日 到蔚州開雲浦 登處容巖二絕
　巖在海中 白石層疊 成小島 一半有冬靑樹 葱鬱成林 年來爲禁護處 不許
　登覽 適有土人記余姓名者 與警官商議 許從椿島船便 迂路暫入
　船中有一叟 鬚髮盡白 向余說處容事 且曰有神龍方在海底熟睡 千年一醒
　其時又遣一處容登陸云 此非『三國遺事』所載 余大異之 欲細叩其說話之源
　委 叟微笑曰敎授先生勞矣哉 遂不肯復言

謾說神龍海底眠　處容非鬼亦非仙
新羅運盡群雄起　慨想孤雲去國年

新羅美女擁男眠　疫病之神是國仙*
一曲處容歌斷久　東京明月自年年
＊余曾有一篇論文　分析處容說話

望海寺
有雙塔在舊址　前有一僧　作堂而居

向晚清風攪客眠　碧山高處禮金仙
可憐雙塔蕭條影　東海龍亡已昔年

秋夕　於電視器中見臨津閣望鄉祭　又見市內歌謠大會　有感而作

太息臨津久斷橋　何心絲管度良宵
佳人莫唱荒城月　此是昔年亡國謠

見漢江遊人終夜絡繹不絕　又題

月白燈靑十四橋　沿江歌吹到深宵
東溟咫尺鯨鯢舞　忍聽倭兒君代謠

漢江漫興 丙寅一九八六年 十月

新住江南少舊交　披衣閒步向靑郊
斜陽好作漁翁伴　釣得銀鱗供酒肴

交河秋景
　　臨津道中

茫茫江海此相交　一路秋光百里郊
滿眼豐年堪一醉　野翁相過勸魚肴

奉呈杏詩壇諸公

春風秋雨卅年交　焂忽冬寒又入郊
暮境有詩相與樂　況兼旨酒對芳肴
　　　　　　右　屬遲堂又靑

樵兄漁弟喜相交　晚歲逍遙江外郊
笑勸諸公携酒至　奉恩村店美鮮肴
　　　　右　屬蒼史竹夫石如尙虛半丁

藝林堪喜忘年交　乘興遊山又出郊
但得新詩驚老眼　樽前不患乏佳肴
　　　　　右　屬止山綗人懷川

一灘 近頗阻面 以詩請相過

黃金散盡作貧交　賣屋出城居近郊
野寺有碑堪共賞　一樽村酒佐山肴

龍仁 拜圃隱墓 丙寅一九八六年 十一月

圃老風標死亦豪　何如陶令嘯東皐
江南花發歸來晚*　剩得千秋節義高

* 有僧以詩呈圃隱 曰江南萬里野花發 何處春風無好山 圃隱流涕 曰嗚乎 其
　晚也 其晚也 此出『東人詩話』

記夢

十一月十一日朝食後 乍倦小睡 夢與諸友將遊日本 出發之地 是天安空港
云 及飛機過密陽上空 余俯視蒼松綠竹林中 宛然是西皐精舍 窓裏書冊半
披在几案上 歷歷可讀 但不見華岳山 疑訝之際 忽有三峯遙出於雲海之外
瑞氣玲瓏 相顧詫奇 而余適欠伸 睡覺 茶盞尙溫 壁上鐘 打十一點矣 爲之
茫然 吟成一絶

夢挾飛仙意氣豪　松篁蔥鬱是西皐
忽看雲海蒼茫際　華岳三峯特地高

漢城夜景 丙寅一九八六年 十二月

東湖明月漾金波　萬點銀燈復若何
江北江南無限景　朱樓翠閣盡笙歌

讀書堂路
　舊湖堂遺址 在其近處
耶宮佛殿競奔波　寂寞將如吾道何
此地讀書堂廢久　靜聽還似有絃歌

冬夜起坐有感

長白風高東海波　鍾鳴漏盡夜如何
楚狂不識宣尼意　謾向門前作鳳歌

送滄洲 歸東萊寓所
　滄洲年過六十五歲　自釜山大學退職後　無所於食　今冬　以某研究院之招聘
　北來京師　亦不合而歸　臨發　余以詩爲贐

歲月無情逐逝波　踈才傲骨奈君何
曉星殘月東萊館　感慨琵琶一曲歌*
*高麗鄭敍 流落東萊 彈琵琶而歌 有殘月曉星之句 世所傳「鄭瓜亭曲」是也

鐘路 丁卯一九八七年 一月

新歲京華百萬家　碧窓朱戶酒旗斜
年來珈琲嫌長服　第四街頭買綠茶

送金友遊嶺南
　　金友 海外僑胞
凌空越海訪吾家　論史談經到日斜
記取吾南新産物　密陽磁器晉州茶

來靑閣早起
　　日曜日

珠簾乍捲喜朝晴　霧罷雲收北漢城
今日乘閒開筆硯　淸詩小品效元明

北漢山 丁卯一九八七年 四月
　　讀又靑詩 用其意和之

朝霞暮雨幾陰晴　萬丈高臺一片城
五百年光如夢過　春風依舊雜花明

午後即事

閉門不識晚天晴　落日居然掛遠城
小睡渾忘茶鼎沸　却將書卷照窓明

與成均諸友　買地於水原之安山　爲他日結鄰之計二絶

八達華虹壚市晴　多情還似密州城
星湖墓畔花千樹　一路逶迤兩眼明

漢南咫尺海天晴　買得名基近古城
何日同歸成聚落　竹籬茅舍向陽明

來青閣謾吟　丁卯一九八七年　六月

簇簇雲山來送青　江南寓舍似林亭
却嫌門外風聲惡　三日看書不下庭

泮中初夏　憶西皐精舍

前宵夢見故山青　寂寂西皐池上亭
石楊花飛人不掃　任敎新竹穿苔庭

遊月岳山 午後列坐溪上食瓜 丁卯一九八七年 七月

一筐新味喜招朋　頓忘山厓苦陟登
始向井中沈碧玉　却來盤上析寒冰

日本人某 訪余論及我國史 多不契 歸後有作

平生欣對遠來朋　時許蠻音舌上登
縱道他山攻玉可　夏蟲難與語冬冰

長夏家居有感

一炷淸香萬卷樓　星茶遺義費探求
長吁短歎君休怪　窮士也先天下憂

大學硏究室 土曜午後述懷

平生風雨坐書樓　世上功名非所求
文杏千年壇影冷　何人同樂復同憂

遊利見臺 丁卯一九八七年 九月
月城甘浦

利見臺高擬蜃樓　清風灑我絶營求
萬波息笛今何處　東海鯨濤溢目憂

贈半丁丁範鎭敎授 丁卯一九八七年 十月
半丁　往參曲阜儒學會議　因遊覽萬里長城及西安秦始皇墓　歸國後　行報告
講演　余檃栝其所言　作二絶以贈

遠涉中州拜孔林　祥雲香霧殿堂深
最憐魯壁猶存舊　一部遺經萬古心

萬里長城人似林　秦皇陵谷更幽深
却看依舊黃河水　濁浪彌天傷客心
＊昔從日本人　聞中國治山治水　黃河亦將澄淸　今聞半丁言　黃河依舊故及之

三角山 戊辰一九八八年 一月

峨峨三角萬人瞻　塵土漫空形欲潛
何日興雲仍灑雨　寰中惠澤洽均霑

讀東坡詩有感

千載風流蘇子瞻　平生氣味擬陶潛*
臨皋赤壁遨遊地　只乏田園夕露霑*

＊氣味　山谷詩　淵明千載人東坡百世士　出處雖不同氣味乃相似
＊夕露　淵明田園詩　夕露霑我衣　衣霑不足惜　但使願無違

曲阜孔子廟原拓夫子像吳道子畫
　崔南伯　贈我以此　未幾　半丁自曲阜歸　又贈以泰山風景畫及孔子聖蹟諸寫眞

聖神後在忽前瞻　鳳似飛兮龍似潛
萬古岱宗靑未已*　遺風餘化八方霑*

＊岱宗　泰山一名
＊聞半丁言世界各國之參曲阜學會者　至數百名

賞雪　戊辰一九八八年　二月

白日抛鹽却不鹹　紛紛飛絮撲嵒巖
眼前頃刻開新景　恰似天衣無所緘

又

冷冷淸淸失苦鹹　瓊臺玉樹映珠巖
雙梅應復傳春信*　何日鄕書喜圻緘

＊雙梅　密陽舊第之堂號

大邱逆旅　贈申周澈文哉　戊辰一九八八年　三月

燈前相對醉顏紅　　一宿郵亭西復東
莫恨雲山千里隔　　凝州明月夢相逢

春日有懷桃源亭　寄示燾成鼎成諸從弟

凝州江碧且山紅　　春夢時時渡洛東
會共漁舟閒逐水　　仙桃源裏好相逢

懷鄉　戊辰一九八八年　四月

天南華岳聳三峰　　目斷鄉關雲幾重
漢上風埃雙鬢白　　謾思潁尾說歸農＊
＊頃年余自海外返國　如初書紫霞詩‘歸農偶似潁之濱’一聯以寄來　余揭曲屏以
　觀

詠三角山

風侵雨薄最高峰　　倚戶閑看意萬重
亂世益知爲士苦　　欲將心跡混漁農

望'月洞內'有感二首

京中四山 庶民家屋稠密 延及山頂 俗稱'月洞內' 以其高近於月也 盖自全
國農村 貧民流入都下 以成聚落者 此亦爲政者之責也

疊疊蝸廬依遠峰　朱門咫尺隔千重
可憐八域驅民至　只重工商不重農

夷盡丘陵禿盡峰　蜂房蟻垤聚重重
貧民近月嗟何樂　只爲鄕村不利農

聽鶯 戊辰一九八八年 五月

戊辰春 余移處于首善館六樓上(大學院長室) 秘苑萬綠 在一眼之下 長晝
羣鶯聲相聞 昔余童卯時 讀書于西皐精舍 每春夏之交 鶯聲從後園樹林中
出 輒賦詩以相和 歲月忽忽 已屬五十年前事 往在己亥初夏 遊東萊梵魚寺
聞鶯 因憶西皐精舍 有花落滿庭吾不去 一春愁殺故山鶯之句 今於漢陽九
衢風塵咫尺之地 復聞此喚友聲 感慨何如 因用杏詩壇韻 記之 二絕

禁苑崇墙碧柳垂　聲聲向我似相知
卅年重喚西皐夢　題罷新詩白日遲

遊食京華鬢雪垂　故山雲鳥漠無知
遙憐宿昔吟詩處　喚我應嗔歸老遲

春日記夢 戊辰一九八八年 六月

余自病院還家 午夢乘風船 越長江大山 其行甚迅 至一處 風景佳麗 殊非

　　人間世　有仙翁拒之曰'君俗緣未盡　胡得至此'以杖打脛　余驚而覺　可異也
　　用杏詩壇韻記之

夢駕飛船越大江　　水明山碧是何邦
覺來茶鼎烟纔歇　　丁字簾前語鵞雙

題渤海史

　　近來中國日本人論說　皆以渤海國　爲靺鞨族所建　將渤海史　與我國史分離
　　爲別個史　對余南北國時代論　隱然加以批判　余頗覺心氣不平　題此以自慰

萬古滔滔鴨綠江　　古來遼藩屬吾邦
縱然當日分南北　　渤海新羅作一雙

病後　醫者勸余限以一個月　實行三不'不讀書不飲酒不接人'憫甚有作

不登山岳不臨江　　枕上馳神遊萬邦
却笑室中無一物　　藥爐經几影成雙

遊鐵原抱川等地　得詩三絶 戊辰一九八八年　七月

自東豆川　入鐵原　風光甚佳
泰封王國化邊垂　　如此風光却未知
太息河山分咫尺　　南船北馬會同遲

三釜淵瀑布　傍有九龍窟

千尺銀潢直下垂　深潭危壑勢難知
風霆百劫空山裏　何事潛龍出世遲

孤石亭　俗傳林巨正避身之地

蒼藤古木雨垂垂　秘境玄機鬼莫知
恨殺千秋林巨正　巖前流水故逶遲

同源卿避暑留雉岳山五絶　戊辰一九八八年　八月
　　自第二絶以下　詠朝晝暮夜四景

塵間日月迭推移　走入靑山不計時
流水聲中消萬慮　身邊一卷洛閩詩*
＊余行裝中　無一卷書　郭稹敎授　以其所藏洛閩詩一卷　供余披覽

啓明星落宿雲移　梵罷琳宮日出時
滿意靑蒼山四面　悠然憑几不求詩
　　　　　　　　　　　　　　朝

空庭日轉樹陰移　鍾磬寥寥近午時
忽有一蟬簷外起　天機攬寂妙於詩
　　　　　　　　　　　　　　晝

閒坐松陰席屢移　西山斜日透林時
歸人暫說田園事　却憶淵明夕露詩
　　　　　　　　　　　　　　暮

欹枕遙看斗柄移　群峰深黑擁門時
山僧莫訝消燈早　大自然中無限詩
夜

原州有感

滿月臺荒九鼎移　漢陽社屋亦多時
峨峨雉岳終千古　重誦元公述史詩*
*余曾以元耘谷事　有所論述　今在原州　不能無感懷

又

海水可塡山可移　如今人衆勝天時
世間眞實終難掩　太息金家五賊詩*
*年前　原州居金某　以五賊詩　繫獄數載　聲聞當世

伴鷗亭 戊辰一九八八年　十二月

臨津江上白雲飛　一醉登亭已落暉
婦孺至今傳逸話　厖翁清德世間稀

觀五輪開閉幕式

漢江龍鼓走如飛　萬國旌旗翻夕暉
太息掀天歌舞地　環城貧戶笑顏稀

平海越松亭　與諸族人　揭騎牛先祖詩板及金宗瑞所作白巖
居士贊

迢遞新亭翬翼飛　長林鬱鬱翳秋暉
松端依舊滄溟月＊　叩角淸風識者稀
＊騎牛先生詩　滄溟白月半浮松　叩角歸來興轉濃

近來都下新聞　連日報南北交流事　今日夕刊　忽報金剛山
共同開發計劃　余興發　卽席有賦 己巳一九八九年 二月

頗喜朝盤登北魚　更悲親族尙離居
老來足踏金剛勝　萬瀑千巖畫不如

遊春川昭陽亭　路過柳毅庵銅像

貊國千山夾兩湖　臨江斷麓一亭孤
行人拜過毅翁像　長有淸風吹滿途

晚到華川
有雩南李承晩所書‘破虜湖’三字碑

落日華川千頃湖　戰爭遺跡短碑孤
誰開荊棘通南北　地上元非有道途

傷春 己巳一九八九年 六月
錦江途中

滿路笙歌錦水西　太平花月醉同携
漢陽少輩衝烟焰　九陌樓臺咫尺迷

夜坐志感
聞文某自北而南 卽日被拘囚

商通工惠遍東西　南北何時手共携
窓外鷄鳴天欲曙　黑雲滿地路尚迷

江南紅實公寓二絶 己巳一九八九年 七月

淸晨不耐坐閒齋　煮茗澆蘭淨掃階
擬作風流耆舊會　香山洛社有誰偕

案支奇石隘書齋　盆列名花乏土階

有美田園清洛左　春風歸棹孟光偕

頭陀山三花寺

有女非僧獨守齋　日長風磬響空階
遊人但道溪山勝　我欲看藏不肯偕*

　*昔動安居士　每從三花寺　借讀佛藏　名其所居曰看藏庵

頭陀山 訪動安居士遺址 示竹夫二絶

容安當日此居齋*　老樹蒼苔舊石階
荒落龍溪田二頃*　何年買犢起耕偕

　*居士遺址　今爲天恩寺　寺有葆光亭容安堂　皆居士當時所用扁額名稱也　舊
　　時石堦尙存
　*葆光亭記曰龍溪兩邊　有田二頃　是居士外家所傳柴地也云云　今蕪沒爲林莽
　　猶可指認其處

當日文章擅九齋　韓蘇堂室可升階
煌煌韻紀垂千載　譯述全編孰與偕*

　*余曾於三十年前　讀『帝王韻紀』有所論攷　因此寤寐頭陀山久矣　今行　率博
　　士課程諸生　宿山中　講韻紀終章　因囑諸生　各自整理其所課　爲譯述全編之
　　計　諸生辭以不能　可歎

南方連日大雨　處處有懷襄之患　得家弟謹成書　知吾州免
被災害　以此自慰二絶 己巳一九八九年　八月

寄書七日答書回　　爲報新晴快上臺
四境禾麻靑一色　　里翁相賀濁醪盃

天南心逐暮雲回　　水滿平湖草滿臺
庭菊數叢無恙否　　深秋香蘂泛金盃

偶閱天台山人所編高麗歌詞　志感

雙花執手唱回回*　　王業頹荒滿月臺
盆老謾成新樂府*　　時憂徒付手中盃

　*「雙花店」諸曲　忠惠王所製作云　亡國之兆也
　*益齋詩有'門無車馬腰無印　家有絃歌手有盃'之句　厭聞時事之作也　益齋嘗
　　作小樂府

桃源亭守者　來報山中近況

靑山重疊水縈回　　長夏垂楊拂釣臺
笑道銀魚時節至　　村家釀得酒盈盃

次兒熙駿 率其婦來 導余夫妻東遊至高城 望海金剛

南北防丁暮抵晨　海山風物尙淸新
樵兒仙女空傳說　望極烟霏不見人

夜宿永郎湖 翌日早發 冒雨向雪嶽洞

湖亭睡覺喜淸晨　飛雨空濛水木新
雪嶽千重雲霧裏　吾行又作畫中人

歸路由寒溪嶺 大霧不辨咫尺 踰嶺始開豁

大霧難分夕與晨　嶺途纔坦日華新
回頭可惜仙山遠　又向京師做俗人

詠盆竹

灑落迎風浥露晨　枝枝葉葉綠抽新
任他佳客來吟賞　不用區區作主人

歲初江南寓舍 作憶梅花三絶 以遣懷 庚午一九九〇年 二月

遙想春風入故園　窓間靑鳥更傳言

主人尋逐閒名利　月落參橫自曉昏

半樹清標雪後園　逋仙一句勝千言
平生謾說孤山勝　九陌烟塵眼欲昏

我欲還山日涉園　卅年違約復何言
寒燈夜雨催歸夢　嶺路迢迢雲霧昏

二月來靑閣 紅梅開盡半落 庚午一九九〇年 四月

漢山堆雪北天寒　片片飛紅點鐵欄
好待春風吹結子　傍人且莫惜花殘

同崔博光李敏弘兩敎授 遊大牟山 庚午一九九〇年 六月

天晴今日試登山　豐草長林一逕閒
小醉却臨流水坐　孤吟聊逐白雲還

樂園洞小飲 暮歸自嘲二絶

平生願買一區山　種樹藏書老享閒
苦蓄俸錢難藉手　鐘街半醉夕陽還

年來文債積如山　城市謀生不暫閒

淸洛東邊田數頃　秋風一帆故鄕還

湖南雜詠 庚午一九九〇年 十二月

　大學院諸生　要余踏查淸海鎭遺蹟　作莞島行　因遊甫吉島　回路歷入潭陽　隨
　處題詠　錄之得絕句九首

莞島橋

咫尺雲濤浩渺邊　長橋連陸已多年

怳然拱揖來迎我　海上群峰似列仙

登將島 望西南海 追感張保皐事

將軍一劍靖三邊　柵木壇基不計年

黃海波濤尙帶怒　超然遺像似天仙*

＊今年京中人士　就中國山東省赤山院址　立祠奉將軍遺像　今行有一學生　以
　遺像寫眞見示

甫吉島 訪孤山洗然亭二絕

平生氣節耀南邊　文酒琴歌送晚年

有此園池窮樂事　芙蓉洞裏却昇仙*

＊南望有薇山　山之後　爲芙蓉洞　孤山終老之地

松壇荷沼夕陽邊　寂寞風流幾百年

今夜月明笙鶴返　玉簫臺上伴簫仙*

＊東山有石層疊曰玉簫臺

潭陽息影亭二絶

星山高秀白雲邊　添得湖光勝昔年*
滿面飛花園裏臥*　松翁眞是飮中仙

　*年前　新成光州湖　水瀰漫於亭下
　*寧齋過松江亭詩　至今想見園中臥　滿面飛花不裏頭

東風聞笛坐溪邊*　悵憶前塵二十年
華髮重來增感慨　幾多人物已歸仙*

　*昔余到此　時當早春　一少友折溪邊柳　作笛橫吹　余倚橋欄　坐而聽之
　*昔尹友烌東　導余遊湖南　被李公道衡之款接　今者之來　李公歿已久　尹友亦
　　以今年向他界

梁氏瀟洒園二絶

竹樹蕭森路兩邊　土垣茅舍創何年
光風霽月逍遙處*　想見當時地上仙

*光風閣霽月堂俱在園內

燦燦瓊琚四座邊*　群賢留記唱酬年
自憐京洛風埃客　瀟洒園中半日仙

　*四壁遍揭河西松江諸賢詩

上元夜　過永東橋　下車行數十步　辛未一九九一年　二月

得此元宵試踏橋　漢江波冷月星搖
昇平舊俗無人問　禁苑鐘街隔岸遙

遊雞龍山新都內
年前盡撤民居 造營軍事都市

天開地闢鐵成橋　四面群巒欲動搖
絶頂柱高何物網*　崢嶸西北赤雲遙*
＊西北山頂 有美軍施設物
＊杜甫羌村詩 崢嶸赤雲西 日脚下平地

公州甲寺
宿甲寺洞口　翌朝冒微雨入寺

淸晨策杖過溪橋　萬丈幢竿寂不搖
多荷山靈微灑雨　雲林愈覺去塵遙

扶餘宮南池

朱樓迢遞架虹橋　春入池塘柳自搖
桑域庭園誇藝術　應從百濟溯源遙

介坪 訪又靑鄭炳祖教授

洞口淸流漾土橋　園中脩竹拂簷搖
居然來作村莊主　城市紛華夢外遙

又靑 引余至松石亭 觀瀑少憩

溪上孤亭石作橋　松陰觀瀑髮飄搖
多君占此幽閒界　介隱清風百世遙*
＊介隱 又靑之先祖 有介隱亭

暮春有懷碧水巖 贈暉山一灘二絶 辛未一九九一年 五月

又是江南春夏交　嬌鶯喚友燕歸巢
餘生願作華山隱　碧水巖前共結茅

山北山南道路交　蒼松絶壁鶴來巢
何年新築雲溪畔　瀟洒三間蔭白茅

五月歎

學閧勞喧砲火交　山林禽鳥莫安巢
城鄉俱乏新消息　不信英雄在草茅

長兒熙渤 率其婦及孫兒輩 導余夫妻避暑向太白山　暮抵
太白觀光飯店 辛未一九九一年 八月

憑樓纔覺晚涼多　辛苦千峰萬壑過
却笑文明公害甚　山中到處鬧笙歌

潢池

洛東江發源於此 爲嶺南大動脈

靈泉日日放流多　邃谷平林信意過
淸洛一千三百里*　家家飽食且酣歌
*潢池之上 立碑 刻‘洛東江一千三百里發源之地’

寧越

子規樓外感傷多　寂寞莊陵不忍過
最是淸泠灘一曲*　至今嗚咽帶悲歌
*淸泠浦上有一石刻王邦衍時調

漁溪碑峴

往年 寧越郡民 募力建漁溪趙先生碑于峴上 俯臨淸泠浦 世傳漁溪先生 聞
魯山變 馳至淸泠浦 有虎負而渡 遂得歛襲云 碑長七尺 刻虎爲趺 碑文卽
余所撰 而今行 始得觀碑之形止及周圍風物

淸泠浦潤石稜多　漁老單身騎虎過
七尺貞珉風雨裏　偏憐九日一章歌*
*碑傍 別有石刻漁溪九日登高詩長篇一首

慶州甘浦 同朴友澤民 觀大王岩 回至感恩寺址

廢殿荒池蔓草多　蕭條雙塔少人過
大王岩外鯨波惡　念切兒童統一歌

南原實相寺

石丞臨路迓迎多　鐵佛憑床歲月過
花落庭空僧入定　山禽如哭又如歌

智異山老姑壇

頭流萬疊白雲多　此日老姑壇下過
靑鶴道人何處在　耳邊髣髴採芝歌

河東雙谿寺

十載雙谿入夢多　西來節屆此重過
魚山梵唄風流遠*　聊聽回心白髮歌*
　*寺有眞鑒禪師碑　師以梵唄鳴一世
　*寺之賣店　錄回心曲及白髮歌音　隨時放送

花開場

江海相通物産多　農商漁牧總來過
嶺湖不害方言異　一市交歡笑且歌

昆陽多率寺

寺名多率率無多　種竹栽茶事已過*
雨後一蟬緣底意　凄凄古木保殘歌
　＊往昔　寺主崔某　頗有風力　延攬名碩　種竹栽茶　以富裕聞　其死後　寺勢不振
　　日就衰落

深夜電視器中　觀國樂演奏

滿堂絃管動人多　深夜渾忘漏刻過
少日愛聽'悲愴'曲　年來漸好沈淸歌

安東金溪　過鶴峰先生舊宅

古瓦連甍苔作花　坦途如砥遶村斜
雲章閣裏煌煌字　可但圖書富五車

天燈山鳳停寺 憶遠友 辛未一九九一年 九月
　柳某 余少時摯友 遍遊國內名山 喜談佛敎 今在遠地 不得相見

羅麗遺構眩生花　金碧輝煌日色斜
安得山中同此夜　佛燈講話演三車

歷燕尾院 晚歸安東市

深村一路賞秋花　燕尾院中殘照斜
第待楓林紅似錦　白雲山逕更停車

大學院諸生論文終審之夕　會食于牧丹亭 辛未一九九一年 十一月

樽前談討興偏高　喜見諸生成羽毛
古籍有魔隨處伏　須將慧眼不容逃

聞石如 自病院還其家 以詩慰之 辛未一九九一年 十二月

平朝醉倒玉山高　却幸皮存且傅毛
更進一盃仍大嚼　眞元充溢夜叉逃

閑居詠梅竹二盆

閑居不讀養生方　閉戶三冬葆眼光
竹葉映箋詩帶綠　梅花近枕夢凝香

養蘭

養蘭非是有奇方　挹露迎風納日光
歲暮天寒來客少　江南一室藹佳香

陰曆壬申元朝　獨酌'退老春酒名'二絕　壬申一九九二年　二月

新年瑞雪遍東方　海晏天晴旭日光
只願山河成一統　太平身老野花香

漢臘夏正兼兩方　蘧蘧過歲惜年光
却看退老春無盡　一甕長含四序香

由佛光洞　向日迎　壬申一九九二年　七月
茶山研究會野遊日

萬彙稠疊路迷方　纔出西城穿佛光
忽見車窓雙蝶過　隔溪應有菜花香

自題來靑閣 壬申一九九二年 九月

平生栖碧復來靑　漢上雲山長在庭
最是曉窓殘夢裡　奉恩鐘梵入淸聽

中國河南省社會科學院 將以明春召開宋學硏討會 要余臨
期來會 壬申一九九二年 十二月

擬向中州續壯遊　燕雲萬里更回頭
洛陽城裏花如錦　好賞春光一破愁
邀請書云會議終了後 導遊河南省古蹟名勝之地 又參洛陽牧丹花會

夢拜一老先生 云是退溪先生也 取余所作文字 一一訂正
且有所敎示 詳切丁寧 覺而作一絶

忽入無何鄕裏遊　丁寧嘉訓在心頭
卅年忘却陶山路　古鏡埋光不解愁*
＊退溪先生所編「有古鏡重磨方」皆存心養性之箴銘

送止山遊北京 癸酉一九九三年 一月

燕京路熟易爲尋　俊逸才名擅藝林
四月洛陽吾且去　牧丹花外共論心

憶華岳山 奉寄暉山兄 癸酉一九九三年 初春
 余近以脚疾 深居簡出 懷鄉感舊 不能自已 聞暉山 亦以同病 閉戶渡日 用
 杏詩壇韻 寄呈一絶 聊以相慰

家鄉遙在洛東南　萬壑千峰雲住庵
何日天風飛錫去　一燈相對聽禪談

一灘 亦以感冒 杜門吟病 又用前韻 寄呈一絶 以慰之

君家江北我江南　頑伯多年仰石庵*
紅實寓廬春酒熟*　好將碑帖享淸談
 *頑伯(鄧石如)生年 稍後於石庵(劉墉) 故以比余與一灘年齒之相先後 非謂
　余有筆才 可學鄧氏也
 *余所居公寓 稱'紅實'

五月五日馳車過廣州退村小憩 癸酉一九九三年 五月

萬山濃綠帶殘紅　忽見平湖漾碧空
乍憩野橋村店畔　林間隨處送薰風

天眞庵遺址
　　權鹿庵丁巽庵講學處

一讀崇碑面發紅　茶山文字總歸空
西來異敎憑陵甚　何處重看實學風

當時 權丁諸公 講會 皆用程朱箴銘 爲修養之資 而天主教人 謂諸公所講 爲
天主學 乃引茶山先仲氏墓誌銘爲證 茶山所錄正與相反 有眼者皆可辨也 天
主教徒之誣一世 寧不寒心也哉

贈暉山一灘 試探其歸田意思 癸酉一九九三年 七月

風塵役役未歸農　洛左山靑雲萬重
何日喜聽鳩喚雨　杏花村畔數相逢

憶寄又靑介坪之居

歸臥鄕邨不作農　一庭花木繞重重
頻從酒後詩邊憶　會向風前月下逢

與茶山研究會諸友 遊坡州廣灘 癸酉一九九三年 九月

幾夜空濛雨滿江　今朝紅旭射晴窓
出門始用靑藜杖　對榻重傾白玉缸

歸途 歷入蓮潭李孝友新第

君家文藻擅南邦　世守書籤映竹窓
好是風流蒼佩室　評蘭品石醉深缸

憶舊遊三絶

余近以脚病 閉戸度日 又以眼疾 不能看書 賴憶中國舊遊 以爲感況 玆用
杏詩壇韻 作三絶 寄呈當日同行諸友(竹夫 石如 半丁 止山 絅人 懷川)

頗訝黃河似漢江　蘭州機上幾窺窓
陽關西去無親友　萬里尙携孔酒缸
　　　　　　　右　一次旅行

遠從巴蜀下長江　三峽風光溢四窓
詩到岳陽豪氣倍　洞庭船上快傾缸
　　　　　　　右　二次旅行

洛陽飛絮暗春江　滿挹風烟返客窓
最是燕京懷舊雨　有詩聯軸酒盈缸
　　　　　　　右　三次旅行

同諸孫　午餐於峨嵯原　_{癸酉一九九三年　九月}

高樓一笑俯清江　風送飛花撲玉缸
厭聽胡兒吹鐵笛　羞看邦女抱毛尨

題許百鍊烟江疊嶂圖

迢迢疊嶂隔烟江　船上何人對酒缸
別有杖藜來訪客　白雲深處吠仙尨

三亭朴友登茁　自釜山招京友一行　留飲于海雲臺

千里遨遊趂洛江　海山邀月倒香缸*
醉來隨處安衾枕　旅店元無吠客猦
＊一行止宿處　爲邀月莊

江南寓舍　詠梅竹松三盆二絶 癸酉一九九三年 十一月

簡出深居人少知　一窓梅竹自交枝
江南江北搬移日　經几茶爐與共隨

孤松託契晚相知　暇日澆根更剪枝
得此歲寒三友好　何愁暮境少追隨

中秋節後　以脚病閉戶度日　題寄一灘

佳辰臥病阻親知　庭樹蕭踈月在枝
何日雲山同友鹿　長林豐草好相隨

一灘　取其先祖遜齋先生'華山多友鹿'之句　自號友鹿軒　然　平生汩沒於城市風
塵之中　名實相乖　與余栖碧之稱　同一可笑　故題此以相慰

冬日家居 觀書之暇 偶閱新報 有感而作 癸酉一九九三年 十二月

靜坐看書晝掩扉　漢山風雪客來稀
古人憂患先天下　今日吾民誰與歸*
＊新報 競書農産物輸入開放事

偶題 甲戌一九九四年 二月

我老不嫌城市居　塵緣元自有生初
如今始會淵明意　心遠地偏人境廬

江南書舍 甲戌一九九四年 四月

平生不欲向泥途　一室琴書只自娛
蒙叟謾言齊物我　無中有有有中無

奉贈杏詩壇諸公

人生行邁各殊途　晚境詩緣聚首娛
古苑有花江有楫　春來豈可一盃無

迷源村 甲戌一九九四年 七月
　迷源村 古之迷原莊也 舊屬楊根縣 今爲加平地 地近京師 而四山重疊 中

開田野 髣髴桃源境 趙靜庵先生 嘗欲卜居 其後名人韻士之尋逐不絕云 石
如 嘗從京肆 得迷源圖 鄭石癡筆也 余觀此圖後 益不禁問津之思 今年五
月 同蘭社諸友 遊加平縣里 歸路由淸平湖畔 驅車踰峴 出地圖 累次點檢
然後 始得達焉 今其行政地名 爲仙村里 果勝地也 悠然吟一絕

欲覓眞源路却迷　按圖纔得辨東西
雲中鷄犬松間屋*　容我他年此穩棲
＊用王維「桃源行」語

龍仁 拜樊庵蔡相國墓 甲戌一九九四年 十月

墳林咫尺是商街　猶說名公占地佳
最是一間彤閣裏　煌煌文字自弘齋

延豐舊邑
將之安東

老柳新槐蔭四街　雨餘山邑物華佳
遙看林外校宮敬　幾個儒生能守齋

水谷柳氏新庄
自水沒地區 移建于水北新基

蕭灑門墻遠市街　岐峰舊宅奠居佳

重驚此地儒風遠　村老閑談柳定齋

安洞新年之會　乙亥一九九五年　一月

勝會頻煩折簡催　逢筵恰好賞寒梅
新詩錯落瓊琚句　美酒輕盈琥珀盃

許捲洙教授　以花開玉露茶　見寄　卽席題一絶
乙亥一九九五年　二月

慘慄關河歲色催　居然春信到窓梅
花開玉露淸人脾　却喜朝朝啜一盃

聞中堂丁範鎭教授爲諸教授所選出　將就成大總長之任

晨朝喜報鵲聲催　春入明倫洞裏梅
太學得人相與慶　勸君今夕酒三盃

春憫

東風花信爲誰催　卄四番中已謝梅
聞道南鄕愁渴死　吾人那得醉深盃

落花　乙亥一九九五年　四月　於民族文化推進會
　　午後散步中庭　見李奈諸花散落　始知春已晚矣　問諸傍人　則曰今日爲陰曆
　　三月晦日云

風雨前宵聲未聞　　也知時序謝東君
春來春去渾相忘　　一任空庭落雪紛

雨後行吟　乙亥一九九五年　十月

葉落街衢雨浥塵　　漢城秋色一番新
憂民憂國詩心苦　　莫謂吟風弄月人

虹　乙亥一九九五年　十一月
　　雨乍霽　望見東天　雙虹出現　橫亙於高層大廈林立之上　眞異事也　新聞紙面
　　及電視器中　競報珍景　余亦題一絶

雨歇東天一半晴　　千甍屋上彩橋橫
玉京距地無多遠　　應有眞仙此降生

遊抱川山中　宿明德里　丙子一九九六年　一月
　　同實是學舍經學研究會諸少友

平朝振策向雲巒　　一路寒溪古木間
不必遠求江海上　　近畿還有可居山

雪天詠懷　丙子一九九六年　二月

窮陰漠漠雪連天　閒捲床書做午眠
忽憶江湖鷗鷺約　平生違買一漁船

電視器中　見金剛山爲雲霧所蔽　俄頃開霽　一目可視其全景

丙子一九九六年　二月

雲烟莽蕩失峰巒　萬瀑毘盧夢想間
轉眼忽驚天海朗　床前咫尺是靈山

上元夜景

丙子元宵　於漢江南岸

新年望月到中天　拓戶憑欄不肯眠
夜久踏橋人影絶　長洲處處泊閒船

病後　思食延平石魚　戲題

病後居然二月天　杏花如笑柳如眠
盤中苦乏石魚味　黃海不通南北船

暮春北漢山下懷鄉 丙子一九九六年 五月

步出空庭見落花　暖風晴日柳條斜
遙知麥隴新經雨　燕子翩飛入舊家

江華拜鄭霞谷先生墓 丙子一九九六年 七月

一樹棠梨滿發花　墓門寥閴小蹊斜
今人謾說江華學　卓犖先生自一家

寧齋李公墓

寂寞孤墳細艸花　民居相接屋簷斜
文章不與身同朽　千古麗韓有十家*
*寧齋以古文　居麗韓十家之一

訪寧齋沙谷舊居
田土室廬　皆已易主

庭中不見木蓮花*　老柏當門翠影斜
潮斷田荒人事變　居民猶識古名家
*寧齋當時　庭有木蓮花　署其居曰木蓮館　其詩篇中多用木蓮字　覓之今無　舊
時潮水至門外　今亦以防堤不通云

廣州德谷 參安順庵先生碑除幕式 式後贈安秉杰敎授

丙子一九九六年 九月

德谷名區靄瑞雲　貞珉七尺聳瞻聞
好從思肅沿麗澤　樸學承家更望君

吾邦史籍積疑雲　筆削宏規劈舊聞
最是三韓新正統　開宗明義自檀君*

　*論『東史綱目』

自密陽還京　丙子一九九六年 十一月

火輪衝雨輾輕雷　千里京鄕取次回
何日故園歸送老　手栽籬菊護庭梅*

　*自夏至冬 不得還鄕視田圃 今行 見籬菊憔悴 庭梅亦至枯死 不禁浩歎

晩望　丙子一九九六年 十一月
　　江南大峙洞

又見前街落葉多　漢江秋冷寂漁歌
何人觸發天公怒*　一陣凄風起萬波

　*歎某氏秘資金事

府北道中 密陽

故園歸夢入秋多　歲暮孤懷十八歌*
一曲藍湖來眼底　好將華髮照清波
　＊余曾有「退里十八詠」

遊玉筍峯下 丹陽

平生遐想在雲林　每到名山屬意深
玉筍峨峨玄鶴遠*　緬懷先哲整吾襟
　＊玉筍玄鶴二峯　皆退溪先生所命名也

過石門 望見島潭三峯

紛紛飛雪撲松林　一路穿過峽谷深
鼇背三山眞髣髴*　仙風咫尺灑塵襟
　＊權荷塘 江行紀事 ‘望見三朵石峰　亭亭玉立於烟濤杳茫中　髣髴鼇背三山　奇哉’

追悼李友稷 丁丑一九九七年 一月
李友稷 吾師遜堂先生次子也 戊寅春 遜翁自桂城來住西皐 督余日課 君從
而至 與余日相追逐 君才氣不凡 學爲文 頗有進境 而未幾 爲避日帝徵用
去作桂城面書記 解放後 遜翁下世 君居憂中得病 竟以是自廢 往歲歿於大
邱 遜翁文章操執 卓絶於流俗 而簡易疏放 平生不收自家文稿 今無一傳

君又無一片手蹟之留存者 余之有負於師友大矣 年初 入順天鄉病院 中夜
無寐 追惟往事 不覺淚落 因題一絶 以自遣云

遜翁獎學住西林　君我相從託契深
文字無傳人已古　病牀中夜淚盈襟

密陽之會 石如有座中不見去年人之句　盖以惟性之作故也
余亦不勝傷感 追題一絶 丁丑一九九七年 四月

又向東風涕一揮　嗟君先向道山歸
南來擬作耆英會　洛社風流計已非*
＊洛社 宋代韓琦司馬光諸公會于洛陽 作耆英會 號曰洛社

春事將晩 余促絅人 與杏壇諸公 赴郊外作詩會

好句須令一筆揮　佳辰且好詠而歸
煩君趁此賞春景　風雨一番花事非

與實是學舍諸少友 遊覽谷雲山水 午後坐盤石上 酌酒吟
詩三絶

月窟嵒前晩擧盃　華陰九曲夕陽催
清流白石名山裏　京洛塵蹤頓忘回

茶石追從交幾盃　聯翩當日赫蹄催
煙雲滿載名山記　好向清宵讀一回

茶山　遊覽谷雲山水　有『汕行日記』又多有題詠　石泉　從而和之　今行　爲追躡
兩公之詩世界也　哲甫　以『汕行日記』複寫本見示　余持歸春川宿所讀之

谷雲山水昔喧傳　今日風光尙宛然
可惜前人佳遯地　巖書面面積苔錢
金公壽增別業遺址　巖刻諸書　僅辨字畫
　　　　　　　　用蘭社韻

過薑山李相國墓二絕
　　春川柯亭里山中　南公轍撰碑文

乍駐征車奠一盃　垂頭羊馬似相催
金陵名手輝牲石　讀罷忽忽首更回

高唱低吟興溢盃　四家詩席互開催
燕翁楚子俱冥漠　白塔淸緣詎復回

九日　憶退里舊庄三絕　丁丑一九九七年　十月

九日登高憶舊家　天晴關嶺雁橫斜
漢城山谷茱萸少　笑向西風挿野花

曾共村丁向酒家　悠然半醉帽簷斜
年豊民樂今何似　一曲蕭條山有花*
＊山有花　傳來古歌謠名

湖上靑山山下家　竹林蒼鬱古墻斜
今年又負重陽節　慚愧東籬老菊花

爲省先墓還鄉　獨臥雙梅堂　感今懷古　不能定情　適有群鵲
來噪庭柯

歸臥鄉廬涕自零　門欄不見舊儀形
枝頭群鵲有何喜　竟日查查煩我聽

宿淸平湖畔　翌日冒雨入蘗溪　訪華西故宅　丁丑一九九七年　十月
　同實是學舍經學研究會員

黃蘗溪邊白雨零　蘆山精舍保原形*
斥邪衛正風儀遠　一部雅言誰更聽
＊華西當日所居之室　扁曰蘆山精舍者　保有原形　其他長廊外廳　皆近年自官
　創建者也

觀三釜淵瀑布 歸泊山井湖水公寓 又見山井瀑布
丁丑一九九七年 十一月

同實是學舍古典文學研究會員

天寒百卉已彫零　老石高松尙舊形*
不害通宵無夢寐　玉流靈瀨滿淸聽
*余曾於年前 遊三釜淵 故第二句及之

北漢秋眺 丁丑一九九七年 十二月

秋氣蕭森木葉零　千山巖壑露眞形
乘閒徙倚層樓上　何處踈鐘遠入聽

冬季偶書 丁丑一九九七年 十二月

漢山風雪正催春　故里梅花入夢頻
今世問津元不繁　田間並少耦耕人

贈竹夫石如
　竹夫石如 每週火曜日 訪我實是學舍 談討移時而去 大慰余涔寂之懷

蕭颯霜毛又見春　江南風日過從頻
衰年每擬歸鄉里　只少談經論史人

禮山過秋史故宅 戊寅一九九八年 二月

寂寂庭柯鳥喚春　簷端雪溜落頻頻
依然几案藏修處　髣髴虛堂見主人

留修德寺 校趙熙龍全集譯稿

一束書箱來伴春　晴窓抹墨點朱頻
還慚白衲勤叉手　不是名山禮佛人

四月還鄉 到山亭 感舊 有作 戊寅一九九八年 四月

南路風光趁好期　春華爛漫舊園池
寒檠短机成追憶　六十年前課讀時

閒居 閱王右軍法帖 因憶右軍事

寫字成名非所期　謾將華墨試臨池
風流最是籠鵝事　灑落山陰下筆時

奉次河襄靖公墓豎碑韻 年條未詳

衆志追先不日成　豐碑屹立副興情

南鄉母老瞻雲遠　北闕君賢仰日明
已把功名輝史籍　長留魂魄鎮邊城
晉康門戶綿餘慶　笑道千年河一淸

蘭社唱酬集

與各界諸名士 結成一社 取‘同心之言 其臭如蘭’之語 名之曰蘭社
每月一會 拈韻賦詩 積數十年 已刊行一二集

각계 여러 명사들과 더불어 시사(詩社)를 결성하여, "마음이 같은 이의 말은 그 향기가 난초와 같다"라는 옛말을 인용, 난사(蘭社)라고 이름하였다. 매월 한차례씩 모여 운자(韻字)를 정해 시를 짓고 있다. 벌써 수십년이 되어 두 권의 시집을 내기도 하였다.

遊安東 宿芝澧 歸京道中 贈別諸公二絶 癸亥一九八三年 十月

余赴諸君子之招 歷覽鳥嶺花府諸名勝 宿芝澧 於其歸也 約以日後結一詩
社 因呼韻 爲次期會合之作 此爲蘭社之始

湖樓霧合倚欄時　晚溯龜潭秋日遲

最是山齋燈一夕　六人胸膽照相知*

*宿芝澧之夜 諸君子談討爛漫 惟玄洲鳳泉 微笑而已 然其胸中所懷 亦可概
見也

別後相逢又幾時　驛亭秋雨路遲遲

玆行却喜多新得　聊學寧人錄日知*

*中國實證之學 始于顧寧人之日知錄 寧人 炎武號也 是行也 玄洲之人文地
理學說 鳳泉慕何之經濟時論 芝坡向川關于民族文化之談議 皆於余 爲聞
所未聞 當效顧寧人之記錄也

南遊時同行諸君子 別後各贈詩一絶

人文地學未需時　土木工深歸去遲*

太息江湖千載後　一源眞脉有誰知

*玄洲 以土木學界重鎭 年過六旬 尙帶某社顧問之任 不得遂歸田之意 然
鄕里 有一源亭 江湖前後 儒學淵源諸先賢 奉祀惟謹
　　　　　　　　　右 屬玄洲金東漢

行行踰嶺出關時　吊古傷今一路遲

經濟有書名滿國　風流儒雅少人知*

*鳳泉 著有『經濟原論』之書 盛行于世 世人但知趙博士之爲經濟學者 而至
其風流儒雅之素養 則知者少矣

右　屬鳳泉趙淳

漢上天晴邂逅時　同車千里去逶迤
西岡雲月曾成誦*　一見歡如十載知
＊曹深齋　西岡精舍詩　生理雲千頃　心期月一規　余自少愛誦此詩　西岡　慕何
　之先代別業也
　　　　右　屬慕何李憲祖

欽仰陶淵自少時　清流九曲我行遲
莫憂陵谷滄桑變*　三秀家聲永世知
＊芝澧諸村　將入水沒地區
　　　　右　屬芝坡金浩吉

新闢池園勝昔時　濯淸亭畔夕陽遲
烏川從古多君子　慚愧愚生晚始知*
＊余與向川　雖嘗識面　而其訂交　自今行始　可愧
　　　　右　屬向川金容稷

蘭社第二回雅集二絶 癸亥一九八三年 十二月

閉門牢落度三年　又是關河歲暮天
世事卽今多苦惱　朋樽聊作小團圓

交道元來貴忘年　人生莫較後先天
最憐蘭社同心語　滿掬鮫珠箇箇圓

懷鄉 　甲子一九八四年 一月

十載紅塵滯漢師　田園歸計尙無期
西皐梅竹長春色　猿鳥猶應不我疑

屬諸友

東西新舊互相師　蘭社風惊愜素期
亂世縱云沈黙好　詩中言志孰爲疑

感事

星老茶翁是我師　卷中經濟託心期
如今壟斷成時義　太息當年子叔疑

登北漢山 　甲子一九八四年 二月

病後尋春上翠微　萬松凄冷雪封枝
東風次第傳花信　澗碧山紅會有時

詠盆橘

誰言盆土托根微　每涉秋冬子滿枝

却憶海山仙館夜　滿窓篁雨寫懷時

再昨歲　余寓居日本之千葉縣　得木刻海山仙館四字　揭諸壁　其地多篁竹　又有
一橘樹　當戶　甞有詩曰　篁園橘戶深秋雨　一穗青燈滿紙詩　時余流落異邦　多
有遣懷之作　故云

戲題 寄玄洲少泉向川 甲子一九八四年 三月

慕友西飛機影微　芝君南借鳳棲枝
隔江咫尺阻顏色　奈此漢陽春暮時

憶芝坡二絶

九曲川邊路出微　雲田庭下棣連枝
別來遙作南州夢　矗石樓臺滿月時

研理探幾思入微　須將根本剔傍枝
晉陽千古風流地　育得英才萃一時

向川宅 雅集 甲子一九八四年 六月

幽懷時欲醉深盃　却怕逢筵詩令催
好是烏川君子宅　濯淸風月可重回

入門一笑便巡盃　雨語晴談夜景催
已得新秋消息好　山禽水鳥盡飛回

是日　聞解職教授　擧皆復職

暇日自大東門至太古寺而返　歸路訪金某教授於牛耳洞
甲子一九八四年　十月

又見秋風入樹間　天高江冷鴈飛還
數叢黃菊重陽節　萬丈白雲三角山
古寺尋僧行石逕　孤村訪友叩松關
願言今夕留連醉　七日忙中一日閑

夜久　甲子一九八四年　十二月

夜久寒蛩聲益哀　空庭負手一徘回
北天依舊阻音信　又送秋風鴻雁來

從電視器中　觀中國僑胞　與內地家族相面

長白超超漢水哀　眼穿腸斷百千回
可憐候鳥無南北　萬里關河任去來

東萊懷舊

宿東萊社稷洞 追憶昔日陪晚惺山康諸長老 遨遊山海之間 已屬三十年前事
兩翁趁卽下世 同遊諸君子 如臨堂友蓮 亦皆歸道山已久 感舊傷今 中夜無
寐 因用蘭社韻 賦近體一首

憶在南荒賦八哀　凌風莊外首重回
惺翁已捲詩書去　康老不隨笙鶴來
鐘梵千年通度寺　雲濤萬里永嘉臺
海山故事皆陳跡　旅舍寒燈獨舉杯

憶慕何　甲子一九八四年 十二月

聞君遠作九州遊　眼見黃河天際流
吳越風光明似畫　燕齊物産積如丘
荒沙萬里駱駝路　芳草千秋鸚鵡洲
回首三韓雲霧隔　長城落日不勝愁

慕何歸國　言其在閩中 觀朱子遺碑而未及遊武夷山

閩中形勝藉遨遊　紫老荒碑倚古丘
遙望武夷山疊疊　夕陽無限旅程愁

乙丑元朝　乙丑一九八五年 一月

是歲 爲余回甲之歲 元朝對鏡 鬢髮添得一兩莖白者 不免有多少感慨 用蘭

社第八回韻 自慰

江淮未學子長遊　春草池塘歲月流
戲討詩材題白髮　閒追史像述靑丘*
睡中花鳥千餘日*　醉後風烟六大洲
新報競傳南北事　不咸山色更添愁*

*年前　刊行『韓國之歷史像』靑丘　韓國古名也
*余解職四年間　遊日本九個月　出講梨大及高大　爲半年　其餘　杜門不出　恰
　爲千餘日　故用陳圖南千日睡仙故事
*年頭南北經濟會談　赤十字會談　並皆中斷　陳泰夏敎授　用白頭山天池寫眞
　作年賀狀以寄來　蓋以去年　由中國大陸　登白頭山撮影者也　余爲置案上　以
　資觀賞　白頭山　一名不咸山

蘭社諸公　會于我栖碧山莊 乙丑一九八五年　三月

芳蘭言臭出同心　多謝衡門再枉臨
世事易翻雲作雨　人情無改古猶今
詩中自喜靑春在　鏡裏何愁白髮侵
鶯囀南州花滿發　晉陽樓上更高吟*

*次回　約以會合于晉州芝坡宅

晉州　芝坡宅　見招　共賦 乙丑一九八五年　五月

南路春風拂我衣　晉陽佳約喜無違
右軍重作蘭亭會　彭澤猶遲栗里歸
戰苦江河流未已　宵淸星斗點還稀

多君來試經綸手　飛鳳山前又鳳飛

德川書院 乙丑一九八五年 十月

雲霞帶耿光　松柏傲寒霜
一片薩川曲　千秋敬義鄕*
* 薩川 古之部曲 僧髡輩集團村落也 自南冥後 變爲儒林講道之場 世稱南冥
　學 爲山海敬義之學

丹城法勿里

水木淸生光　山風冷似霜
洞中藉一醉*　似入無何鄕
* 東湖金麟煥兄 以主人 飮我一行於洞中古杏樹下

麗澤堂 拜許性齋先生遺影

雙眸炯日光　華鬢飽風霜
百世遺芬在　絃歌遍一鄕

登勿川亭

一嘯挹山光　蒼松幾百霜

約泉流不盡　文物有斯鄉

晉州蓮庵工大校庭　早起散步

策杖出清曉　關關聞谷鳥
名區兼育英　此樂世間少

勝山

村名雖未曉　四序娛花鳥
富厚兼文華　熙熙老與少

三嘉德村

雲煙昏復曉　谿壑魚兼鳥
可但桃花源　儒風也不少*
＊村中齋舍潔靜　楣揭南黎俛宇諸長老詩文　故末句及之

泮中土曜午後　乙丑一九八五年　十一月

杏壇講罷午鐘天　閑倚烏皮忽困眠
夢到凝川垂釣處*　蘆花千點月橫船
＊凝川之南　有馬巖山　山之麓有巨石　走入江中　爲釣臺　佔畢齋先生詩　閒仰

凝川舊釣磯 桃花春水鱖魚肥者 是也 余少時所居沙門郊 距此甚近 嘗於早
春 有詩云 柳梢舒眼荻生芽 一夜瀟瀟雨薄沙 臥想鱖魚時節近 馬巖春水更
如何 此一絶 爲當時鄉父老所傳誦 遂得詩名 可笑也 今忽於午夢 尋到
四十年前舊遊處 見蘆花明月 正與昔時桃花春水爲對 物換星移而情境依然
豈余年來漸倦於旅食而蓴鱸秋思 有以致之如是耶 覺來爲之感慨 題此奉贈
蘭社諸公 以博一粲

大雪 被畿湖數十郡 余以是日 歸密陽鄉第 宿雙梅堂
乙丑一九八五年 十一月

萬里瑤空撒六花　苑松街柳盡傾斜
南鄉應有春消息　遠訪寒梅到舊家

聞慕何再遊中國 以詩寄懷

滬港高吟柚子花　蘇州沈醉月輪斜
君歸應過西湖境　有否孤山處士家

少泉宅 爲新年會二絶 丙寅一九八六年 一月
鳳泉 改號少泉

新歲初筵笑語香　春盤生菜味兼長
卅年南北風塵際　也有文星聚漢陽

同心蘭臭自生香　莫把詩篇較短長

戲叩土亭聞秘訣　陰消大地正回陽

雪後　過瑞草洞花卉園 丙寅一九八六年　二月

雪晴今日出門行　陣陣番風拂袖輕
却喜芳園春爛漫　何須一一問花名

中宵有感

今世雖云道不行　乘桴浮海也難輕
中宵掩卷懷先哲　太息千秋萬歲名

奉贈蘭社諸公

憶曾聯袂嶺南行　晚契相期也不輕
雪月風花隨處詠　却嫌斯世得詩名

春雪霏微　適於電視器中　見南土木蓮已開 丙寅一九八六年　四月

南國木蓮初綻紅　北來花信幾番風
午天乍做還鄉夢　嶺樹湖雲黯澹中

春日有懷桃源亭

洞裏春深花正紅　遠人難借一帆風
何時求得龍眠手　遍括雲烟入畫中*
＊余擬作桃源圖而未就　故及之

伯兄喪　返葬于故山 丙寅一九八六年 十月
　　卒哭翌日　發京行

南歸千里路漫漫　痛哭鴒原淚未乾
風雨對床那復得　夕陽無語向長安

山村
　　密陽嚴光里

洞中漠漠白雲漫　簷下垂垂紅柿乾
忽報農官來督債*　山村鷄犬亦難安
＊農官　農協職員

自昌原　冒雨還京　至望鄕休憩所　雨始霽

嵐風瘴雨海山漫　曉濕征衫晝未乾
楊柳靑靑三巨里　車中爭指是天安

同玄洲慕何向川經洲 早發漢上 訪芝軒于浦項 一宿拈韻

丙寅一九八六年 十一月

永嘉明月晉陽風*　　千里相尋又洛東*

世上浮榮朝夕變*　　詩中眞境古今通*

路過徐菀秋塘碧*　　簾捲滄溟曉日紅*

家有靈芝軒得署*　　尋仙何必向瀛蓬

＊芝軒曾招致同人于安東　翌年又設會於晉州
＊是行也　芝軒　又作東道主
＊車中　談及近代人物之浮沈　頗有無常之感
＊慕何　在車中　出唐版『唐宋詩集』相示　讀之　不覺心融神會
＊過慶州　遊雁鴨池
＊浦項　東臨滄海　可以觀日出
＊主人　家本芝澧　因號芝坡　今又改以芝軒

是行也　少泉因事不參　以詩寄懷

遊歐歷美保儒風　　詩禮家聲擅嶺東

何日穩施經濟術　　南船北馬好相通

＊今日南北經濟會談　亦並中斷　如少泉當局而推進其政策　則庶或有打開之途
　也

登水原城　懷正宗朝事　丙寅一九八六年 十二月

形勝畿南第二京　　萬年城郭此完成

君王籌略吁何壯　　關塞塵氛苦未晴

西湖波靜群巒倒　東將臺高四野平
不見訪花隨柳客　華虹門外暮烟生

十一月之會　芝軒在浦項不參　詩亦不至　題此以寄　要來月
於溫陽相逢

之子胡爲不上京　錦囊應有好詩成
寒雲微雪溫陽路　一笑相逢八域晴

善丁金彩潤敎授　惠送盆梅一株　翌曉見數藥初綻　喜賦一絶
寄謝

雪意漫空大地寒　「聖歌」聲裏曉眠殘
枕邊忽有淸香動　更向踈枝仔細看

午窓睡覺　無聊　用蘭社韻自慰　丁卯一九八七年　一月

閉門不識大冬寒　茶半香初午夢殘
古調喜從琴上聽　斑毛羞向鏡中看
京華風物傷心易　湖海親朋會面難
萬里新洲君又去*　願飛一葉報平安
＊聞少泉將以來月　往留美國　故末句及之

泮中感春　丁卯一九八七年　二月

寥落泮宮停管絃　　滿庭文杏綠年年
尋花同癖追胡蝶　　對月思歸聽杜鵑
千畝桑麻餘帳籍　　一區臺榭鎖雲煙
春來處處傷心事　　送子西洲更黯然

少泉　將發美國行故云

自密陽還京有作　丁卯一九八七年　五月

幾年松竹擁虛堂　　又向京華驛路長
彭澤折腰嗟俗吏　　武陵回首杳漁郎
豪吟漫酌三盃酒　　默想空燒一炷香
春遍嶺湖花萬樹　　連宵風雨奈猖狂

昨年　與泮中諸友　買地於水原之安山　爲他日結鄰之計　今夏再往觀之　丁卯一九八七年　六月

八達門臨萬戶烟　　誰知負郭有良田
山廻咫尺先賢墓*　　海坼西南列國船
問酒借書幽徑接　　培花栽竹短墻連
比鄰好作朱陳誼　　秋月春風送百年
＊星湖李瀷先生墓

漁翁

漢江春盡水如烟　兩岸油花萬頃田
無限是非都耳外　漁翁閒泛夕陽船

暴風大雨　全國被水害甚大　丁卯一九八七年　八月

滔滔黃濁接天流　今歲郊原莫有秋
兒嶽雷鳴三角怒　鷺江波洶六臣愁
謾題詩句頻尋紙　苦望鄉關更倚樓
何日淳風吹八域　市無爭議獄無囚

玄洲　要余遊冠岳　自安養登三幕寺　取路由紫霞洞而返　日
已暮矣　丁卯一九八七年　十月

名區雲物自生輝　山水淸緣不我違
路入楓林紅映屐　樓看海色碧生衣*
溪齶避日巖間竇　野犢隨烟渡口歸
寂寞霞莊人已遠　洞中惟見暮鴉飛*
＊三幕寺望海樓
＊紫霞洞　申紫霞莊舍所在處　今其遺蹟湮滅　可惜

郊外閒步 丁卯一九八七年 晚秋

野客尋詩喜獨行　不關雲白與山青
偶因觸物情仍動　每欲驚人句未成*
塞鴈呼群秋雨冷　江鷗曬羽夕陽明
歸來且莫披新報　萬國兵塵無日晴
　*杜詩 爲人性癖耽佳句 語不驚人死不休

過樂喜金星雙樓 有懷慕何 丁卯一九八七年 仲冬
　慕何時在美洲 將以年內歸國云

小車衝雪趁江行　天際雙樓入眼明
桑紐風烟收滿橐　歸途萬里海天晴

憶寄芝軒 戊辰一九八八年 歲初

聞君時作漢陽行　萬丈塵中兩眼青
蘭社清緣尙記否　年華荏苒鬢絲成

立春 戊辰一九八八年

紛紛瑞雪報春回　喜捲窓帷四面開
南市日中千貨湊*　西灣潮盛百帆來*
蘭催寒葉侵書案　梅送淸香入酒盃

午枕依稀鄉國夢　雲山萬疊網花臺*

＊南市千貨 可樂洞市場 日就繁榮
＊西灣百帆 紙上連日報西海岸時代
＊網花臺 在密陽姑射山中桃源亭下

江南春日懷鄉

沸殘茶鼎睡初回　絲雨濛濛戶半開
遙憶華陽春色暮　鳥啼花落舊池臺

慕何招飲于六三層樓 玄洲芝軒少泉俱至

情朋俱自遠方回　此日樽前笑口開
却願身同樗櫟老　終年不見匠人來

泮村小酌

漢城秋盡雁群來　無限時憂付一盃
欲逐平生江海志　嶺南隨處好樓臺

己巳元朝 己巳一九八九年 一月

鏡中常愧二毛多　一笑今朝齒更加

處世自甘爲俗物　養生何必問仙家
窓明階竹相交影　床暖盆梅早着花
老境優遊從此始　遠西先擬博望槎*
*博望槎　張騫奉使西域　有乘槎傳說　杜詩　張騫虛隨八月槎　是也　今年夏　擬
　作歐洲旅行　故末句及之

蘭社小集　庚午一九九〇年　六月
少泉設會　玄洲慕何向川　俱至

離索無從說此心　高朋今日喜來臨
莫將前史論人物　笑古當知後笑今*
*鄭道傳有言曰　後之笑今　猶今之笑古

石霞　招蘭社同人　飮于寬勳洞　庚午一九九〇年　七月

寬勳洞裏一樽開　三笑風流憶虎溪
城市還多閒日月　不隨陶令賦歸來

席上奉贈石霞　七月二十日

陶淵一路白雲開　百丈層巒九曲溪
莫恨仙鄉爲水國　靈芝香播遠方來

早登大牟山　庚午一九九〇年　八月

朝露瀼瀼野草花　緣溪一逕入林斜
何時風湧清泉水*　遍飲長安百萬家
＊山之麓　有藥泉　甚清冽

濟州空港　壬申一九九二年　一月

乍到耽羅落日紅　長天一碧海無風
瀛洲仙侶應相待　靈嶽嵯峨霧雪中

別漢拏山
　　歸京機上作

擬得仙芝顔復紅　又牽塵債駕天風
回頭遙向神靈謝　長遣名山在眼中

陰曆壬申元朝

東天罷霧曉暾紅　開戶欣迎花信風
野史年來閒閣筆　陰晴聊記曆書中

退職後 還密陽故里 途中作

卅年京國軟塵紅　清洛歸來滿袖風
華岳三峰靑似染　吾家也在指呼中

蘭社席上奉贈諸公　兼賀少泉就任韓銀總裁

厖眉華髮醉顔紅　千古香山洛社風
最是當今平準策　勞君昕夕運胸中

渼沙里道中 壬申一九九二年 六月

淸江一曲帶明沙　十里垂楊兩岸家
忽有小村籬落靜　門前野菜自開花

第四日曜日 早起點檢盆栽

春餘加土更添沙　贏得韶光滿一家
今日閉門聊謝客　閒齋煮茗賞蘭花*
　*蘭有晩抽蘂者故及之

聞京中富人 占取畿內山林 築造園池 列植花木 窮極奢侈
者多 余以暇日 出遊郊外 有作

開園起閣颺塵沙　異樹珍葩幾百家
春色未能都買去　無邊山野自生花

蘭社 今爲三十五回會合 因憶結社之初契機及趣旨 奉呈
諸公 壬申一九九二年 七月

曾遊鳥嶺出三關　千里南鄉冒雨還
眞率七賢成洛社　風流九老結香山

有懷

世間榮辱不相關　雲鳥悠悠自往還
但願海天靑一色　秋風高倚白頭山

奉贈回甲諸公 壬申一九九二年 十二月

萬里亞歐行役多　風流到處有詩歌
歸程穩得神靈護　天宇淸明海不波
　　　　　　　　　右 屬慕何

杏樹門庭遺蔭多　武城今日尙絃歌

仙家自有長生訣　灝氣無窮蓬海波

右　屬杏坡

聞昔烏川君子多　滄浪一曲濯淸歌
平生有守堅如鐵　肯許靈臺擾世波

右　屬向川

登山　癸酉一九九三年　一月
　宿海雲臺翡翠飯店　曉起　與兒孫輩登東山

蓬萊曉景口難傳　日出雲空眼豁然
緩步終須登頂上　傍谿曲徑莫爭先

新正盆梅初綻　戲作梅花問答

問梅花
新年芳信向余傳　恰似仙娘笑粲然
萬戶千門風雪裡　漢陽春色孰占先

梅花答
每値新年芳信傳　世人心事各紛然
春風普及三千里　不必區區競後先

立春翌日午枕 懷西皐精舍 癸酉一九九三年 二月

茶餘掩卷睡將濃　壁上錚錚幾點鐘
遙想湖山春意動　蜂尋梅萼鶴棲松

有鄕友定年退職後 欲就食都下

春菜芳鮮野酒濃　情談不妨到晨鐘
營營都市求生利　不若還山植萬松

鐘路

長晝漫天塵霧濃　可憐高閣尙懸鐘
宮墻寂寞何須歎　養得千株鬱鬱松

夜渡東湖大橋 過讀書堂路 癸酉一九九三年 三月

東湖不見讀書堂　橋影橫空夜月蒼
莫道絃歌歸寂寞　遺風應共水流長

茶山丁先生墓

苕川寥落與猶堂　只見松楸遶屋蒼

一表二書功在世　閭田遺意最深長

朴熙秉敎授　惠贈盆松　余置之蘭竹二盆之傍　卽賦一絶
癸酉一九九三年　六月

蘭竹爲鄰許共知　龍鬚鶴骨二三枝
四時恒帶靑春色　不識人間有盛衰

初夏　同玄洲遊溫陽　歷覽孟氏杏壇
　　孟思誠古宅

古佛風流擧世知　杏壇蒼菀昔年枝
江湖依舊四時景　玉笛聲沈歌道衰*
＊孟公遺品　有玉笛　日人誤墮床下　遂致兩斷　孟公有江湖四時歌　今亦唱者少

路出溫陽舊邑　尋得一村店　中食後　觀溫州衙門

驛路多岐問莫知　靑帘風動過墻枝
溫州古號衙門在　十室遺墟運已衰

訪巍巖李氏村庄

李柬後孫奠居　今爲民俗村

湖洛眞詮未易知*　後來繁葉更添枝
吾行不及三春節　萬綠叢深紅已衰

＊巍巖與南塘　論人物性同異　遂成派爭　亘百餘年　世稱湖洛論爭

轉入講堂里

見溪谷頗佳　而所謂講堂　前爲觀善齋　後爲講法寺　儒佛混合　不禁一歎

勝境今行我始知　淸流掩映萬松枝
可憐觀善歸阿佛　前輩風猷日向衰

歸途　過天安三巨里　入酒幕小飮

長亭來去少相知　只剩靑靑楊柳枝
少婦當爐供戲笑　不關京客鬢毛衰

栖碧廬　癸酉一九九三年　十二月

平生自愛碧山棲　几案遙臨城市低
老去漸知鄉里好　枕邊時復夢雲溪*

＊雲溪　在退老里中

淸溪路

城中貧富萬人棲　　鐵店書鋪高復低
失却「川邊風景」好*　　飛塵滿路號淸溪
　*「川邊風景」朴泰遠作小說也　將淸溪川邊之風景　寫得精密　舊時京師民俗
　　宛在目前　今覆盖　爲淸溪路

元朝二絶　甲戌一九九四年　一月

江南江北漲人烟　　大路紛紜萬轂連
最是晨樓鐘響遠　　八方民庶破昏眠

茶餘小鼎歛香烟　　春雪春雲斷復連
懶記陰晴仍捲曆　　滿窓紅日倚床眠

歲初　都下新聞　競書國際化問題　戲賦一絶

黑黃紅白接炊煙　　六大洲洋咫尺連
却怕地球行漸窄　　不容村老做閒眠

還京車中　望見農村風景

郊原墟落雨蕭蕭　　女績男絢夜達朝
世界如今開放急　　吾民努力享豐饒

讀『史記』有感

漢相偏稱曹與蕭　惟將刀筆遞登朝*
須知王道通天德　此義無勞我舌饒
＊刀筆　刀筆吏　實務技術者　蕭何曹參　皆出自刀筆吏　不識天德王道之要　漢
　業之止於吏治　以此云

玄洲 邀蘭社同人至加平縣里 甲戌一九九四年 六月
　遍覽諸勝　一宿而歸　得詩四絶

四日遊佛幾溪谷
越壑攀崖石逕危　溪流屈曲出林遲
山中倘有仙人鶴　半日淸緣借我騎

翌日早發 歷觀李月沙墓 晉庵古家 及朝宗巖 午飲千達朗溪谷
千丈層巖累卵危　百年香樹午陰遲*
倚床垂足淸溪上　不讓名山白鹿騎
＊晉庵古家　有老香樹二株　淸陰滿庭

贈金熙相師團長 玄洲次胤
家邦昕夕念安危　南北雲霾此夜遲
偉略孔明三割據　奇功興霸百餘騎*
＊杜甫頌孔明詩　三分割據紆籌策　吳將甘寧(字興霸)　以百餘騎　劫敵寨　立奇
　功　爲世所推獎

歸路訪迷源村少憩

入洞渾忘世局危　　田疇如畫日舒遲
小兒作隊村中走　　却憶童時竹馬騎

牛
　　迷源村少憩　詠牛

雙角頎然看却危　　槐陰清爽起身遲
我家千古有牛在　　陸碌風塵吾未騎

先祖騎牛先生　在麗末　騎牛遊山海間　權陽村有「騎牛說」　日本僧中庵　作「騎牛
圖」成桑谷諸公以詩相和　金宗瑞作贊曰　誰知騎牛之浪跡　實與叩馬而同倫

漢陽定都六百年　甲戌一九九四年　九月
　　今年爲漢陽定都六百年　市中召開各種行事　蘭社亦以此爲題

漢上山川問歷程　　古雲今雨澹還清
邇來看得繁榮象　　萬肆千廛打字聲

漢淇難通半日程　　漫天氛祲幾時清
箇中還有新生脉　　江北江南絃管聲*
*聞近日　各大學學生輩　熱意勉學

寓舍南岸 雜樹成陰 每日有蟬鳴其上

京歌西唱各殊程　泛聽難分濁與淸
却喜群蟬鳴近樹　天然慣耳故園聲

知禮藝術村
　安東知禮一村 入水沒地區 金君源吉 移建舊宅于村後山腹 高樓敞閣 掩映
　於林木之端 牓之曰知禮藝術村 盖以待詩人墨客之來投者也 甲戌八月初
　余爲校茶山經學譯稿 與諸少友 往留數日 主人 爲余言芝軒墓 在墻外數弓
　許岡麓之上 余病脚 不能躬往一哭 於其歸也 不禁首頻回而心悵黯也 爲題
　一絶

重疊靑山幾曲程　園林高爽机軒淸
新墳咫尺難相過　恨入江流嗚咽聲

秋夜憶西皐亭 甲戌一九九四年 十月

秋風吹入嶺湖間　淸夢時時到故山
却憶當年讀書處　萬竿脩竹一燈閑

同諸友出遊市街 倦歸戲題

長日茶樓酒肆間　任敎文債積如山
却來開閣澆蘭竹　自笑忙中故作閑

追悼禪明上人_{密陽華岳山 雲住庵僧}

一庵寄在白雲間　坐領東南萬點山
遙想上人仙去後　猿啼鶴怨水流閑

寓舍盆梅半開　因憶西皐梅　乙亥一九九五年　一月

婥約紅梅對案低　慇懃靑鳥隔窓啼
遙憐老樹橫斜影　雪滿空山月映溪

祝慕何就金星社會長之任

人生初未有高低　世事元來混笑啼
今日祝君同洛水　百年滙聚萬千溪

病起開門　見雪景甚佳二絶　乙亥一九九五年　二月

病枕愛看梅竹枝　不知春雪被邦畿
江南萬瓦成銀海　朝日查查喜鵲飛

雪消山野潤枯枝　春意融融百里畿
莫說嶺湖焦土盡　密雲帶雨向南飛

近有一少輩 自謂專攻實學 其論文 隨處譏評退溪 可嘆

陶山喬木蔚生枝　眉老星翁出近畿
實學眞源那認得　可憐蜩鷽笑鵬飛

蘭社席上 奉呈諸公二絶 乙亥一九九五年 三月

積歲編書苦未成　新詩還喜擲金聲
今宵又作芳蘭會　蕩滌囂塵耳孔明

世間一藝亦難成　千古詞章乏正聲
邈矣漢唐吾不及　清新機警學元明

還鄕到西皐精舍 修契事 乙亥一九九五年 四月

笑向詩筵競效才　感時懷古我心摧
園桃野杏爭春色　不識東墻有老梅*
＊東墻老梅 花謝未久 而人無觀賞者

歸京未幾 鄕信報昨日風雨 百花凋落 寄書囑山莊守者善護庭植

萬紫千紅造物才　那堪雨打又風摧
新蕉舊竹須加護　更爲明春保老梅

暇日點檢蘭社詩抄

　　蘭社諸公　俱是一代經濟之才　於詩　本不經意　而今觀其氣魄雄健興象閑逸
　　初不可以工拙論也

胸府俱藏經世才　　英英意氣孰能摧
詩中自可超窮達　　却笑盧歐序宛梅*

　＊盧歐　盧陵歐陽脩　宛梅　宛陵梅聖兪　歐公序聖兪詩曰　非詩之能窮人　窮而
　　後能工也

蘭社詩集　中半以後　不見芝軒名字　悲感交至

東邊建學育英才　　壯志中途遽折摧
忍憶青松臺下路　　今春依舊發紅梅

南望　乙亥一九九五年　六月

還鄉何日任優遊　　雲白山青舊密州
南望天涯春已盡　　流鶯應復訴離愁

晝寢夢遊中國　覺而記之

枕上依稀續舊遊　　駕雲凌月遍中州
殘烟隋柳生春惱　　寒雨吳楓起夜愁

初夏出遊郊外　至奉先寺

野趣山情到處遊　停車問路是楊州
此行不見耘虛老　古寺寒鐘更喚愁

歷觀徽慶園　及申高靈墓　晚歸

陵墓園林藉勝遊　風光佳麗帝王州
遠山斜日歸程晚　黃鳥聲聲慰客愁

出版紀念會後　諸公送致花盆　遍滿房櫳　卽賦一絶

乙亥一九九五年　七月

吾廬小小僅容身　忽得韶華滿眼春
老去曾無離索恨　世間不乏有情人

題芝軒金浩吉博士追念文集

育才興學悴心身　東海洋洋不盡春
蘭社詩篇尚在篋　嗟君先作卷中人

驪江

巖邊塔影倒全身　滾滾驪江幾萬春
欲向汀洲尋樂事　白鷗飛舞似迎人

宿神勒寺

一宿禪房清淨身　晨朝驗得滿腔春
何時吟弄驪江月　逸世風騷續古人

季夏到今是堂 乙亥一九九五年 九月

寥寥江閣鷰飛回　隔歲登臨掃逕苔
靜坐不愁無舊伴　夜深明月穿林來

翌日又題

一帶清流抱岸回　平沙素石間蒼苔
憑欄自發江湖興　白鷺翩翩向我來

曉雨志喜
嶺南一帶旱害頗甚故有此作

苦旱憫農今幾回　南阡北陌半荒苔
曉窓淅瀝聞簷溜　何處長風送雨來

自題新羅四山碑銘校譯

羅末儒仙去不回　文章埋沒古碑苔
如今校譯新成卷　香樹霞岑起我來

寄丘堂　乙亥一九九五年　十月
丘堂呂友元九　以篆刻石印四顆　贈余　文曰　豪吟萬里長城　曾攀灞橋烟柳
我亦朝辭白帝城　手弄洞庭秋月　盖讀我中國紀行詩抄　以此相酬者也　而其
字畫古雅　兼有豪縱之氣　余卽書一絶爲謝

北倚長城南渡河　巫山烟雨洞庭波
知君故是有情者　豈特指端豪氣多

聞澤民朴雨達兄病逝　以詩代哭

天南回首淚傾河　落日寒風捲海波
最是望楸亭畔樹　飄踈黃葉漸增多

夜坐

秋天過雨見星河　九陌喧囂漸息波
北岳飢鷹橫翼猛　南郊新鴈引群多

密陽　過友人家 乙亥一九九五年 十一月

少日鵬圖萬里程　暮年鷦栖一枝淸
憐君書劍隨身老　感慨悲歌燕趙聲

歸京車中　見山野秋色正佳　一路至龍山

度野穿山走遠程　八窓秋色逼人淸
前頭正是長安道　日暮遙聞歌吹聲*
*唐儲光義詩　西行一千里　暝色生寒樹　暗聞歌吹聲　知是長安道

都下新聞放送　連日報某氏秘資金事

修己治人也有程　宏謨先自律身淸
董家郿塢君知否　世上千秋唾罵聲

近年 追逐蘭社杏壇諸公 作詩頗多 因詠其事相示二絶
乙亥一九九五年 十二月

素乏經綸可奉公　老年追友扇詩風
杏壇聯句絃歌側*　蘭社揮毫劇務中

　＊杏壇諸友 皆以成均教授 每於講義之暇 覓句苦吟 蘭社之會 慕何 以大會
　　社會長 劇務中 手抄諸人詩 每回 頒給會員

樽南硯北對諸公　論事論交有古風
他日後人要識我　一生心跡在詩中

慕何 自金星社 移就人和苑會長之任 丙子一九九六年 二月

蕭颯霜毛未退休　金星照耀漢江秋
駒城咫尺佳山水　他日相尋一破愁

聞經洲卜地置莊于驪州

岐陽家世遠承休　學術文章幾百秋
水麗山明新卜地　故園花鳥也關愁

北漢山下述懷
於民族文化推進會

繹史編書老未休　北山風雨兩年秋
眼前實事惟求是　身後虛名不作愁

獨島二絶 丙子一九九六年 三月
近來日本　復以獨島爲自國領　我國民憤起聲討　余亦有此作

水域茫茫界不分　何時雷雨掃頑雲
臨風緬憶安龍福　千古男兒孰似君

昔在肅宗朝　倭以鬱陵島爲自國之竹島　往來伐採竹木　東萊水兵安龍福　自稱
將軍　率同輩若干人　往對馬島　轉向伯耆　大聲抗議　自江戶　勅馬島　使不得復
入鬱陵島

眼窮天海杳難分　雙石巍然出水雲
一竹不生稱竹島　九原難起梶村君*
* 倭知鬱陵島之不可犯　乃詐指獨島爲竹島　至于今惹起問題　然獨島純是巖石
非竹木可生之地　故梶村秀樹敎授　有一文斥其非

閒居 題方山詩 寄懷二絶 丙子一九九六年 四月

爲寫華箋乍整容　茶烟初歇墨香濃
此時空切思君意　隔斷關河不可逢

滿地干戈不我容　都門相別兩情濃*
風風雨雨多年憶　水水山山何處逢*
　*六二五亂初　余以親老　急遽南歸　方山　送余于崇禮門前　約以統一後相逢
　*方山少時　避日帝徵兵　佯狂放浪於山海間　有詩曰　風風雨雨年年事　水水山
　　山處處情

北漢山下謾吟 丙子一九九六年 七月
　不記何日姑錄於此

塵烟土雨閱時長　白晝無由見日光*
電戞雷奔車轍裏　小齋閒坐足書香
　*是日都中　以汚霉現象　發警報　延至四時間

坡州尹瓘將軍墓

列岜平郊一路長　將軍祠墓有輝光
九城雄略今千載　惟見江山草樹香

發金浦到晉州　許捲洙崔錫起黃義洌諸敎授　出迎于空港
午飯于花開場　往遊鷰谷七佛兩寺　歸抵雙溪寺宿
丙子一九九六年 八月

飄然銀翼度靑空　却喜師生一座同

七佛雙溪無限好　通宵枕簟水聲中

七佛寺二絕

亞字房

　金首露王七子　出家成佛　曇空　亦自金官來此　造成亞字房云　七佛寺緣起
　說話
昔時名手號曇空　亞字房成曲巷同
正是天工人巧合　金官傳說杳茫中

草衣茶神塔碑

　茶山在康津　結茶社　草衣　追從茶山　有東茶頌
釋氏恒言萬法空　豈知茶味與禪同
草衣能契籜翁意　佳頌至今傳國中

再往花開場 討午飯 晚歸雙溪寺

花開場上午烟空　嶺語湖音混異同
飽食銀魚香滿腹　長歌一曲入雲中

花開場 贈許崔黃諸君

蟾津江水碧涵雲　小市喧囂不厭聞
鷰谷浮圖曾慣耳　如今觀賞賴諸君

鹿邨 以新著『東亞細亞史之傳統與變容』一册 見贈 讀後
奉寄二絶 丙子一九九六年 八月

曲臆偏心廓太空　鹿邨公眼少人同
西來文物相先後　三國經綸一卷中

獨島疑雲尙蔽空　近聞長白惹端同
何時樽俎折衝盡　海闊天晴談笑中

電視器中　見金剛山遠景

萬峯縹緲有無間　遠望難分雲與山
何日快晴南北路　楓林泉石享淸閒

遊廣州分院 隔江望茶山舊居 丙子一九九六年 九月

荒臺老柏噪寒鴉　廢院頹窯映雜花
想是茶翁搖櫓處　緣江應有石泉家*

＊茶山晩年 乘舟往來 與石泉申綽 講討經義 石泉所居 當在此近而未能的知
　其處

秋夕 嘉俳節

微雲過月似橫鴉　病葉飄風訝撒花

好是京師秋夕節　南醪北餅讌家家*

*京師舊俗　名節飲食　必稱南酒北餅

朴君某　懇求余書　余辭以筆拙　作詩爲贈

不將濃墨漫塗鴉　白首何曾發夢花
笑道吾詩勝吾筆　有時追軼碧蘆家*

*朴君　艷稱申紫霞詩書畫三絶　口誦紫霞詩幾句　故及之　紫霞　曾署其家曰碧
　蘆舫

郊行

江楓斜日早歸鴉　野菊經霜晚吐花
滿目黃雲秋色好　一年佳況屬農家

暮秋雨中獨坐述懷　丙子一九九六年　十一月
　近以實學國際會議籌備事　頓忘節候　散會後　風雨連朝　觀陰曆日字　始知重
　陽節已過

盆中殘菊葆餘香　庭宇凄淸木葉黃
風雨滿城賓友散　不知何日過重陽

十一月蘭社之會　屬余主辦　因於席上　奉贈諸公

每得新詩牙頰香　騷壇情趣慕蘇黃*
西園雅集名千古　今日遺風在漢陽
* 宋蘇軾黃庭堅秦觀晁无咎諸人　集會西園　時人作西園雅集圖　米芾楊士奇
皆有西園雅集圖記

廣州　訪石泉遺址
石泉申公綽　正純間少論名碩　與茶山論經講禮　交好甚摯　今其著述　爲日本
天理大學所藏　余求得複寫本　與茶山經學諸少友　作讀會于實是學舍　近聞
其所居之址　在廣州社村　往訪焉　往在丙子歲　石泉三兄弟遺宅　爲大水所漂
沒　後人收拾其殘餘　自慶安川邊　移建于村閭中　舊墟　今爲野田云　余行到
村閭　問其遺宅　居民皆指爲海公申翼熙生家　海公爲石泉季弟絢之後　至則
有豐石　大書海公某云云　其傍各種詩碑　盡是海公直系祖先之蹟　不見石泉
片影　可歎也

紅葉萬山秋色濃　申家遺宅小丘東
居民不記石泉號　大字輝煌惟海公

有村老　導余一行　至石泉墓　歸路過野田舊墟
舊墟　距慶安川僅十步許　順流而下　則與苕川合　余因憶當日石泉與茶山往
來講討之樂　喟然吟一絶

論學投詩情意濃　奎精當日耀吾東
臨流想見苕川棹　芳躅千秋懷兩公

登貿易會館層樓 遙望江北諸山二絶 丁丑一九九七年 一月

雲邊矗矗列奇巒　海嶽風光衽席間
莫怪北天頻送目　江南百里少佳山

憶曾飛步陟峯巒　身在烟霞飄緲間
最是白雲臺上坐　眼前培塿總非山

義林池小酌二絶 丁丑一九九七年 二月
　堤川

雪霽寒汀人語喧　松陰漁舍半開門
新年大嚼冰魚炙　不省春衣被酒痕

長松落落自成林　凍合平湖莫測深
醉起忽忽回首處　龍頭山色滿衣襟

觀淸風文化財團地
　淸風一境　沒入于忠州湖　移置邑居于湖上山腹　成小都市　舊衙舍及亭臺樓
觀　皆聚一處　稱爲文化財團地

湖上民居小市喧　巍巍都護舊衙門
凝淸閣鎖篆烟影　寒碧樓臨江月痕*
*前人詩　宇宙一男子　淸風寒碧樓　臨軒發長嘯　江月五更秋

鄕友至 談及碧水洞 卽席吟一絶

峽束溪流輾地喧　洞天寥廓石爲門
煩君過我題詩處　丹壁蒼苔認舊痕*
　＊碧水洞 在退里之北 峽谷幽夐 水石頗佳 少時每吟賞於此 今余跡不到者
　　四十餘年矣

寧海之載寧氏 今年爲入鄕五百周年 余爲作祝詩三絶　奉
贈杏坡李龍兌兄 丁丑一九九七年 三月

翼洞光華耀海天　地靈千古護安全
煌煌忠孝樑間字　好作箕裘世世傳

雲嶽峨峨翠接天　文章德業兩俱全
況兼存葛輝庭廡　贏得家聲萬口傳

蒼蒼文杏氣撑天　五百風霜保得全
三寶如今躬妙理　詩難模寫畵難傳

暇日 與民族文化推進會諸人 到蓮花寺 丁丑一九九七年 四月
　　在北漢山下

校譯三冬倦對燈　乘春偸隙訪山僧
空庭花落無人掃*　只有雲巒翠積層
　＊落花滿庭而僧不在

暮歸江南寓舍　戲題

穿過長安萬點燈　空房嗒坐似殘僧
今宵好作遊仙夢　高倚蓬山最上層

鐘路散步　丁丑一九九七年　五月
　五月一日　塔洞公園　行講演後　步出鐘街

莫把時憂向我傳　春城風物一欣然
花開勝雪新茶品　快擲囊中多少錢

家居漫吟二絶

濁世不憂名不傳　蝸廬終日坐悠然
積年文債酬多少　却好一春供酒錢

弊藁不期身後傳　題花詠月自陶然
乞銘求序來相訪　今世古文尙直錢

春盡有感　丁丑一九九七年　五月
　余就民族文化推進會會長之任　主編刊之役者　三年于玆　庭有李奈幾樹　而
　不曾玩賞　乙亥春　有詩曰　春來春去渾相忘　一任空庭落雪紛　翌年丙子　有
　步出空庭見落花之句　今年則並與落花未及見而春已盡矣　歲月倥偬　而余之
　生涯　乾沒如此　爲之一歎

忽忽春懷誰與傳　花開花落訝居然
古人秉燭遊何意　一刻光陰抵萬錢

喜晴

漢上山靑雲霧開　臨風一笑且含盃
吾南報道甘霖洽　好向田園歸去來*
＊將以明日　作故庄之行故云

雨霽　丁丑一九九七年　七月
　午飯後　少憩北漢山溪谷

好是麥秋天宇晶　雲消霧捲午風清
雨餘漫作田園想　倚杖橋頭愛水聲

余連日委臥順天鄉病院　鹿邨　先送一蘭盆　因踵而至

病臥江天日色晶　一盆蘭葉拂床清
今秋恐負蘇州約　遠想寒鐘夜半聲*
＊余與鹿邨　約以八月初旬　同遊蘇杭　今余以病後調攝　恐不得遠行　故及之

杏坡 以『忠孝堂史』一冊 見寄 家人傳致病院

東州五月海天晶　滿座賓朋襟佩清*
一卷輝煌傳勝蹟　病床如接鳳簫聲
＊寧海入鄉五百周年紀念行事

玄洲 歸自晉州 叩余病室 以所著「說話紀行」諸篇 見贈

病裏逢君眼忽晶　花香兼助笑談清
連篇遺我風流話　興入菁川竹雨聲

飛仙杖　丁丑一九九七年　八月
　石如　與諸友　遊蒙古熱河等地　歸卽抵余　津津說草原風景及淸帝別莊之勝
　余抱病蟄居之餘　頗爲慰悅　石如　以熱河所購得九節杖　贈余曰　此獸骨而雕
　鏤仙釋者也　余卽名之曰飛仙杖　因題一絶爲謝

萬里燕雲十日還　北胡風物舌端寒
他年高挾飛仙杖　濯髮天池倚白山

聞鹿邨自中國歸　以詩寄懷

晴空萬里駕雲還　六合高風拂袖寒
病脚猶思追躡後　夢騎仙鶴到黃山*
＊鹿邨　登黃山頂上　一宿而返云

得少南詩 喜作

少南 以輕水爐事 昨日向北 今朝到新浦 雨中行起工式 用傳眞 發送詩稿
夕達于蘭社席上 一坐歡然 盖以南北間 有此通信去來 而蘭社之詩 屬第一
聲 其喜可知也 余卽口占一絶

傳眞一紙片時還　因得鮫珠滿掬寒
從此源源南北路　莫憂冰雪阻關山

自笑　丁丑一九九七年 九月

少時交結總豪英　鳳泊鸞漂無所成
自笑漢陽窮巷裏　印工書儈獨知名

菊

秋來 自前庭 移菊盆入室 置諸梅竹松三盆之間 戲題

屈子編中餐落英　陶翁籬下好詩成*
歲寒三友羅前後　欲就中間着我名
*屈原『離騷經』夕餐秋菊之落英 淵明 採菊東籬下一句 古今愛誦

北漢山下 秋日掩卷散策

編史刊書付後英　謾尋佳句亦難成
翁婆問是登山客　頗喜街頭罕識名

鹿邨 以陳寅恪詩集見贈 丁丑一九九七年 十月
　陳寅恪 近故中國碩學也 余欽仰有年 今讀詩集 尤感其爲人 聊以一絶 表
　敬意 兼呈鹿邨 爲破寂之資

曾識陳家有北溪　重看碩學貫中西*
疾風暴雨滄桑裏*　琴瑟雍容聲不低
　*學貫中西 韓國磐 頌陳寅恪語
　*文化大革命中 遭無限困辱 夫人唐簣 亦善爲詩 附載卷末

北漢漫吟

蒼藤白石路緣溪　覓句閒行日欲西
寫景寫懷惟意適　樵歌漁唱與高低

同玄洲愚巖 遊三角山津寬寺 丁丑一九九七年 十一月
　愚巖 鄭友載哲號

緣溪遶壑路逶遲　古木寒雲互蔽虧
半世漢陽塵土裏　名山咫尺始來斯

向川 展示書藝 余未及參觀而期間已過 以詩自嘆 兼寄向
川謝過

衰年病脚起行遲　處世多慚禮節虧

一代詞華兼有筆　古家風韻見於斯

鹿邨至 同登僧迦寺 丁丑一九九七年 十二月

路盡巖回隙地平　危臺層塔白雲橫
舊時牢落棲殘衲　今日宏深作化城

金時鄴 金學成兩敎授 與數三學生導余遊湖南

遊湖南
金堤萬頃入望平　天闊風輕雁陣橫
細雨遠尋松廣寺　黃昏高倚樂安城

至珍島 訪三別抄遺蹟 向龍藏山城
碧波亭外晚潮平　巨艦輕舟縱復橫
村老猶知三別抄　雲邊遙指古山城

途中 微雨乍作乍止 遙望天際羣峯 奇屈傑卓 問之乃月出山也
天邊微雨乍飄零　矗矗奇峰妙莫形
賴此山川精氣旺　幾多人傑聳瞻聽

松廣寺
麗代文書缺且零　莊嚴十六國師形
曹溪山水眞仙境　欲對塵寰絕視聽

雲林山房

許小癡遺居　許氏三代書畫古董　陳列於此

庭園幽闃小池平　　冬栢花開竹影橫

名畫珍書華閣裏　　怳追仙子入蓉城

歷海南靈巖康津羅州　至光州宿　將以明朝歸京

鳴梁兩岸大橋平　　月出連峰落照橫

不是海山淸興盡　　塵緣催我返京城

路過茶山先生銅像　下車肅拜　因讀其座臺下所刻詩

詩末聯曰　苦竹數叢殘月曉　故園回首淚垂垂　余讀至此　不覺悽然垂首　用此
意題一絕

苦竹叢中兩淚零　　茶翁心事正難形

窮陲偉業輝千古　　當日悲吟可忍聽

聞近來經濟危機深刻　不禁憂歎　戊寅一九九八年　一月

寒波汎濫共驚呼　　誰護家邦恤寡孤

不憚崑丘重採玉　　莫辭驪壑更探珠*

*採玉探珠　崔孤雲語　採玉者　不憚崑丘之險　探珠者　不辭驪壑之深　語在雙
溪寺眞鑑碑

新正 見盆梅初發 喜題

新年閭巷少招呼　靜臥書窓燈影孤
却喜寒梅春信到　淸晨顆顆吐明珠

家居戲題 戊寅一九九八年 三月

老矣功名不可期　看書烹茗晝關扉
閒中掛電通鄉里　爲問梅花着幾枝

修德寺

遠思佳境趁佳期　問塔尋僧叩寺扉
浮世喜悲都幻夢　春風一葉亦辭枝*
*昔年 余過修德寺 有尼姑號一葉者 本以詩人 失戀爲僧 有名於世 今來問
之 則化去已久矣

歷觀洪州城 因訪萬海遺居二絶
同李文遠金時鄞兩敎授

洪州城外共尋春　谷轉峰回指點頻
草屋柴扉眞境界　也宜斯地出斯人

一把遺芬悵素期　草廬瀟灑掩柴扉

名詩千古成沈默*　惟有寒鴉噪樹枝
＊萬海詩集『님의沈默』爲我國名著之一

靑陽　拜蔡文肅公祠二絶

老樹寒雲小洞春　仰瞻遺像發唏頻
貞軒慘死茶山謫　相業曾無繼踵人

匡國安民夙所期　明良際遇寵黃扉
'辛亥通共'經綸大　巨木如何少着枝

辛亥通共　撤廢特權大商人之禁亂廛權　使小商人自由營業者也　樊翁死後　竟
無成效　可惜之甚也

春日有感
　　觀政權交替時象

五載光陰疾若飛　興衰榮辱孰知機
廣庭花發蜂歌亂　巨嶽雲沈鳥影微

芝軒墓二絶　戊寅一九九八年　五月

宿草遺墳一石存　我來摩讀淚眸昏
惟將核理相推重　儒雅風流待子雲

眼中常有典型存　死去重悲世局昏
知否一行蘭社友　歸程凄對嶺頭雲*
　*昔蘭社結成之始　吾輩同芝軒　踰鳥嶺往還　今於歸程　在機上　俯視嶺脊　不
　　勝悲感

澗松美術館主人　邀余賞金剛山圖　謙齋玄齋二家作品　對
較展示　戊寅一九九八年　六月

楓林崖壑氣森蕭　飛瀑橫天破沉寥
幾幅畫圖看不盡　雲烟供養可朝朝

入加平明智山中　經兩夜　題一絶

身衰心惕髮飄蕭　道遠人亡世廓寥
信宿名山塵慮息　燒香閒坐待晨朝

讀史有感二絶

漢業先稱相國蕭*　後來公輔太寥寥
人間盡喪尊嚴性　附鳳攀龍夕變朝
　*相國蕭　蕭何『史記』有蕭相國世家

忍見芝蘭雜艾蕭　興衰只附太空寥*

可憐五代馮長樂*　黼黻文章事歷朝
＊太空寥　唐詩　萬物自生聽　太空恒寂寥
＊馮長樂　馮道　以五代宰相　歷事五朝八姓十一帝　自號長樂老

『東文選』刊事就緒　喜題 民族文化推進會

我東文選擬梁蕭　歷代聲華不寂寥
好待國風新面樣　達宵諷詠且連朝

梁蕭　梁昭明太子蕭統　蕭統編『文選』我朝鮮初期　倣其體裁　成『東文選』

一灘爲余書「退里十八詠」詩　余以七言一絶謝之　兼申老後
同車還鄉之意

華南雲物久凄蕭　杜曲西皐兩寂寥*
他日還鄉徵逐好　越溪踰嶺不崇朝
＊杜曲　在大項里　河氏先亭　西皐精舍　我家別墅也　兩地相隔一小嶺

雨中 坐北漢書樓 有懷慕何 戊寅一九九八年 七月
　日前　慕何過余北漢山下　誦其所作四律一篇　有宜山洛水轉蕭森之句　盖慕
　何爲修築先廬　往來宜寧故也　余年來　思欲粧點鄉第　爲歸老之計　而才拙力
　屛　不得如意　有愧慕何　多矣　長夏霖天　獨坐書樓　頗切懷想　因用其韻　奉寄
　利川山中

長夏書樓少客尋　寒山白雨映森森*
江清飛鷺縱橫影　林密鳴蟬斷續音
愧我踈慵馴野性　多君明靜似湖心
他年洛水宜春月　遠向南天照兩襟
＊寒山白雨　李白詩　白雨映寒山　森森似銀竹

聞金剛山開發計劃 實現有望 喜吟一絶

金剛從此可行尋　萬二千峰玉筍森
早晚置身楓樹裏　層湍飛瀑滿淸音

京都居戚姪張鎬相 來訪 談次題贈一絶

一別京都不復尋　嵐山風物眼中森
最憐當日三千院　隔樹黃鶯下上音

七月得一旬休暇 將還鄉里 馳車半日 至淸道密陽界
戊寅一九九八年 八月

出京先喜脫腥塵　漸近鄉關意更新
少日讀書尙有處　一旬穩對卷中人

是日入處于西皇精舍

愛此林泉淨不塵　雨餘物象更鮮新
小荷出水香生屋　脩竹連墻翠染人
栗里歸耕曾遯世　蘭亭修契幾經春
雲烟長護楣頭字　始信諸公筆有神

寒棲庵　詠白松

庵在精舍正堂之西　臨小池　池邊列植奇樹　中有白松一株　先王考所嘗撫玩
者也　余兒時　長不過七八尺　乃今老大　成古木　高出衆樾之上　可見其間許
多風霜歲月之經過也　爲作白松問答二絕

問白松

清標高格迥離塵　細葉踈枝老更新
今日也能知我否　庵中十載讀書人

白松答

憐君役役走紅塵　鄉思知應逐日新
閱歷風霜吾亦老　百年那忘意中人

苦吟　戊寅一九九八年　九月

邇來心氣頗違和　南阮悽悲北阮歌*
急迫危機時不再　傍觀知性議偏多
青蛙報雨鳴幽草　白鷺窺魚蹴晚波

對景苦吟無補事　詩篇其奈有情何
＊『世說新語』北阮皆富　南阮貧

勝會 戊寅一九九八年 十月

勝會當秋喜氣融　淸談高論座生風
新詩不必言工拙　古籍還須檢異同
地冷雁鴻來塞外　天晴鷗鷺浴江中
今年好作嘉俳節　樂事豈專村社翁

老讀

老讀詩書心意融　衰年緬仰古人風
周翁圖上究無極　禮運篇中懷大同

閒居 己卯一九九九年 一月

賞竹看梅不出門　閒居城市似山村
詩逢夜雪忽新意　酒被春衣尙舊痕
兒女錄音供視聽　親朋掛電訊寒溫
箇中別有關心處　故里松楸惱夢魂

別江南寓舍留題一絶
　　將搬移于高陽之花亭　一月十二日

幾年來往紫霞門　　買得新居郊外村
多少詩篇同載去　　東湖明月永留痕

花亭新居　早起戲筆 己卯一九九九年　二月

晨起題詩滿扇紗　　射窓新旭更增華
已經整理圖書畢　　點檢盆叢自灌花

雪

庭撲石雕窓撲紗　　新年物色倍清華
積垂巖瀑渾成練　　飛入園林總作花
陶硯掬來宜潤筆　　銅瓶汲取好烹茶
山陰乘興煩廻棹　　佇竢親朋叩我家

宿清平湖畔
　　同實是學舍經學研究會員

清平湖水淨於紗　　雪霽雲消漾日華
安得馳車尋縣里　　月沙墓畔賞梅花*
* 年前　遊縣里　訪月沙遺蹟　見其墓下有梅數株　盖自月沙故宅千葉白梅(自北

京持歸者)分根移植者也　後孫某　約以一根贈余　時屬夏節　留待他日　今行
正値花時　而拘於日程　不得往見　可恨也

晚發全州　歸京師　車中作 己卯一九九九年　三月

歸途春日已西天　　無限車輪亘後前
坐賞山川仍覓句　　居然到着漢江邊

孟春

新年已屬孟春天　　節氣猶寒驚蟄前
風引雁聲歸北塞　　雨催花信自南邊
乘車入市衝朝霧　　杖策看山抵暮烟
老境且非無樂事　　好從蘭社共樽筵

春日高陽　憶退里舊庄 己卯一九九九年　五月

凝北田園尙未荒　　南雲千里眼迷茫
晚風篁竹斜侵戶　　春雨芭蕉長過牆
盤石政宜題逸句　　清泉亶合滌愁腸
無端更卜近畿地　　白首僑居懷故鄉

春盡　己卯一九九九年　五月十四日（陰曆三月晦日）
　　北漢山館　食後散步　見屋後草萊滿地　樹頭無一點紅　始知春已盡矣　余之奉
　　職于北漢山下　已及五載　連汩冗務　每年虛送春光　今歲　又如此　人生祗爾
　　大可歎也　聊題一絕

閉門不識後園荒　　春盡呀然自失茫
新綠陰中閒倚杖　　尋花蜂蝶向隣牆

蘭社之會　已至百回　回顧往跡　不免有多少感慨　聊題一首
奉贈諸公　己卯一九九九年　六月

卄載詩樽相與歡　　世間榮辱等閒看
花林洞口淸流活　　鳥嶺關頭白日寒
淚濕坡芝悲撫石　　歌傳水柳慟摧蘭
吾軍且復張聲勢　　旗鼓堂堂護將壇

金剛山圖
　　金剛山遊覽船開通之後　乘船者日至數百　有識之士　或疑慮　不肯作行　近以
　　某種事　海路三日不通　頗以爲憂　適得鄭歚眞景山水畫帖　披而視之　山在是
　　矣　聊題一首　以遣懷

靈嶽無緣一笑歡　　今朝咫尺畫中看
衆香城古霜華白　　普德窟深泉響寒
擬陟高臺弄明月　　更尋幽谷得猗蘭
謙翁神筆堪千古　　欲把馨芬供祭壇

憶昔 己卯一九九九年 七月

昔者 慕何向川諸公 邀余 發漢上 往遊芝澧（芝軒郷里） 歸途 歷覽丹陽名勝
此爲蘭社結成之始 蘭社之會 今爲百一回 會中拈出第一回絶句韻 補以二
韻 各賦四律一首

憶昔同車南下時　靑山重疊水透暹
謾將往事占來事　更得新知補舊知
福府憑樓朝霧合　丹陽掛帆午風微
迂疎自幸良緣在　松桂林中借一枝

又

結契論情已晚時　名山何處共棲暹
看花心靜蝶無忤　臨水影閒魚不知
酒後長歌消鬱屈　卷中眞理討玄微
忍將芝草墳前淚　又向春風灑柳枝*

* 往歲 余與慕何經洲 同往芝澧 哭芝軒墓 今年春 經洲又遽作故人 人事之
　變遷 安得無感愴 末聯 以此意書之 柳枝指經洲

新晴 寄江南諸友 己卯一九九九年 八月

欲請佳賓嗟末由　江天連日雨侵樓
新晴更覺懷人切　樹裏凉蟬鳴不休

江南諸友 欲邀余登大牟山 余以脚病謝之 兼請諸友來臨 高陽樊廬

病脚登高不自由　衰年壹合臥郊樓
買田種菜已難辦　遊市觀書行且休
風雅遺篇重詠嘆*　雲陶精義更探求*
明朝可得聞跫喜　預遣兒童門外俟
　*余與實是學舍諸少友　讀譯茶山『詩經講義』
　*今年 使民推電算室 將朱子退溪全書入力 次第見畢

自由路

一直坦途稱自由　緣江萬戶聳層樓
南通城闕銅駝冷　北阻關山鐵馬休
世紀榮光嗟緬邈　人生幸福苦追求
他年祖國成平統　李廣何悲老不侯

花亭夏日有作 己卯一九九九年 九月

出郊占宅屬前春　長夏門無剝啄人
今古詞章時閱眼　東西黨議久緘唇
虞廷何日來儀鳳　魯史當年絕獲麟
庭有百花盆有竹　風塵咫尺做閒身

斗梅朴智弘兄 有書 問余近況 余以詩答之

海門相別幾經春　每向南雲憶故人
莫問京師朋酒樂　病餘眞露僅霑唇

蘭社詩集草本成 追憶芝軒經洲

一莖芝草四時春　水柳靑靑蔭幾人
香盡影消千古恨　忍令吾輩齒亡唇

嘉俳節書懷

令節須知秋勝春　松楸歸省萬千人
此身病蟄郊畿外　村社翁婆詈反唇

讀心山金昌淑先生「躄翁七十四歲回想記」 己卯一九九九年 十月

老躄風悰世所欽　平生未或負初心
宗邦無計扶雙手　鄉里有情懷七岑*
獲見淸標遺像屹*　免敎古樂正聲沈*
逵句獄事輝千載　可但名言傳至今*

＊星州 有七峰山 先生家 有玉刻七峰山形 傳自東岡云
＊成均館大學 兩處校庭 建立先生銅像
＊先生創成均館大學 兼任成均館長 扶持得儒敎傳統 不至墜絶

＊先生在大邱獄中　謝絶辨護士　曰　我大韓人　不受日本法律論理之辨護

聞茶山『欽欽新書』自現代實學社　譯刊垂訖

牧民經世又欽欽　　一表二書千古心＊
太息仁人言不用　　刑場寃骨積高岑
＊茶山　嘗以『牧民心書』『欽欽新書』及『經世遺表』稱一表二書　以需民社

晚歸 己卯一九九九年　十一月
　　車中作

秋盡天高江水平　　繽紛黃葉幸州城
半山寒屋暮烟起　　遠野層樓初月生
倦把字書尋古義　　謾敲音器聽新聲
營營堪笑人間事　　朝出晚歸今復明

庚辰　元朝志感 庚辰二〇〇〇年　一月

一盞屠蘇滿室香　　追思往昔每心傷＊
兒孫爲納新年拜　　强起翁婆洗且糚
＊昔我先君　每歲元朝　鷄鳴起寢　拜祠堂畢　與子姪輩　飮屠蘇酒各一盃　又伏
　丹藥於爐中　使藥香遍滿於家內　所以辟邪進慶也　先君歿　子姪輩　轉徙都市
　家門故事　太半廢棄　今余白首僑居　値此元朝　百感中來

憶雙梅堂梅花

遙憐雙樹暗生香　南土輕寒不貽傷
月上黃昏橫逸影　露凝淸曉洗華粧
蘇仙氣味應相似　林子風流與共長
今歲吾行嗟又晚　紛紛落雪觸誰裳*

＊余每年 以四月觀善契會時 還鄉 梅花已經彫謝 今歲又不免如是 故及之

四月初 約遊平壤 余旋以家故 撤行 賦詩寄石如黎史行懞
庚辰二〇〇〇年 四月

鍊光浮碧耀晴空　滾滾長江是大同
麟馬杳茫神話裏　江山淸麗畫圖中
好傳花信南鄉雨　快釋塵愁北路風
最是雙方欣合席　萬邦注目向吾東

還鄉到西園

不患西園人久空　池臺花木古今同
却憐魚鳥潛飛適　活潑天機樂在中

宿精舍 巖泉汨瀧鳴枕 可愛

花木扶疎一境空　巖泉汨瀧四時同

頓忘城市騷音苦　竟夜清聲滿耳中

複壁中　得故友裵安卿詩藁　志感

夢罷西樓往事空　評花品石與誰同
寡妻孤女音書斷　惟有詩篇在篋中

題畫二絶 庚辰二〇〇〇年 五月
　畫中梅與松竹交柯　傍有二客圍棋

婥約寒梅玉雪姿　蒼松翠竹更交枝
此間也有圍棋客　綠草飛球未足奇

冬令重新霜後姿　春光先到水邊枝
歲寒三友兼棋客　一室清緣政爾奇

餞春翌日　早發高陽　還密陽 庚辰二〇〇〇年 五月

窮郊吟病掩門扉　今日登程快振衣
塞北雁回春且去　江南鶯囀客初歸
風吹花塢紅千片　霧捲林巒碧四圍
爲有萬編蟫蠹古　先廬情況故依依
是行爲曝曬家中書籍　故末聯及之

至陶山書院 講讀『退溪先生書節要』_{庚辰二〇〇〇年 七月}

不到陶山已有年　塵踪今日暫成仙
蓮塘竹社皆依舊　千古芳馨自一天

登天淵臺

我上江臺今幾年　胸懷快若挾飛仙
不關陵谷成湖沼　上下鳶魚一任天

每朝 典教堂 與諸生 用『活人心方』行導引法
『活人心方』退溪先生手錄養生書

一部心方可引年　我生非爲學神仙
但要深究先賢意　卒歲優遊不怨天

南北會談以後 連日報離散家族事 余從電視器中 見失鄉
民哀號之狀 爲之惻然 作一首

一別家鄉不記年　相思杳若隔凡仙
兵戈逼迫來斯地　骨肉分張籲彼天
忍對史書談往事　謾將詩句寫連篇
猗歟桓解同根族　南北相逢理固然

電視器中　見閔斗基博士追悼式

學界菁英四十年　流星一夜忽昇仙
翰園每擬同携手　那意如今遽各天

美國都市建物爆破慘事　世界震驚　余爲作地球問答詩
庚辰二〇〇〇年　十月

問地球
爆火蔽天星斗疎　吁嗟人類莫安居
地球回轉毫無異　還是悠悠自適如

地球答
天道順常人事疎　蝸牛角上鬪占居
其生其死同蟣蝨　我亦太空丸子如

秋晚高陽遣興　庚辰二〇〇〇年　十月

江皐霜落葉初飛　野客行吟興不微
探景步隨流水往　懷鄉心逐白雲歸
蛩鳴寒草催冬令　雁下平沙帶夕暉
借問田園何所樂　陶翁不惜露沾衣

晚望

南天寥廓白雲飛　洛左青山一髮微
三逕就荒松菊在　秋風應待主人歸

歲暮北漢書樓寫懷　庚辰二○○○年 十二月

風飄殘葉墮樓前　感物懷人一黯然
北路艱難三日淚*　南天蕭索萬家烟*
詩書有味因求道　節序無情又送年
夢斷西雲消息遠*　何時統合舊山川

＊電視器中　見離散家族二次相逢事
＊近來　景氣沈滯　民生叫苦　殊可慮也
＊懷孫柳兩友

閒情

世間名利各爭前　政界商街莫不然
局外閒情茶與冊　小樓晴日對香烟

新正　喜諸友見訪　辛巳二○○一年 一月

新正景色且何如　多荷親朋問索居
厚意冒行千里路*　奇談勝讀十年書

雪窓茶味濃猶淡　風院松聲密復疎
世界卽今門大闢　諸君勇進莫躊躇
＊有自釜山來者　故及之

高陽早發　向安東陶山 辛巳二〇〇一年 二月

霧罷郊原日射堂　簷間雪溜饗淋浪
尋春遠向陶山去　幾樹寒梅葆舊香

與諸生　讀『退溪先生書節要』
　前後辭職諸書及書院規畫建議書

赫赫名公坐廟堂　先生揮手向滄浪
安民醫國規模遠　一束遺書百世香

花亭曉坐

掩卷梳頭不下堂　坐聞窓外雨浪浪
茶消宿醉爐烟暖　梅入新詩硯水香
涉世惟當論義利　對人須莫計炎凉
聖賢憂患心何苦　鳳德千秋懷楚狂

畫夢

夢見雙梅護舊堂　問津時復到三浪
一聲歸雁驚回枕　鼻觀猶存故土香

仲春郊居 寄懷蘭社諸公 辛巳二〇〇一年 三月

緣江楊柳暗浮黃　春入郊原日漸長
遠岫雁橫凌積雪　平沙鷺立曝新陽
棋逢老手心要細　詩得佳朋語倍香
老境遨遊祇此足　無何鄉是本無鄉

過高陽花卉園 駐車賞花

滿園春色鬪紅黃　密密叢叢短復長
買得一盆車載去　高樓安置向朝陽

春日北漢山下遣懷 辛巳二〇〇一年 四月

萬丈嵒嶢北漢峰　四時風物暢襟胸
閒雲古寺追飛錫　落日高樓聽遠鐘
年老新書多未讀　地偏佳客少相從
上遊移棹曾何歲　一任江河濤浪舂*
*歐陽脩「廬山高」詩 長江西來走其下 洪濤巨浪自舂撞

星湖先生紀念館起工式

實學吾邦第一峰　　聞風興感萬人胸
世間那有知心者　　大叩當年千石鐘

電視器中　聽唱金剛山歌

金剛名勝萬千峰　　隔歲雲烟迤我胸
畫裏佳人歌一曲　　正陽表訓似聞鐘

暇日謾詠 辛巳二〇〇一年　六月

讀畫看書不出門　　居然落日下西村
千甍接地烟蒸暑　　獨樹臨江雨洗昏
洛社風流終莫及　　杜陵心事且休論
佳哉漁父談清濁　　一曲滄浪笑屈原

懷西皐精舍

華岳三峰俯市門　　藍湖一曲是吾村
千編香溢書窓靜　　萬綠陰濃澗道昏
夢裏故人嗟莫住*　　詩中新境好誰論
遙憐半夜中天月　　依舊多情照野原
　＊夢與故友裵君論詩　君忽乘雲而去　挽住不得

時事有感

極目雲濤海峽昏*　魚龍出沒衆囂論
誰歟不念邊疆重　恣意飛球綠草原
　*獨島問題再燃 市中新聞 有論金某老政客 不念時事 恣行遊衍 可歎云云

至陶山 與諸生 開講讀會 辛巳二○○一年 七月

朝辭漢水暮陶山　千里馳過竹嶺關
節友更添新物色*　隴雲無改舊容顏*
一路仙風淸興發*　十圖聖學細心看*
塵寰熱鬧渾忘却　溪上四時秋月寒*
　*節友社
　*隴雲精舍
　*自書院轉入上溪 山中風趣尤佳
　*寄食于'悅和'之家 房室皆以聖學十圖名之
　*上溪宗宅之大廳 扁曰秋月寒水亭

酉谷宗宅 留贈主人權廷羽翁

萬翠千蒼所過山　洞門深鎖似重關
巖亭坐着靈龜背　寶閣憑瞻白雪顏*
袖裏珍書欽更覩　鏡中華髮惜相看*
炎天乍到還旋轄　一陣淸風灑面寒
　*新築遺物閣 與白雪嶺相對
　*余與主人 隔歲相逢 鬢髮俱白

早朝 馳車入京 途中作 辛巳二〇〇一年 九月

始余卜郊居　擬作處士姿
架挿百卷書　門掩老松枝
時復追良友　山水好探奇
奈何職所縻　朝朝馳逐爲
向風一高笑　此心也不羈

戲作蘭社八賢歌
　　杜甫 有「飲中八仙歌」 梁啓超 有「廣詩中八賢歌」 余爲作此歌 以資諸公之
　　一笑

鹿苑逍遙高世姿（鹿邨）　鳳泉澆灌拂雲枝（少泉）
玄翁古話開懷暢（玄洲）　少友新題着想奇（少南）
杏樹淸風多有蔭（杏坡）　石霞佳境入無爲（石霞）
慕公情誼何其切（慕何）　更向川邊歎不羈（向川）

題畫　歲寒三友圖
　　畫中一梅樹 與松竹交柯 傍有二客圍棋 澗松美術館所藏 主人要余題一詩

婥約寒梅玉雪姿　蒼松翠竹更交枝
此間也有圍棋客　綠草飛球未足奇

偶閱樊籬 得孫友寫眞 以詩寄懷 辛巳二〇〇一年 十月

南濱風物漸生疎　忽向萊州憶舊居
歲月倥忽吾已老　關河緬邈子何如
夢回茶鼎香消後　詩就梧窓葉落初
鴻雁北來無一字　擬將尺素付江魚

六二五亂前 余與君同就職于釜山中學 君去後 余亦移職于都下 昔君家在東萊 余過之 輒置酒論文史

退溪先生誕辰五百週年紀念慶祝行事 大開于安東地方 余往參焉 辛巳二〇〇一年 十一月

陶山遠共泰山嵬　五百生辰共祝盃
巖社松篁增氣色　溪莊泉石淨塵埃*
定知遺澤垂無盡　何患流光逝不回
慚愧愚蒙違進道　白頭京洛未歸來

余年十六 始遊陶山有詩曰愚蒙尋逐詞華末 今日方知進道門 及今七十七歲 尚汨沒風塵 無所成就 可歎

訪高山書院
大山李先生主享書院 是日金時鄴教授 導余往訪

高山千古碧崔嵬　欲就遺祠奠一盃

寂寂苔階人不到　隔林車轍走黃埃

高陽寓舍暇日戲題

茶餘高閣篆烟清　落木聲寒午夢驚
倘是親朋傳好事　閒中却喜電鈴鳴

新年感興 奉呈蘭社諸公 壬午二〇〇二年 一月

昨夜天陰降雪微　朝來萬戶映春暉
覓山重碧兎狸集*　漢水漸澄鳧雁歸*
産業經營多活路　政治改革大開扉
新年又此金蘭契　高義深情莫有違
＊覓山　木覓山　南山
＊南山松柏頗茂　漢江水　漸就澄澈　皆邇來可意處也

郊行 壬午二〇〇二年 一月

慣看世局似翻棋　野客何曾有喜悲
遠岫深靑雲破處　空汀乍暖雪晴時
風微老柳先春動　雨暗群車向夕馳
忽記親朋蘅芷語*　江湖千里好相思
＊釜山某友年賀狀　寫'雜杜蘅與芳芷'六字　以寄來

看棋 贈蘭社諸公　壬午二〇〇二年 二月

每向詩筵愛看棋　勝無功利敗何悲
窓間落子丁丁響　追憶空山夜雨時*

＊昔者 少泉善丁及儂石李海英教授 有事會合於牛耳洞綠園 玄州與余 被招
　往遊 是夜有雨 余不得還家 竟夜看棋爲樂 其後未幾 儂石作故 近來 善丁
　又病廢不得相從 人事之變遷 有如是矣 今以看棋爲題 追憶綠園故事 不禁
　感慨回徨之思

郊居漫興　壬午二〇〇二年 三月

老境穩占書冊香　郊居一室適溫凉
洛閩精義沈潛久　陶謝遺音咏歎長
接地雲霾迷北路　震天砲火擾西方
却欣中土多來客　燕酒吳茶遍得嘗

過崔瑩侍中墓二絶

歷世傳承名字香　高陽遺墓此荒凉
靑山不語當年事　惟遣江流瀉恨長

蕭艾重遮蘭芷香　史家褒貶又凉凉*
視金如土誰能爾　偉烈令名由此長

＊史稱崔瑩功盖一國 罪滿天下 世傳崔瑩父親遺戒四字曰視金如土

漢江奇蹟 壬午二〇〇二年 四月
　漢江奇蹟之說 褪色久矣 聞今年有經濟回生之漸 爲作此詩 以寓意

層樓複閣漢江濱　一望從知國不貧
燈火靑熒工廠夜　舳艫鳴軋港灣春
非無武力耀殊土　長有德音來遠人
惟冀疆場南北合　太平風月老閒身

春日 懷善丁

嗟君連歲臥漳濱　每覺朋樽坐席貧
惠贈盆梅枝榦老　飛花片片助傷春

遊廣州晚歸 有作 壬午二〇〇二年 五月

斜暉冉冉竹林叢　賞遍春光意未窮
鶯舞翩翻芳草雨　蝶飛回護落花風
平心漸覺貧猶富　闊眼須知色卽空
却笑古人多好事　欲將天地入壺中

天安三巨里酒幕戲吟
　與實是學舍經學研究會諸君 往遊於此

園林到處綠成叢　春事居然已向窮

少婦見余全不記*　長程依舊柳花風

　*往年　余與玄洲　過此　有少婦當罏供嬉笑　不關京客鬢毛衰之句　今行　見風
　　物依舊　而少婦全不記余面　或是他女也歟

木川　拜湛軒洪大容先生墓

精心超逸古書叢　　洞覽寰區眼不窮
莫恨幽碑人少讀　　長松落落帶遺風

轉訪湛軒舊居遺基

荒園短落草萊叢　　遊客徘徊日欲窮
中曲悲噓今更恨　　天球弘璧盡飄風*

　*湛軒子孫流散　舊居只有礎石　而籬邊白板　揭湛軒詩有‘淸琴橫位欄　中曲且
　　悲噓’之句　今聞其所藏遺物　亦盡歸烏有云　可恨也已

電視器中　觀‘世界盃’競技　我國快勝 壬午二〇〇二年　六月

綠場不雜一塵纖　　兩陣攻防守則嚴
我國歡聲掀海岳　　敗軍鹹苦似蒸鹽

星湖紀念館落成式　志感

　　星湖紀念館落成式　有人登壇　論星湖學說之價値及其影響　比之於曠野突出

之奇峰　語頗不精　余爲用六月蘭社韻　追題一首

豈但精微剖析纖　先生胸府有深嚴
百家鳴軋蒸沙飯　一甕淸新防腐鹽
浩瀚文章輝四壁　崔嵬圖像映重簾
須知實學平如砥　莫比奇峰突出尖

土曜午後

江郊過雨草纖纖　白晝盜橫扃戶嚴
不厭喧囂妨我睡　門前小市販魚鹽＊
＊每週土曜　所居公寓　開小市曰移動市場

遣興

不喜趨新競巧纖　又嫌泥古務崇嚴
淸吟度日渾忘酒　淡食延年且省鹽
鶯知求友頻遷木　鷰解將雛早入簾
慚愧年來抛筆硯　只需黑汁與鋼尖

石松靈　壬午二〇〇二年　八月

醴泉之甘川面　有巨大老松　枝幹分張　廣占數十畝　四面用石柱支撑　樹齡
六百年餘　而四時蒼鬱　少無枯瘁　郡人號之曰石松靈　以其名　保有土地數千
坪　登諸帳籍　每年以其名　納稅　且以給初中生獎學金云　余在陶山　乘暇往

觀 不禁嗟賞 是壬午七月也 玆用八月蘭社韻追題五言古詩一首

醴泉有靈物　姓石其名松
蒼然擁鱗甲　宛是蟠空龍
東西延百丈　中高秀一峰
風雨時發吟　雪霜不變容
歲歲納邦稅　太平過春冬

向川 被選爲學術院會員 以詩爲賀

盤桓三載撫孤松　何處雷聲忽起龍
每誦淸凉山六六　濯淸亭畔又高峰

還鄉詠庭松

蒼菀中庭一樹松　風姿偃蹇似虯龍
還思雪滿乾坤日　特立蓬山第一峰
　　　　　　　用成三問時調語

麟蹄峽中訪開仁山房 贈主人申南休 壬午二〇〇二年 九月

深峽閑田計活淸　開仁軒額更分明
千尋峭壁截雲勢　一曲寒溪鳴玉聲
草露霑蹊芒屬重　松風入座葛衣輕

有山有水堪爲老　麋鹿魚鰕與共生

朝日晏起 從電視器中 見東南洪水災害甚大 不勝慨歎

通宵高閣雨聲清　不覺床頭曉日明
太息東南崩溢患　政街能識萬民聲

始興 過谿谷張公墓 壬午二〇〇二年 十月
　　始興烏南洞

畿甸山川氣象清　名家丘壟日偏明
崇碑寂寞人休歎　自有文章金石聲

題高士彈琴圖 澗松美術館所藏 壬午二〇〇二年 十月

天末逶迤千萬岑　閑齋高士撫瑤琴
愁中風雨三秋盡　曲後雲霞一境深
已覺道禪無異致　更知山水有清音
門前童子方煎藥　白鶴飛來報客尋

偶成

遠郊雲聳作奇岑　脩竹風鳴響古琴

觸處自然眞妄別　須從卑近透精深

江邊北路早行 壬午二〇〇二年 十二月

晨朝宿霧帶黃沙　漢上昏迷百萬家
紅日漏雲疑寶燭　斜風吹葉訝飛花
行尋夜興王猷棹　坐愛秋光杜牧車
歲暮江湖懷故事　公私寂寞少鳴蛙

別北漢書樓

喫菜何論飯有沙　八年棲息似吾家
編書繹史無窮意　付與窓前老菊花

奉贈少泉會長

休將官職視泥沙*　此地編刊有百家
願把牛刀來一試　詞如雲錦筆生花
＊樂天「喜罷郡」詩 回看官職是泥沙

送壬千年 壬午二○○二年 十二月

回顧一年 多事多難 頗覺感想之錯雜

太息居然此歲終　寒雲漠漠雪飄空
何來珍貨溢街市　幾處丹青輝殿宮
紅隊球場添熱氣　青年政局唱新風
春回應得太平象　舉國熙熙盃酒中

癸未元朝 癸未二○○三年 一月一日

立志要當貫始終　平生心事不歸空
新年一盞屠蘇酒　滿意春和卅六宮*
＊邵康節詩 三十六宮都是春

新年初 全國降雪 余作京行 車中觀雪景 至望遠亭 口占五言一首 癸未二○○三年 一月

天女迎青帝　六花撒滿空
千林成玉樹　萬戶化瓊宮
野逕平無跡　江船寂不風
頓生登覽興　却恨坐車中

夏曆元日有感 癸未二〇〇三年 二月

令節家家竟夕遊　繁華千古帝王州
連墻歌管喧相沓　滿路車輪滯不流
西去星軺空自苦*　北來風信更堪憂
誰將桑土勤綢繆　陰雨元多夏與秋
　*所謂特使 迅向美國者 似無成果故云

歸哉
　挽近十年來　余頗事遊覽　玆用五言一首　志其事　末聯　有歸哉二字　摘出以
　爲題

華髮喜遨遊　嶺南七十州
巍巍頭岳峙*　滾滾洛江流
陶院談名理　德川滌俗憂
歸哉凝北里*　梅竹自春秋
　*頭流山
　*退里 在凝川江北

少泉　撰奇高峯先生神道碑文　以示余　觀其行文紆餘　布置
亦齊整　歎賞之餘　爲題一絶 癸未二〇〇三年 三月

高翁學德儘巍然　赫赫崇碑墓道邊
有此一篇文字好　先賢遺韻更千年

讀石霞詩 創批新春號所載 余譯成二絶

郵局歸途忽惕然　紅桃白雪景無邊
萬翁境界眞超卓　橫盡虛空竪永年
　　　　　右 郵遞局歸途

天長雲物故悠然　黃草寒枝鐵路邊
六百里程行漸倦　故鄕歸展幾何年
　　　　　右 故鄕路

蘭社席上 呈諸公
　蘭社結契 垂二十年 每月一會 唱酬爲樂 頗爲世人所歆羨 將欲刊行詩藁
　爲第二集 玆因百四十一回會合 奉贈諸公

我輩追從不偶然　宿緣應自杳冥邊
陰晴交錯三千里　憂樂同過二十年
嚴戒艦船衝近海　欣披帷幌納靑天
好將詩藁公諸世　莫說他時化作烟

電視器中 見淸溪川復舊設計圖 宛是一幅風景畫
　　　　　　　　癸未二〇〇三年 三月

一道淸溪想舊京　'川邊風景'構圖成
熙熙婦女浣紗處　楊柳長堤烟雨晴

西坰遣閒 癸未二〇〇三年 四月
　高陽坡州 謂之西坰

塵迷烟暗古王京　咫尺郊村別界成
煮茗澆蘭無俗事　漫將新曆記陰晴

觀伊拉克戰爭
　電視器中 見美軍爆彈之下 伊拉克老幼 塡于溝壑 慘憺殊甚 '布什'固不仁
　矣 乃所謂 '侯賽因'者 惟以守護自己獨裁權力爲務 不顧國民之生死 可勝
　誅哉

破碎邊疆直逼京　平和規劃幾時成
全球反戰聲徒苦　惟冀妖陰卽日晴

至寧海 見山海風光甚佳 因參牧隱文化祭 癸未二〇〇三年 五月

愛此名區地氣靈　風埃倦客灑然醒
牧翁千古遺芳處　碧海靑山繚畫屛

初夏睡起

睡殘午枕喚虛靈　拓戶鉤簾兩眼醒
萬物鮮榮同市肆　四山蒼翠作藩屛
還憐白髮成秋柳　却憶靑編照夜螢

老矣斷絃難復續　好敎蘭玉遠門庭

遣懷　作郊行　日暮始還 癸未二〇〇三年 五月
外孫李慶河 與其婦來 慰余孤居 因導余出遊郊外

西郊又是麥秋天　策杖閒行風日妍
飛鳥悠揚同急卒　長丞靜黙似參禪
雲歸古塔蒼山外　月出層甍遠水邊
不用叩盆歌自苦　好將心事付詩篇

暇日有感
殯室之側 有洋蘭盆 陳根空枝 放置已久 忽發一朵花 丰茸明麗 因記得盧
全詩相思一夜梅花發忽到窗前疑是君之句 不勝感愴 爲題一絶

睡起開簾近午天　忽看紅藥笑嬋妍
知應有意來相慰　憐我空堂學坐禪

矗島懷舊 癸未二〇〇三年 六月

漢江江水碧如天　雨過長堤草色妍
認是昔年舟泊處　奉恩寺裏訪高禪

送友人

友人某 余之少年同接也 老後 上京求食 出入市井 竟不得志 將歸鄉里 對
余備述其間涉世閱人 經無限曲折 又自傷其白首碌碌 不見稱於世 余無以
爲力 別後 爲賦此詩 爲他日寄示之計云

人生本質得乎天　外貌何關醜與妍
飾行却藏心內妓　妙言多屬口頭禪
魂遊曠漠寰區外　身滯紛華市井邊
不慍不知先聖訓　勸君重讀學而篇

醉中用蘭社韻 作長短句一篇 奉寄慕何 癸未二〇〇三年 六月

我生洛水東
君家洛水西
洛水貫流大嶺南
曠蕩千里雲烟迷
我同萍草泛洲渚
君似蓮花出淤泥*
世態異朝夕
人事混笑啼
君將老
我已衰
兩心照靈犀
宇內興亡成敗
舌端不重提
只將佳句相酬唱

一樽美酒手共携

遠向洛水源頭

潢池林中聽黃鸝

＊周濂溪「愛蓮說」出淤泥而不染

偶飲卯酒醉 醉中 念及吾慕何 不禁懷想 走筆書長短句一篇 投寄郵中 幸賜
一笑否 蘭社韻之外 別用衰犀提携 四字 以補不足

長夏端居 癸未二〇〇三年 七月

惟吾郊舍漢之西　長夏風光晴不迷
鵲起輕沾新竹露　鷰歸重補舊巢泥
高歌欲學丈夫飲　遠別難禁兒女啼＊
莫謂端居求友切　嚶鳴幽谷出黃鸝
＊第二孫女康苓 隨其父母歸國 留月餘 以開學 獨發向美 拜辭其祖母殯所
　鳴咽不已 余亦不覺凄然傷懷

與諸生　會講于陶山　聾巖祀孫李性源君　邀余一行　至佳松里新第　供待甚盛

汾川舊宅月潭西　夙夜眞詮牖我迷＊
江閣通宵寒雨裏　不嫌歸路又衝泥
＊是夜讀退溪答盧蘇齋夙夜箴辨解書

試作詞二関　癸未二〇〇三年 七月

杏坡 曩以「中國詞譜」複寫本 見贈 又以自製詞一関 相示 余感其詞致 用蘭
社韻 追和二関

搗練子

雲向北

月沈西

小市無人夜逕迷

獨坐高樓誰與語

一壺汾酒醉如泥

浪淘沙 雙調

一別各東西

雲霧凄迷

忍情不作女兒啼

曉枕驚回愁裏夢

賴是黃鸝

寂寂斷輪蹄

雨漲前溪

幸州城外路添泥

盡日相思人不至

暮樹鴉栖

蘭社

吾邦 詩社簇立 京中有觀水詩會 大邱有峩洋詩社 釜山有萬德詩社 會員數

十人 或至百人 顧吾蘭社 不過九人 頗覺孱弱 然會員之多寡 不足論 惟在
吾同人之自持已

京鄕詩客也成群　玉石如今不可分
蘭社同人重結束　騷壇旗鼓壯吾軍

追和向川詩'陸史曠野碑'一絶

吾嶺詩壇第一聲　相和相接玉琴淸
超人白馬來何邈　曠野迷茫夕靄生

晨朝起坐　忽有一蟬　來附窓網　憂然以鳴　須臾飛去爲題二絶

晨朝窓箔忽蟬聲　盆竹盆松韻倍淸
頓覺田園秋興發　華南雲物夢中生

何來淸響耳邊飛　乍遣微凉入我衣
賴爾喚醒塵土夢　故園今日倍思歸

再作詞二関 癸未二〇〇三年 九月
　秋夜有懷　奉寄鹿邨少泉慕何諸兄

搗練子
高閣夜

遠江聲*
轉輾無眠枕簟清
短句吟成題字懶
床頭空見燭花生
　＊杜詩　高枕遠江聲

浪淘沙　雙調
遠野雁過聲
月冷風清
懷人愁緒暗中生
寂寂空山梧葉落
獨夜魂驚*
　＊杜詩　空山獨夜旅魂驚

喞喞草蟲聲
院落凄清
秋懷尤覺筆端生
此夜思君心更切
酒暖燈明

又作詞二闋　癸未二〇〇三年　十月
　　秋盡感事　奉寄蘭社諸公

浪淘沙　雙調
積思等丘山
往哲難攀

一生書架筆床間
秋盡門庭來客少
葉落苔斑

底事別鄉山
汩沒塵間
鏡中贏得鬢毛斑
却恨故人情味薄
一去無還

搗練子

　　自題『碧史館文鈔』
懷古道
仰高山
魂夢往來洙泗間
草木禽魚無不朽
人生幾點豹留斑

『南冥學研究』十三・十四號　自晉州慶尙大學至

癸未二○○三年　十月

先生聳立萬重山　　落落高風不可攀
一束新書淸鼻觀　　通宵燈火竹窓間

電視器中 見國內諸名山丹楓正熟 戲題 癸未二○○三年 十一月

玉露丹楓遠邇山　衰翁無力試登攀
夢回小白千峰外　興入金剛萬瀑間

自題芙英公寓

老拙平生違買山　烟霞舊夢杳難攀
市門咫尺層樓上　書室廚房占數間

深夜 電視器中 見國樂演奏 有動于心 甲申二○○四年 二月

擊石吹簫更撫琴　一場國樂動人深
須知雅俗元同調　莫恨峨洋少識心
舞袖紛披雲湧壑　鼓聲驟急雨傾林
西潮汎濫淪全域　惟此純風不被侵

陶山中夜有懷二絶

寒風叢竹響瑤琴　講罷遺編夜已深
白首青燈眞有味　十圖何日契吾心

鍾期死後斷牙琴　山海依然崇且深
俛仰古今吾自在　風雲變態莫勞心

閒中述懷　奉呈蘭社諸公　甲申二〇〇四年　三月

覃叟何曾歎老衰　詩心猶似少年時
頭童却被隣兒笑　齒豁先令廚婦知
朋席酒酣春浩浩　書窓茶罷日遲遲
芳蘭結社相徵逐　無限塵愁不上眉

送春　甲申二〇〇四年　四月

郊野朝朝馳入城　落花時節最關情
韶光只在車中見　好句惟從枕畔成
人去道山嗟北望*　田蕪故里怕南行
東君不是長相別　更待來年物色明
*月前　得方山死亡消息　不禁痛傷

有一少友　遺我五粮液一壺　夜獨酌至醉

一壺名酒破愁城　曠漠冲和太古情
却笑從前煩俗慮　終宵輾轉夢難成

遊高陽坡州諸處　歷觀碧蹄館址二絕

憶昔龍蛇此陷城　廢墟芳草不勝情
東溟頑梗今猶古　太息何人秉國成

北走燕京南漢城　朝中使節此留情
昇平故事皆陳跡　一笛斜陽曲不成

還鄉到西皐精舍　修契事 甲申二〇〇四年 四月

華岳諸峰聳眼前　還鄉千里興悠然
清明旅路多逢雨　寒食人家不禁烟
三逕苔殘迎客地　半窓松老著書年
山陰勝會堪爲樂　俗世興亡付逝川

翌日獨坐西軒　頗有感舊之懷　以詩自慰

客散山空門寂然　芳園桃李憶當年
吾衰何用傷今古　逝者如斯視彼川

芝軒十周忌　博約會諸公　設追悼會于浦項　余病不得往參
以詩一絶寫哀

病軀不得造靈前　東望滄溟淚泫然
傲骨英姿無處覿　海山猶是舊風烟

陶山終講之日 大雨達夜 翌日稍霽 發程還京 迂路遊鳥嶺
歷覽三關 甲申二〇〇四年 七月

雨下初昏到五更　朝來却喜半天晴
不愁行路衣巾濕　斗覺靈區水木清
抹馬院空惟石柱*　交龜亭寂但禽聲*
嶺南有此三關重　外寇如何惱衆生
＊嶺上 昔有旅院 規模頗大 今廢 只有石砌與門柱
＊交龜亭 昔時新舊監司交印之所

世局 甲申二〇〇四年 七月

世局紛紜喜變更　況兼天氣混陰晴
誰敎雷雨滌氛祲　八域江山風月清

新秋早起入京 甲申二〇〇四年 八月二十二日(陰七月七日)

病起晨窓梳白頭　梧桐一葉報新秋
筐筐雜遝初開市*　楊柳蕭條舊御溝*
筆黑也隨人共老　光陰惟遣水同流
遙憐少日讀書處　竹塢荷池清且幽
＊東大門市場
＊淸溪川

近來 開發成風 山川不堪其椎鑿 白頭大幹 亦不免破損云
可歎 甲申二〇〇四年 八月

吾國山川祖白頭　東方靈氣亘千秋
如何開發成椎鑿　地脉隨時劃作溝

漆室憂 甲申二〇〇四年 八月

東驕西暴惱心頭　南北交情冷似秋
何日四郊寧且靜　不須高壘與深溝

原州 拜元耘谷先生墓 甲申二〇〇四年 八月

萬松環墓護龜頭　苦節淸名幾百秋
俗客不曾來到此　雲溪一曲自成溝

中國東北工程 甲申二〇〇四年 九月
　中國政府 推進東北工程 以我高句麗史 爲自國內歷史之一部 大國主義之
　橫暴 至此極矣 可勝慨惋

隋兵喪魄薩江頭　唐帝落眸遼野秋
東北工程欺我甚　先靈憤怒震通溝*
＊通溝一帶 爲高句麗遺蹟集中分布之地 卽輯安縣也

遊湖水公園 甲申二〇〇四年 十月
　　在高陽市

自我郊居歲幾經　　賞秋行樂髮星星
薔微滿畝連黃菊*　　楊柳橫池護綠萍*
卷幔喫茶娛店客　　腰鎌除草惱園丁
今冬也復來相訪　　要見千松雪裏靑

＊薔薇數十畝 當秋向衰 而菊花 方有吐蘂者
＊有石橋二 其第二橋 曰萍柳橋

夢見西亭故友裴李兩君 覺後志感

憶昔聯褋讀古經　　風霜歲月似流星
存亡聚散何須說　　人世元同水上萍

近來諸少友 爲刊行余所作漢詩文 蒐輯成編 而余 自檢舊
稿 苦不滿意 削去三之一 題此以自解

久疎碁譜與茶經　　欲吐虹霓射日星
弊藁也知無用甚　　聚同蕭艾散如萍

秋晚郊居 甲申二〇〇四年 十月

山野秋光政可憐　　了無遊客到門前

關心世事難爲地　遯尾身謀一任天
口似寺僧專菜食　髮如村嫗去銀鈿
茶餘闔眼遊冥漠　不厭時鐘攪我眠

茶山學術文化財團 送致洋蘭一盆

十朵鮮紅看却憐　琉璃窓畔冊丌前
寂寥一室堪爲伴　好過風霜歲暮天

題曲屛松鶴圖

雙幅丹靑每獨憐　誰家揮翰到吾前
淸風一榻松陰下　白髮幽人鶴共眠

自題實是學舍壁 甲申二〇〇四年 十二月

不將佳句使人驚*　論史談經送一生
要學星茶徵理實*　任敎燕楚以才鳴*
山泉著象羣蒙養*　風月無邊萬彙淸
安分知幾聊自適*　世間榮貴總浮名

* 杜詩 爲人性癖耽佳句 語不驚人死不休
* 星湖茶山 徵實求是 允爲實學正統
* 燕巖楚亭 實學之翹楚 而過於使才
* 用『周易』語
* 康節詩 安分身無辱 知幾心自閒

白塔淸緣集

白塔 漢城塔洞公園之塔也 昔燕巖朴趾源彈素柳琴諸公 居在塔之左右
楚亭朴齊家 往來徵逐 有白塔淸緣集 今不傳 余因用其名 以續故事 盖
以今日詩友之會合 多在於白塔之傍也

백탑은 서울 탑골공원의 탑이다. 옛적에 연암(燕巖) 박지원(朴趾源), 탄소
(彈素) 류금(柳琴) 여러 분이 탑 부근에 살았는데 초정(楚亭) 박제가(朴齊
家)가 여기를 왕래하면서 함께 시주(詩酒)를 즐겼다. 그가 만든 『백탑청연
집(白塔淸緣集)』은 지금에 전하지 않는다. 이에 나는 그 이름을 그대로 취
하여 고사(故事)를 이어 재현(再現)하려고 한다. 우리 벗들이 대체로 백탑
주위에서 모여 놀 때가 많기 때문이다.

白塔詩社 戊寅一九九八年 五月
　詩壇諸友 每集會於樂園洞 在白塔咫尺之地 追懷燕巖楚亭諸君子‘白塔淸
　緣’故事 有朝暮遇之感

漢上詩壇歲月深　　風朝雨夕好相尋
樂園咫尺前賢址　　白塔淸緣每上心

入加平明智山中信宿題一絶

風塵走入萬山深　　世俗遊人此莫尋
白石淸泉閒意想　　不關鶯燕惱詩心

夏日家居

綠陰長日閉門深　　往跡閒從夢裏尋
踏遍湖山千里屐　　硏窮經史百年心

今年 爲成均館大學校建學六百周年 中堂丁範鎭總長 以
公翰 請余頌詩 余以七言三絶 寄呈 戊寅一九九八年 八月

巍巍三角漢陽天　　奠定都城六百年
猗我成均同歲月　　養賢傳統耀靑編

太學如今學令新　　廣收知識牖斯民

質高量大從玆始　宇內雄飛萬萬春

謙谷丹齋已啓蒙　宏謨確立有心翁
老夫爲囑中堂子　善繼前賢卓犖風

夢方山 戊寅一九九八年 九月

何日書床更聚頭　郊墟凉入又新秋
燈前咫尺欣酬唱　夢罷關山路轉悠

秋 戊寅一九九八年 十月

七十未曾悲白頭　心神颯爽喜逢秋
編書繹史無中斷　須信前程歲月悠

聞京鄕人士 合力竪碧初紀念碑于槐山

碧初才學萬人頭　七尺貞珉可百秋
無限風霜都過去　漢陽城外水悠悠

憶孫友永鍾 己卯一九九九年 一月

眼前溫雅舊時容*　南北烟氛正爾濃

漢浿西流同入海　他年君我亦相逢
＊孫京漢辨護士 新年賀狀來 中有其父及家族寫眞

二十二日移家于高陽之花亭

自喜新居膝可容　圖書滿壁古香濃
高陽應有酒徒在＊　好向街頭相與逢
＊高陽酒徒 出『史記』「酈生傳」指嗜酒放蕩不羈之方外人 唐宋以來 多見於詩
　篇中

喜江南諸友來訪 己卯一九九九年 二月

　　竹夫 石如 止山 絅人 懷川

衰年不復整儀容　野菜村醪情話濃
華北漢南同咫尺＊　春風秋雨數相逢
＊古之別曲稱都城曰'華山南漢水北'華山 三角山也 今高陽在三角山後 故
　曰華北 諸友所居 在漢江南 故曰漢南 與別曲所稱相反

新買鄭歚眞景山水畫帖 己卯一九九九年 五月

誰從事物善形容　只傚元明說淡濃
愛賞鄭家山水畫　我邦眞景此中逢

宿咸安墻內洞 高麗進士茅隱李公遺址 己卯一九九九年 五月

入洞先聽澗水聲*　紫薇春色耀南城*
門前一片高麗土*　引起首陽千古情
＊洞口有聽澗亭
＊有紫薇花壇 茅隱手澤所存也
＊茅隱 值麗亡 不仕新朝 歸耕于此 後人名其田曰高麗田

臥順天鄉病院 有懷方山

病床睡覺曉鶯聲　遠憶親朋浿水城
記否海山徵逐處　黃花猶帶舊時情
＊昔余與方山 同棲于釜山西面 傍有小丘 携手吟賞 時值菊秋 名之曰黃花臺

又

南雲北雪阻音聲　望裏重重鐵甕城
我亦賣文京洛者*　追思當日不勝情
＊余與方山 同被拘囚於北釜山警察署 見放後 方山 就都下 作文筆生活 余
　寄詩有 "可憐京洛賣文人" 之句 其明年 六二五亂作 方山 遂越北 更無相見
　之路

憂時 己卯一九九九年 六月

處困居窮曾未悲　忡忡漆室每憂時

山河動盪烟雾黑　眞正英雄果是誰

憶友 己卯一九九九年 七月
　夜夢遊海金剛 柳孫兩友適至 以學術調查 作伴以來云 驚喜之餘 欲引船相
　近 忽狂風捲海 迷失所在 余大聲呼之 遙見兩友搖手於波浪之外 因杳然去
　矣 覺而起 則凝淚盈眶 殆難定情 聊題一絶 以自慰

平生不作女兒悲　老淚涔涔憶友時
一夢關山千里外　前期暗澹問之誰

夏夜有感

草際有虫鳴益悲　空亭閒坐獨聽時
庚炎正熾秋尙遠　奧妙天機識者誰

木曜會席上示諸友 己卯一九九九年 九月

不面元來情亦疎　每勞京友訪郊居
餘年相與探眞理　莫遣浮生醉夢如

高陽秋日郊行 己卯一九九九年 十月

霜落郊原百果紅　遠村秋景淡濃中

閒從往蹟觀時象　謾作新詩擬古風

感秋二絕

少年征邁惜顏紅　歲月全鎖簡策中
今日霜毛明鏡裏　蕭蕭歸雁又秋風

杜家坐愛晚楓紅　屈子行吟草澤中
最是英雄懷國淚*　邊荒萬里洒西風
*是日讀洪範圖將軍紀事

憶湖南舊遊 己卯一九九九年 十一月

遠聞冬栢綻唇紅　萬德禪雲夢想中
安得暫時抛筆硯　南天一路駕長風

還鄉

長天澄碧雁橫斜　我亦乘風返舊家
庭際盤松張翠盖　籬邊叢菊保殘花

村夜

清宵倚机半身斜　滿室圖書有百家
老眼邇來全廢讀　任他小蝶撲燈花

暮歸自由路　雨灑車窗　忽思得一絶

日暮江天雨脚斜　幸州城畔促歸家
不嫌盆植被霑灑　竹響踈枝蘭作花

移寓高陽之日　盆植隨至　秋冬來　梅忽枯瘁　惟竹無恙　蘭之發芽者四　聊以自慰

郊外峭寒難養花　僑居冷落鬢絲斜
今冬不見梅妻笑　一竹四蘭同守家

歲末　鄉信報雙梅着花　喜賦 己卯一九九九年 十二月

遠想雙梅已着花　晴窗迎月幾枝斜
先春消息來千里　好作番風入萬家

雪後出郊 望楊花渡 庚辰二○○○年 二月

初日瞳瞳射屋頭　凍餘簷溜自成流
楊花遠景眞如畫　獨少寒江釣雪舟

江邊北路懷古

晚天馳過舊鼇頭*　望遠亭空江自流*
此是朝中交好處　太平烟月杳仙舟

　＊鼇頭峰前 有地下車道
　＊望遠亭 本孝寧別墅 世宗宴飲於此 賜名喜雨亭 成宗時 改以今名 自世宗
　　朝 中國使臣來 接伴諸公 以王命 與使臣泛舟遊於鼇頭楊花之間 成一故事

新春得鄉書寫懷

華岳晴雲藹上頭　甘川融雪響潺流
何時更與沙鷗約*　買得春江一葉舟

　＊昔余作鄉行 至凝川渡 輒有詩 如'是處沙鷗曾有約 商量只少一蓑衣''好在
　　凝川鷗鷺伴 春風重拂舊簑衣'等句 是也 此皆空言 到今老白首 歸思尤切
　　故復有此語

久旱之餘 黃砂蔽天 各處山火猖獗爲慮殊切

庚辰二○○○年 四月

久旱何時氣象淸　西來氛祲慮非輕

關東山澤焦枯甚　此日無因慰衆情

旱餘甘霑通宵　翌日快霽　喜賦

春雨瀟瀟水木清　滿途車轍走行輕
長天一掃黃砂盡　錦繡江山無限情

花亭春日散策　黯然作鄉愁

又此春天風日清　出門先喜祫衣輕
眼前烟景令人醉　桃李芳園惹舊情

自余移住高陽　竹夫石如諸公　每週一次自京來訪　酌酒縱
談　慰余寓況　余作此詩爲謝

白首窮郊活計清　擁書千卷世緣輕
高陽未與酒徒遇　賴有諸公寬我情

金剛雜詠 庚辰二〇〇〇年 五月

自東海港 乘金剛號豪華巨艦 一路向長箭灣
天颸颯颯腋間生　海水洋洋鏡面平
入夜不愁無月色　金剛咫尺放光明

朝泊長箭灣 登甲板四望 ○蘭社韻
高層巨艦闢窓扉　蓬海仙風拂滿衣
萬二千峰迎我揖　雲霞牽住恐忘歸

至溫井閣 小憩 直馳入神溪川路
纔入金剛逸興生　玉流淸瀉石橋平
曾年飽讀山遊記　不待仙娘費說明*
＊山中處處 有案內女子

同行諸人 去向九龍淵 余獨散策於五仙巖畔溪谷松林之下 因思及九龍淵
巖刻事
岸幀長松凉意生　塵愁淨盡氣和平
九龍應護神童筆*　彌勒千秋字畫明
＊世傳昔有十二歲神童 就九龍淵巖壁 大書彌勒佛三字 畫未終而力盡而死
　後金某 扡長其未終之畫 成爲今日型態云 此事余聞諸退耕權相老翁 未有
　的據 姑錄於此 以俟後考

是行 止於外金剛 未及觀內金剛 以詩自慰二絶
長安古寺留禪塔　萬瀑飛流灑客衣
病脚縱然行未到　遠收精彩滿腔歸

普德窟邊靈籟生　歇惺樓外白雲平
老身雖未窮幽勝　萬壑千峰入眼明

入海金剛
蒼松疊石呈奇觀　萬頃波紋雲錦衣

莫恨今行看未洽　　胸中藏得海山歸

海金剛 懷柳孫兩友

我初來北感懷生　　人遠天長海嶽平

此是夢中相見處*　　蒼波白石記分明

　*去年　余夢遊海金剛　邂逅兩友　忽爲風浪所引去　旣覺　不能定情　有詩一絶

三日浦 奉次王考省軒先生韻三絶

平湖烟景眼前開　　獨倚蓮花萬丈臺

三十六峰明月在　　田仙何日駕鸞來

卅六峰巒畫障開　　海山依舊好亭臺

四仙名字消磨盡　　白鳥無心任去來

南北關山一路開　　傷今懷古謾登臺

之翁錦老相酬處*　　此日屛孫忍獨來

　*王考　與安之亭許錦洲兩公　遊金剛山　因至三日浦　縱酒酬唱　有詩載在文集中

金剛回路有作

仙家何處叩雲扉　　夢造香城伴羽衣

俗界塵烟纔得脫　　名山日月遽催歸

萬般景狀眼生眩　　三夜詩愁腰減圍*

縱我栖遑京洛裏　　毗盧玉女遠相依

　*每日歸宿船室　中夜作詩　記當日所見　故第三聯及之　毘盧玉女兩峰　爲金剛
　　最高峰

陶山 與實是學舍諸生 講退溪先生書 庚辰二〇〇〇年 七月

崇深山海細毛絲　道學文章百世師
今日從何瞻氣象　春風沂水詠歸時

醴泉 登草澗亭
　權文海先生遺亭『大東韻府群玉』巨編 成於此

東韻宏編語萬絲　詞津千載作篙師
奇巖幽澗蒼松裏　想像先生鍊鑽時

過英陽注谷 憶趙芝薰
　路邊有芝薰詩碑

詩如春箔吐蠶絲　文史縱橫欺老師
奔放英姿猶記得　三仙橋北醉談時

宿三陟旅閣 開窓望海

天海劃成一線絲　乘桴吾亦欲從師
通宵滿耳波濤響　枕上還多做夢時

還至驪州 臨別 示諸生

鏡裏堪嗟兩鬢絲　猶將書卷作人師
今冬風雪陶山夜　更對靑燈似舊時

秋日郊居寫懷 庚辰二〇〇〇年 十月

少年多事賦秋聲　白首詩篇謾寄情
流盡光陰糜斗祿　朝朝馳逐向都城

幸州秋想

木落山空江有聲　深秋風日豁幽情
龍蛇往劫無人問　惟有峰頭一片城

盆梅初綻 喜題 辛巳二〇〇一年 三月

淸晨忽覺硯池香　窓外一枝春弄光
賦得懷人詩幾首　因風遙寄水雲鄕

夢至鄉廬 見圖書整暇 欠伸而覺 則左右圖書 無異於夢中
鄉廬所見 感賦一絶

庭畔雙梅晚吐香　簷間孤月更增光
此身長在圖書裏　夢亦爲眞客亦鄉

北望三絶 辛巳二〇〇一年 四月
　石如平壤之行 余囑其探問柳孫兩友消息 石如歸言柳已於十年前作故 孫以
　身病 入院加療 不得相面云 余痛傷思念之餘 賦詩三絶 以自慰

平生生死莫相聞　此日哀歌響撤雲
寒雨凄風千萬日　如今京洛賣誰文

北來消息不堪聞　萬事虛空一片雲
多少譯書應不朽*　世人爭道是名文
*君在北 担當古典國譯 譯出許多書籍
　　　　　　　　右　哭柳友

病床動靜更難聞　咫尺河山阻霧雲
最憶江關風雪裏　一燈終夜讀君文*
*余在日本東京 得「歷史科學」所載君之學位論文 讀之 關於還穀問題之長篇
　大作也
　　　　　　　　右　懷孫友

歷三嘉陝川 登涵碧樓

嘉陝風光夙所聞　山重水複靄烟雲
却從涵碧樓前路　古石摩挲冥老文

宿后山書堂 翌朝至三德齋 與春汀許宗禧 浩堂金煉 渙齋
河有楫 如如許汪道諸公敍話

政軋勞騷不入聞　家家桃杏爛春雲
鄕村也有太平象　列坐書堂談古文

再遊蘗溪 辛巳二〇〇一年 六月

萬山蒼翠一溪回　華老遺風尚未衰
敞閣崇碑增勝槩　四時遊客穿雲來

電視器中 觀檮杌金容沃教授講『論語』

東西宗敎盛耶回　洙泗風聲一向衰
世上莫訾檮杌講　滿堂迎得遠朋來

自陶山書院 轉入上溪 宿白雲書堂 辛巳二〇〇一年 七月

林深谷靜衆禽啼　一帶清流上下溪
最喜山中天氣朗　夜來星宿遍東西

踰秋風嶺 忽聞蟬聲

林中忽有一蟬啼　我且停車俯碧溪
應是催余鄉國路　雲山迢遞日將西

贈江南諸友 辛巳二〇〇一年 十二月
　竹夫 石如 石農 古村

江南多有有情人　徵逐郊畿似近鄰
一片靈犀相照處　世間虛僞總歸塵

觀阿富汗戰爭有感

芸芸有衆是同人　大國威風壓四鄰
太息春秋無義戰　興亡千古並灰塵

夢遊海金剛 得句云‘滿挹滄溟一洗塵’覺來了了可記 足
成一絕句

老拙甘爲世俗人　蓬萊仙境喜相鄰
片時枕上凌波輾　滿挹滄溟一洗塵

白塔詩社 期作春遊 而傳令未至 豫占一絕以待
壬午二〇〇二年 五月

雨催芳草滿庭生　風送飛禽過屋鳴
漢北烟花春欲暮　瓊筵何處酒樽橫

對山止山絅人懷川 俱以漢文學敎授 從遊詩社 已識體裁
余爲一絕以贈 欲其加意練磨 更進一步地也

幾載學詩新意生　已看出谷有嚶鳴
芳香春塢花齊發　逸氣秋空鶴遠橫

與白塔諸友 再遊南漢山城　壬午二〇〇二年 六月

賞時酬興續前塵　南漢山城又暮春
寂寞行宮凝舊恨　醉歌歡舞是何人*
＊有一群男女 歌舞於宮臺之畔 故及之

早發高陽 由西海岸高速道路 馳渡西海大橋
壬午二〇〇二年 六月

新闢脩途不起塵　海山風物四時春
長橋迢遞橫天末　疑是登仙見玉人

安眠島

海碧山靑絶世塵　別區花草自成春*
白鷗同伴安眠好　我亦元來非俗人
＊島之一隅 有廣場 前月 開花卉博覽會 尙有餘芬

過海美縣城
　城之正門曰鎮南門 城中別有大門 揭'湖西左營'四字 營之後 有縣官衙舍
　扁曰東軒 頗整肅

湖左兵營久已塵　縣庭松栢幾番春
鎮南門外停車客　不是尋常探勝人

自安東 歷奉化英陽 取路由東海岸 馳到蔚珍望洋亭下 午
餐 壬午二〇〇二年 七月
　同實是學舍經學研究會員

東邊路闢夏天凉　駕海凌山意氣揚

一笑望洋亭下立　遊人錯覺我年芳

平海越松亭

樓臺軒敞洽生凉　碧海連天波自揚
最是丹邱仙夢處　蒼松白月永流芳
　　　　　　　　用騎牛先祖詩中語

歷入海月軒
　海月軒　黃汝一先生古宅　寔平海名家也　主人不在　其老母李夫人　獨坐內堂
　與余有姻戚之舊　略叙寒暄而罷

萬竹蕭森廣廈凉　家聲一代被稱揚
皤皤白髮綿情話　閨閤猶存舊日芳

三陟竹西樓小酌

倦上高樓喜納凉　眞珠雲物正悠揚
舊遊如夢徘徊久　況復樽前蔬果芳

晨朝散策 見野花雜開 而庭菊尙未結蘂 志感
壬午二〇〇二年 八月

林園經雨作微凉　處處珍禽聲復揚
千百野花開欲遍　何時黃菊領群芳

麟蹄峽 訪開仁山房 壬午二〇〇二年 十月

淸緣牽我到名山　怳惚天台鴈蕩間
一樹老松千仞壁　孤亭滿耳水聲寒

主人 坐我一行於松石亭 亭臨溪水 前有蒼壁數十丈 亭之傍 有一老松 翠蔭
軒階 有似迎接人客 風韻絶佳 適驟雨一過 水聲益淸

贈主人申南休

遠辭城市隱靑山　七鶴翶翔咫尺間*
慙愧凝州江上客　白鷗盟約一生寒
＊七鶴 里名

白塔詩友 集會于塔洞酒店

高情何必在雲山　白塔淸緣塲市間
燕老楚公芳躅地　吾人風韻不孤寒

白塔淸緣集 269

秋日村庄 睡起 散步至西亭 壬午二〇〇二年 十一月

雞叫墻頭午睡醒　仲秋風日好登亭
如今四海狂塵溢　一榻何由就管寧

豐年歎

居民咸欲醉無醒　短歎長吁遍野亭
米價太輕官債重　豐年難得一家寧

花亭寓舍 病後 賞盆菊

一朶天香喚我醒　含風挹露立亭亭
賴君晨夕供淸享　心氣舒和四體寧

觀鄭歎漢江亭臺圖卷

乍閱名圖兩眼醒　漢濱無限好臺亭
江山得此名工筆　畵史千秋續李寧

木花 壬午二〇〇二年 十二月
　還鄉之夕 與諸人匝坐談笑 有言關東湖南之勝槩 而曰雪岳丹楓潭陽綠竹
　俱爲嶺南所無 嶺南眞無味乾燥之地也 余笑而答之曰 丹楓綠竹 皆不如木

·花 嶺南 始培木花 澤及一國 爲尤可貴也 因構成一絶

雪岳丹楓爛似霞　潭陽綠竹映家家
風光無補民生苦　不若嶺南崇木花

詠庭梅

欲辭都市臥烟霞　夢裏頻尋嶺外家
新歲南歸春共住　不敎空宅謝梅花

余爲職務所縻 每年春 滯在京中 雙梅堂梅花 自開自落 無人玩賞 自退閒之
後 竊欲早歸鄕第 及見春色 故云

桃源亭網花臺帖成 附題二絶 癸未二〇〇三年 二月
　桃源亭 我高祖桃源公杖屨之所 後孫就其址 作亭 亭之傍 有網花臺

擬作逍遙物外遊　漫天塵霧不禁愁
何緣暫入桃源境　閒對靑巒與碧流

當年杖屨享優遊　人去山空猿鶴愁
勝地不須慳秘久　任敎花片泛春流

懷孫友　癸未二〇〇三年　三月

一自分離入夢稀　長天惟見白雲飛
關河咫尺難傳札　又此春風雁北歸

土曜午後　癸未二〇〇三年　四月

郊外閒居轍跡稀　春風浩蕩落花飛
門前小市喧囂息　應是夕陽人罷歸

漢江眺望　癸未二〇〇三年　六月

漢皐過雨草青青　白鳥傍飛似有情
眞景不須謙老筆*　江山一幅畵圖明
＊謙齋鄭歚　以眞景山水　有名於世

陶山歸路　向靑松　遊周王山三絶　癸未二〇〇三年　七月

每言衰病上山難　今日登臨體履安
萬丈旗巖當面立　忽驚銀瀑九天寒

鶴巢臺迥晚風寒　一帶虹橋瀉急湍
聞有仙翁仙姥住*　高高絶頂彩霞端
＊一行中　數三少輩　登絶頂　歸言有白髮老夫婦　棲在頂上巖石間　餐松尤以爲

生云

乘車行出寺門西[*]　洞壑淸幽香霧迷
太息名山纔入手　明天又復蹈塵泥[*]
＊從大典寺 西入洞門 至鶴巢臺而止
＊將以明日還京
　　　　　　　　　用蘭社韻

閒居漫吟 癸未二○○三年 八月

處世深知得意難　琴書一室獨居安
胸中空有千間厦　天下何時盡庇寒

石如 歸自歐洲 卽向北路 登白頭山而還 時年七十二矣

遠涉歐洲事已難　不咸山上氣舒安
座間聽說登攀興　習習仙風兩腋寒

郊居樂二絶 癸未二○○三年 十月
　贈木曜會諸公

憶住江南越十霜　當時吾已老顏蒼
殘年還有郊居樂　秋月春風引興長

成子風標傲雪霜*　吾門竹石氣蒼蒼*
況兼文雅牛峰氏*　老墨篇中寄意長
　＊石如
　＊竹夫石農
　＊古村

閒行二絶　癸未二〇〇三年　十一月

初冬場圃畢西成　野曠天高鷹隼橫
落葉滿街行且踏　孤懷遠想黯然生

閒行頗喜短詩成　紙片寫來縱復橫
却歎民騷無日息　城鄉處處喊聲生

夢至西亭　對舊日書牀　覺後追憶先兄　癸未二〇〇三年　十二月

松竹蕭森歲暮天　遙憐明月照寒淵
蘇家兄弟歸虛約　風雨空牀二十年

竹夫石農　往參密陽大宗會　余病不能同行　以詩寫懷

凝川一曲碧涵天　蕭灑今堂與月淵
何日同參花樹席　熙熙老少樂忘年

遊百潭寺觀萬海詩碑及其銅像

靈岳崇深別一天　名詩沈黙思淵淵
猗玆短短尋牛叟　鐵石心腸壹百年

宿萬海莊二樓　朝起見雪後霽景甚佳

雪積岡巒雲捲天　疎林幽逕繞冰淵
宛然一幅靑田畫　安得移模娛晩年

余愛靑田李象範山水畫　而未及入手　故云

陶山巖栖軒詠梅　甲申二〇〇四年　二月

又將書簏赴陶山　千里冰溪雪嶺間
莫道巖梅消息晩　春風取次入柴關

豊基　拜黃錦溪壇所　因至錦仙亭

有壇屹屹郁陽山　落落長松兩岸間
千古錦溪流不息　浮言野說百無關

過全州馳到南原初境 _{甲申二○○四年 二月}

野坼天空四面山　馬韓風物入懷間
車中瞥見春香峴　認是南原第一關

蹂春香峴　從春香路　過春香隧道　歷春香五里程　至廣寒樓
春香祠

南原自是好江山　幾許人材史策間
盡被春香塗抹過　前賢遺蹟不相關

麗水鎭南館　仰懷李忠武公 _{甲申二○○四年　三月　○蘭社韻}

世事元來有盛衰　此心堅確不隨時
鎭南功績耀天下　誓海盟山人少知

翌日　遊梧桐島二絶

東風遙入海中山　方丈瀛洲咫尺間
冬栢蔽天開一路　却疑深處有仙關

梧桐昔日蔭全山　一去鳳凰茫昧間*
欲問夫妻悲戀事　林禽迎客語關關*
＊島　昔日梧桐遍山鬱茂　鳳凰成群　說者　謂有王氣　遂自朝廷　命盡伐梧桐　鳳

凰亦潛跡云
＊有夫婦　入此無人島　設幕以居　婦貌甚美　有暴客　伺其夫之出漁　欲强奸其
　妻　其妻投水以死　其魂化爲冬栢花　其夫痛傷之餘　分其根　年年遍植山上
　遂成冬栢林云

梧桐島頂上　登眺望臺 甲申二○○四年　三月　○蘭社韻

千里遨遊興不衰　　天蒼海碧縱眸時
梧桐傳說還多事　　人世悲歡不欲知

突山海曲小憩
　出梧桐島　轉過突山海曲　有一畫家　結屋於小灣向陽處　迎客賣茶　署其居曰
　'陌上風' 頗有情趣　余一行　茶後小憩　德徽　援洋琴唱歌謠　衆皆拍手　主人
　更請一曲　余以日程尙遠　首先起身　諸君隨出

小灣一座向陽山　　土壁晴窓木石間
陌上風和歌未洽　　異時重到叩雲關

光陽梅花村

萬樹寒梅擁四山　　靑春長在麗光間＊
陽和滿貯三千甕＊　　冷雨凄風也不關

＊麗水　光陽
＊業者　摘梅實　釀酒至數千甕

南道大橋

蟾津江出萬重山　一帶虹橋嶺海間
路畔行人歎世相　故鄉今日似他關

宿求禮山中教員共濟會新築飯店

嶺右湖東智異山　新樓輝映彩雲間
一宵衾枕淸緣足　多荷仙靈不拒關

柳氏雲鳥樓

半畝方塘數疊山　連甍敞閣樹林間
雲飛鳥散客來少　老婦在家門不關

暴雪歎　甲申二○○四年　三月

茫茫天地失玄黃　萬片飛花積凍香
壓破千家農幕盡　忍看黎庶怨嗟長

還鄉途中　甲申二○○四年　四月

連翹花遍野籬黃　李白桃紅競吐香

春滿郊原人影少　遙看一縷午烟長

題辛冠潔教授所書中國紀行詩帖　甲申二〇〇四年　八月
　冠潔教授　寫余中國紀行詩　作帖以寄來　自序　有韓國詩翁李某云云之語　余
　平生不欲以一詩人自命　而今乃以詩翁二字　見稱於中國人士　蓋緣余無實德
　實學　只以雕虫小技　見賞於人　以致此也　可愧

殘年句調尙淸新　遇景成吟似有神
只是有懷時一寫　平生不願號詩人

苦熱　寄京中諸友二絶

溽暑今年記錄新　衰翁日日惱心神
靑松斷壑知何處　赤脚層冰憶古人*
*子美苦熱詩　南望靑松架斷壑　安得赤脚踏層冰

今日立秋時序新　淸晨稍覺爽精神
風山浴海爭馳逐　獨守空齋待友人

秋夜懷鄉　甲申二〇〇四年　十月

長天雨歇暮雲收　一霎西風萬戶秋
騷客頓生鄉邑思　月明江渚雁聲流

自題壁上

身邊筆墨未曾收　坐守窮廬八十秋
貞婦生憎遊女態　不將脂粉學時流

田叟歎

萬頃黃雲富有收　一年勤苦此逢秋
田頭老叟坐長歎　海舶載來無限愁

高陽憶退里雙梅 甲申二〇〇四年 十二月

歲寒遙憶故園梅　雙樹向陽開未開
青鳥也應知我意　好將消息早傳來

贈白塔詩社諸友

詩論窮達自歐梅*　陸老風惊別界開*
須是平生充養厚　惺惺仙語自天來
　*歐陽脩 梅聖兪
　*陸游號放翁

中國紀行集

前後　凡五次紀行詩集　附臺灣香港等地之作

전후(前後) 무릇 다섯 차례에 걸쳐 중국에 여행하면서 지은 시들이다.
대만 홍콩 등지의 시도 여기에 붙여 실었다.

第一次 中國紀行詩抄 己巳一九八九年

十月四日 中國人民大學 開催國際退溪學會議 越三日 又自孔子基金會 創

行孔子誕辰紀念學術討論會 余被邀請 以十月三日 到北京 發表二種論稿

因縱覽中國歷史文物遺蹟 隨處輒有題詠 歸國後 綜而錄之 以備後考

北京 十月三日

由香港天津 到北京

燕京赫赫舊皇居　百萬樓臺聳碧虛

却憶朝鮮使臣館　玉河西畔問遺墟

國際退溪學會議 十月四日

於友誼賓館

滿堂冠佩盛筵開　異國人人說退溪

南北關河猶凍合　陶山春色解氷來

萬里長城二絕 十月六日

百丈巍峨八達關　我來登眺日光寒

靜聽城壁喊聲沸　似在千兵萬馬間

萬里逶迤作走龍　嶄山塡谷駕飛虹

秋風一出長城外　自笑書生似就功
用朴燕巖語

明十三陵
　十三陵中　惟神宗皇帝定陵　公開

石羊石馬泣西風　明代陵園草樹中
萬歷東征邦賦竭　還從地下築瓊宮

紫禁城

金碧輝煌殿陛高　滿淸皇帝極奢豪
故宮遺物皆珍寶*　不爲民生補一毫
＊故宮博物院　在其中

頤和園二絶

長廊漫步景隨移　湖色山光遞染眉
一樹老梅林莽裏　來春消息也先知
知春亭

淸末宮廷志業荒　昆明湖水自汪洋
垂簾不肯籌軍備　萬壽山頭醉佛香
佛香閣　在山頂　西太后供佛處也

孔子誕辰二千五百四十週年紀念學術討論會二絕　十月七日
　　於北京飯店

萬邦鴻碩集如雲　　孔學宣揚已七分
太息中州開放日　　莫論夷夏有無君

春秋書法信糢糊　　左穀諸家竟自誣
徵實求眞千古眼　　海東惟有李星湖

余論文　題以「星湖李瀷之春秋書法論批判及其聖人觀」發表後　未知外國學者
之論評如何也

夕乘火車　向曲阜　未及濟南　聞已過黃河大橋　十月八日

燕市秋淸夜色遙　　山東千里走平郊
車中小酌仍成醉　　臥渡黃河第一橋

至闕里　謁聖廟　因遊觀聖府　十月九日
　　捨裝於闕里賓舍

漢柏唐槐蔭廟門　　煌煌金閣署奎文
縱然魯壁留形態　　千載遺經異說紛

孔林 拜夫子墓

洙水橋邊古木疎　聖師幽宅一沾裾
祗廻不去吾何意　子貢三年此獨居*
＊有子貢廬墓處

登泰山極頂 十月十日

披襟俯視萬重雲　海陸河山莽不分
已拜玉皇蒙撫頂*　歸途又遇碧霞君*
＊俗稱泰山極頂　爲玉皇頂
＊昔余夢至泰山　與碧霞神君相遇　今行　過碧霞祠　髣髴如夢中所見

泰山頂上 贈金彥鍾敎授三絶

永劫忘時刻　虛空絶指呼
惟知吾與子　特立地球隅

昔聖浩然氣　充乎天地間
九州元自小　何必待登山

雖云仰彌高　竭力終能致
堪歎山下人　初無上山意

過濟南 小憩于齊魯賓館

聞昔濟南名士多　風流千載幾人過
少陵碑短夕湖冷*　清照館空秋柳斜*
　*杜甫碑 在大明湖上
　*李易安紀念館

濟南喜逢半丁
　　余宿闕里賓舍 半丁以事往山東大學 翌日 余遊泰山 暮抵濟南 逢半丁

晴天踏破泰山雲　齊魯風光已十分
正是天涯重九節*　濟南城裏喜逢君
　*是日爲陰曆九月九日

再到北京 十月十一日 早朝

天安門外日昇初　萬朵黃花霧露餘
少輩不携毛語錄　滿街惟走自行車

琉璃廠二絶

東西街路兩行樓　異貨奇書眩我眸
汲古閣中茶一盞*　芳香爲釋旅人愁
　*汲古閣二樓 爲外國人賣咖啡

憶昔燕巖與楚亭　中州文士此逢迎
我今三到琉璃廠　誰與論交蓋暫傾

汲古閣茶罷　有懷絅人

九州生氣喚風雲　審勢觀光千百羣
燕記楚詩無與語　琉璃廠裏倍思君

國子監

金橋玉壁水環宮　聖廟之西貢院東
進士名碑森似束　千年文物有餘風

將之敦煌　發向蘭州　機上作　十月十二日

散漫丘陵次第空　黃河宛轉似遊龍
茫茫西域通絲路　張騫千秋不滅功

佳峪關少憩
　爲飛機給油

黃沙大漠亘西陬　點點中間有綠洲
最是玉門關外路　今人無復說班侯

＊同行西洋人一團 分路 向玉門關 試問班定遠故事 皆云不知

到蘭州 乘船游黃河
蘭州在黃河上流

舟泛黃河溯上流　　通衢大廈是蘭州
亭亭白塔雲端立　　爲我他年證舊遊

敦煌二絶 十月十三日

漢郡唐營控制雄　　當時絲路此要衝
蜿蜒廢堞連沙漠　　萬里長城尙未終

天雨常慳地力貧　　種棉栽柳自成鄰
祈連山上千年雪　　融作甘泉乳此民

午後憊甚 乘駱駝 往觀月牙泉

一片寒潭特地清　　碧蘆千點雪花明
橐駝背上馱殘夢　　懶就鳴沙山下行

千佛洞　十月十四日
　一云莫高窟

千窟沈沈現佛身　隋雕唐畫費精神
可憐一世敦煌學　發自愚憃王道人

敦煌　中夜不能寐　憶止山

萬里城頭共躑雲　正陽門外手相分*
旅裝尙有一壺酒*　西出陽關重憶君*
＊余滯北京　止山先我發程而歸國
＊余於曲阜購得孔府家酒　常携壺而行
＊將以明日　向陽關　故云

陽關二絶

敦煌西去路漫漫　目極天涯不見山
尋到漢唐烽燧處　沙頭片石記陽關

渭城朝雨送陽關　謂是河橋江樹間
萬里無邊沙漠裏　故人盃酒儘爲難

夜到西安

宿唐城賓館

西安知是古長安　渭水華山尙舊顏
萬戶擣衣聲已遠　祇存片月照城欄*
＊李白詩　長安一片月　萬戶擣衣聲

秦始皇陵　十月十五日

秦皇一統鎭寰區　霸業銷亡史蹟蕪
惟有萬軀兵馬俑　千秋默默護陵隅

華淸宮

不見明皇與貴妃　沈香殿陛翳花枝
盛唐千古繁榮象　看取華淸宮苑池

灞橋

唐代文人　下第歸鄉者　於此　洒淚相別云

灞橋橋上暫停車　洒淚文人此舊墟
欲折一枝擬相贈　蕭條殘柳雨風餘

碑林

在孔廟內 漢晋隋唐以來碑石 一千餘個 陳列

孔廟崇嚴數仞墻　古碑林立發虹光
堪嗟顔柳歐陽筆　化作遊人打賣場

大慈恩寺

慈恩名刹鎭西安　雁塔迢迢雲靄間
賴有海東高德像　異鄉如對故人顔

寺有圓測法師像榻本 余購得一張 圓測 新羅人 以玄奘首足 歿於長安 稱海
東高德

上海 訪先烈遺墓 十月十六日
在宋慶齡陵園內

儒敎求新事未完　燈前痛史血斑斑
何年疆土通南北　俠魄詩魂返故山
　　　　　　朴殷植先生

一代風儀好丈夫　義旗飛出海東隅
不關片石埋遺骨　想像軒軒七尺軀
　　　　　　盧伯麟將軍

魯迅銅像
在魯迅公園內

曾與人民同苦甘　一篇阿傳儘奇譚
今來長揖先生像　無限清風洒我衫

尹奉吉義士舉義處

一擊轟音戮衆頑　英雄事畢指呼間
至今虹口園中路　海島遊人心膽寒

揚子江外灘 十月十八日

萬里長江赴海門　層樓林立舶如雲
倭歌洋舞增污染　雷雨何時滌瘴氛

馬當路
巷裏　有舊韓國臨時政府遺址

風雲一代幾英雄　瀝血披肝此巷中
往蹟茫茫無問處　市人猶識白凡翁

豫園
　明代潘某第宅　今爲上海名勝之一

曲曲朱欄夾翠臺　名花奇石畵中開
園池壯麗君休說　總自農奴膏血來

上海　憶心山先生三絶

長書一束震巴黎　萬國平和會議時
獨立堂堂扶大義　何人委任統吾治

心翁在上海　與丹齋申采浩　反對李某委任統治說　撒布聲名書於上海街路　省
齋李始榮諸公　極力挽止　而不聽

北方軍閥虎縱橫　獨訪中山託至情
莫道廣州空手返　中韓互助永垂名

心翁　觀察中國情勢　惟孫中山　可與提携　乃與中山　會見於上海　求韓國獨立
工作之援助　中山言下相許　致書于廣州所在國民黨軍政府　結成中韓互助會
開始活動　而適因內亂　國民黨人士　東奔西竄　心翁不得已撤歸上海

天鼓鼕鼕響北京　四民論說又錚錚
羅君壯擧何容已　一世英豪耳共傾

心翁　與丹齋　刊行『天鼓』及「四民日報」

夜泊桂林賓館　朝起　見湖山淸麗　聞有黃山谷繫舟處　及張
南軒遺址

桂林名擅廣西東　　山水天然南畫風
試踏黃家詩境過　　南軒祠下鞠吾躬

蘆笛巖　十月十九日
　　大鐘乳窟

地中還有一乾坤　　萬物成形妙莫言
初喜群仙迎我揖　　却驚雙獅向人奔

灕江　同舟覽勝二絕

舟發灕江第一灣　　晴天環擁百千巒
閒從鏡面相沿下　　未必神仙有別寰

輕風獵獵髮飄飄　　高凭欄干四望遙
橋架彩虹飛遠浦　　峯抽圓髻列重霄

廣州　登鎮海樓　覽博物館二絕

城上高樓鎮一方　　番禺民物有餘香*
東南風氣先天下　　近世開明此濫觴

＊廣州 漢之番禺也

變法維新欲自彊　居然革命義旗揚
康梁遺影堪興喟　萬木蕭條舊草堂＊
＊有康有爲梁啓超諸人 及萬木草堂寫眞

黃花岡 十月二十日
正門有中山筆'浩氣長存'四大字

七二英靈一體安　黃花岡上石碑寒
中山大筆輝千古　浩氣長存天地間

中山紀念堂

我到中山紀念堂　棕櫚葉大菊花香
平生心服三民義　此日徘徊感慨長

陳氏書院
俗稱陳家祠 今爲工藝展示館

畫棟銀甍耀日光　焜煌文筆聚賢堂
天工人巧爭嗟賞＊　不說陳家祠宇亡
＊郭沫若題詩 有'天工人巧'之句

第二次　中國紀行詩抄　壬申一九九二年　十月

　第二回實學國際會議東方實學研討會　召開于中國濟南之山東大學　余與韓

國實學研究會諸友　往赴其會　因遠遊巴蜀　順流下長江三峽　登岳陽樓　縱覽

吳楚東南之勝　向君山島　造湘妃祠　歸抵長沙　夜泊北京　余依前例　到處　用

七言絶句題詠用十月杏詩壇韻（澄・昇・燈）間用他韻　於還國機上　與竹夫

點檢前後所作　總二十七首　而頗有闕漏　可恨也　病脚臥廬　回思壯遊　殆若

夢境　因追補十餘首　綜而編之　名曰‘第二次中國紀行詩抄’

　是歲十一月下澣　吉甫書于漢南之來靑閣

十八日　發金浦　由上海上空　至北京　宿漁陽飯店

萬里無雲碧海澄　　晴空銀翼快飛昇
漢城夜雨吟詩伴*　　燕市秋風共此燈
＊竹夫　石如　止山　絧人

由正陽門　步至社稷壇　因入惠芳園賞蘭　十九日

竹間幽逕到芳園　　滿室淸香禦俗氛
聞說東方眞品少　　何由移植我家盆

來今雨軒　有懷慕何

　惠芳園西　有一亭榭　扁曰‘來今雨軒’余感其名義　徘徊久之　因思昔日　慕何

　屢遊中國　輒用蘭社韻作詩　歸卽示余　其後　蘭社之會　慕何　以病不參　今余

之行　亦在病床　不得告別而發　我懷何如

舊雨有人今雨無　西來萬里此踟躕
異邦風物還親近　賴有佳詩勝桉圖

夕後　余病脚臥床　諸人出遊天安門廣場　歸道夜景佳麗　津
津不已 二十日

遠望天邊秋色澄　殘雲如縷月初昇
天安門外繁華景　幾百層樓幾萬燈

赴濟南　投宿于山東大學外賓館　翌日早朝　散步校庭 二十一日

歷下秋高天宇清　高樓敞閣坐諸生
也知齊魯餘風在　晨夕絃歌不絶聲*
*山東省社會科學院　有儒學研究所　他省所無

第二回實學國際會議三絶

濟濟濟南名士場　亞洲鴻碩更聯床*
中州改革開明日　徵實求眞此意長
*韓中日三國學者外　台灣香港新加坡　亦多來叅者

宋季空談性理源　晚明心學弊難言

中華叡智無時歇　實學新潮闢一門

實學開山是顧黃*　萌芽資本亦相當
傍人不識思潮史　字義紛紛溯漢唐
　*顧炎武　黃宗羲

散會之日　奉贈辛冠潔陳之安丁冠之步近智葛榮晉諸公
二十三日

凌空越海路斯通　論史談經見亦同
寄語他年佳會地　扶桑紅日笑相逢*
　*第三回實學會議　約以二年後　召開于日本　故云

船遊大明湖
丁冠之牛林傑兩敎授　導余出遊

平湖秋水碧如天　桂棹蘭槳浩渺邊
海右古亭誰與醉　少陵風韻已千年*
　*湖中有島　亭樓交映　大揭'海右此亭古　濟南名士多'一聯（杜甫詩）

過跑突泉　觀李淸照紀念堂

淸照詩心淸似冰　操戈入室有誰能
瓊篇滿壁無人讀　秋柳蕭蕭拂暮燈

散會之夕 山東大學潘承洞校長喬幼梅副校長　別設一席
授余以客座敎授聘書

山東文物正彬彬　一座皐比聘遠人
稷下學宮遺緒振　他年齊放百花春

還到北京　重遊頤和園 二十四日

一到名園霧眼澄　金樓銀閣聳身昇
重嗟西后抛民事　只爲身家祈佛燈

年前　亦用此意爲詩

入蜀 二十五日
　西南航空機上作

不用悲歌蜀道難　晴天坐度萬重山
何如當日騎驢客　細雨濛濛入釖關*
　*余嘗愛陸放翁'細雨騎驢入釖門'之句　至是引用

至成都之日　馳往眉山縣　訪三蘇祠

萬竹踈森曲沼澄　三蘇千古已仙昇
至今想像閑齋夜　風雨對床靑一燈*
　*風雨對床　蘇家兄弟故事

木假三峰峙一堂*　老泉風韻儘悠長
祠前雙杏悄相對　猶似當年兄弟行
　*有木假山堂　三峰在庭

翠壁朱欄曲曲連　池中坐像似天仙*
披風榭下盃相屬　宛是當時赤壁筵*
　*披風榭前小池中　有東坡坐像　甚秀麗
　*余與諸友　坐披風榭下　對東坡像　舉數盃

訪諸葛武侯祠三絕 二十六日

擬把中州一掃澄　中途遽向九天昇
滿園脩竹名花裏　文字煌煌照石燈*
　*有裴度著柳公綽書三絕碑　及銅爐石燈諸粧飾物

先帝崩殂後主昏　益州疲弊更難言
可憐千古英雄淚　灑向秋風五丈原

不見森森老柏姿　雕甍綺壁擁清池
人民愛戴今猶古　可認天衷無少衰

轉訪杜子美草堂

浣花溪上我心澄　病脚猶堪庭廡昇

花逕柴門脩竹裏　依稀如見詠詩燈*

＊園中取子美詩語 石刻'花徑'二字 扁其門曰柴門

望江樓公園 登樓嘯詠 因觀薛濤井而歸

錦江秋色上欄邊　萬竹牽風翠掃天*
井底芳魂招不得　旅窓悄對薛濤箋
＊園中竹有百餘異種

重慶 訪我臨時政府廳舍遺址 其建物 在中山路西蓮花池巷
二十七日

忽得蓮香鼻觀澄　層階曲巷攝衣昇
當年雪涕興邦義　永作昏衢先導燈

蜀中 有懷少泉

　少泉 年前 遊蜀中 作詩數十首 歸卽示余 因並紀行文 連載于都下新聞

好句爭傳漢水濱　風流曾動蜀中人
渝州今日相思處　正屬峨眉月半輪*

＊李太白峨眉山月歌 有'峨眉山月半輪秋' '思君不見下渝州'等句 渝州 卽今重
　慶也

自朝天門 乘船順流而下 是爲長江遊覽出發之始

朝天門外大江澄　楚蜀帆檣沈復昇
却恐行程漏奇勝　故持圖卷就窓燈

第一夜 泊涪陵 翌日 遊酆都鬼城 二十八日

一盞文仙俗慮澄＊　鬼城高峻莫能昇＊
歸來聽說酆都事　新話眞堪續剪燈
＊文仙茶 鬼城特産品 蘇軾 范成大等 皆嘗過此嘗味云
＊余病脚 未能登高 與惟性 在山下喫茶

第二夜 泊奉節古城下
　奉節 古之夔州 杜詩'夔府孤城落日斜'者 是也 白帝城 在近處

江行悄悄擁寒衾　夔府孤城夜霧深
白帝眞源知不遠　明朝鞋襪擬高尋＊
＊杜詩'高尋白帝問眞源'

曉發瞿塘峽 二十九日

瞿塘峽口倚船樓　兩壁撑空瀉激流
見說夔門天下壯＊　箇中夷險不爲憂＊
＊石壁 大刻'夔門天下雄'等句

＊瞿塘峽 自古 以險路名於世

粉壁墙

藥門南岸 巨大岩壁 其色皓白 壁面 刻古今楷行草隸書 不知其數

晨過夔門粉壁墙　平明滿目是琳琅
江山奇絶人爭賞　不識古今文字香

駕小船 溯大寧河流 入巫山小三峽 峽中 有陸游洞

層巒疊嶂聳嶙峋　碧玉川流境轉新
放老詩魂應不死　一盃聊酌劍南春＊
＊劍南春 蜀中名酒 放翁有『劍南詩集』故取其同名而擬之

巫山十二峰

天畔巫山十二峰　峨峨神女最威容
可憐朝暮雲和雨　兩岸風光夢幻中

出西陵峽

峯回峽束急流波　倏忽黃陵廟下過
屈子里荒秋草合＊　明妃村遠暮烟斜＊

＊屈原故里
＊王昭君故里

和李太白詩 三十一日

太白詩 朝辭白帝彩雲間 千里江陵一日還 兩岸猿聲啼不住 輕舟已過萬重山

我亦朝辭白帝城　豪華巨艦順流行
長江三峽無今古　只欠啼猿兩岸聲

曉發華容縣 馳向洞庭湖

晨朝馳向洞庭湖　宿霧迷漫曠野蕪
認是吾行天借便　一竿紅日照前途

岳陽樓四絕

平生聞慣岳陽樓　今日憑高一縱眸
吳楚乾坤陳腐語　欲耽新句謾搔頭

人工可敵此江山　百丈層甍林樾端
識得中華文字國　焜煌名筆遍窓欄

蕭瑟汀蘭岸芷秋　無心翔集有沙鷗＊
兒時愛讀范公記　此地看來重點頭

＊岸芷汀蘭沙鷗翔集 皆范仲淹「岳陽樓記」中語

一點君山夕照紅　牧翁名句擅吾東
南檣北楫應無數　誰見當時銀燭籠＊
＊牧隱李穡詩'一點君山夕照紅　灛呑吳楚勢無窮　東風吹送黃昏月　銀燭紗籠暗
　淡中'載在『東人詩話』

洞庭湖船上 擧酒相屬 醉後縱吟

盈盈黃酒遞交盃　醉後乾坤兩眼恢
不識洞庭湖水濶　君山一點欲挐來＊
＊諸人 將向君山島 余病脚 不欲同行 故有此言

湘妃祠
　祠之西 有二妃墓 傍有斑竹林 余始不欲向君山島 念旣至洞庭 而不造君山
　得無爲湘靈所笑乎 遂賈勇前進 題此一絶

恨結蒼梧淚未收　瀟湘斑竹幾千秋
時人不弔妃心事　祈福祈財都有求＊
＊祠之前面 大書'有求必應'四字 男女老少 皆投錢合掌 祈其所願

自岳陽 向長沙

雲盡西南見楚江　吳楓蕭散入車窓
前頭聊復探前史　賈誼三年謫此邦

長沙

曠野馳車盡日行　長沙秋色撲襟纓
汨羅千古傷心賦　更有何人弔屈平＊
＊賈誼謫長沙　有「弔屈原賦」

夜泊北京　入一心酒家　行解團式　將以明日還國也

念今夕　爲今行最終之夕　且以還國前夜　頓無羈旅之懷　咸曰'今夜北京　不可
草草經過　因縱飲放歌　以爲樂'鄭娘順愛　以僑胞　導我一行　遊歷五省　至是
惜別　嗚咽　歌不能終其曲

夜泊正陽門外街　高歌慢舞破羈懷
勸君且進燕京酒　明夕回頭天一涯

第三次 中國紀行詩抄 癸酉一九九三年 四月十七日 至二十七日
用四月蘭社韻(居·餘·書) 間用他韻

到鄭州 散步市街
街路兩邊 綠樹弊天 鄭州以此有名云

鄭國難尋子産居　豫州名失戰爭餘
老翁不管興亡事　綠樹陰中說易書*
* 有老翁 披占卜書 男女群集

鄭州商代遺址

'傲墟'云是仲丁居　城壁猶存十丈餘
郭子短碑徵往蹟　名文還勝古文書*
* 有郭沫若手書短碑 考證甚確

遊黃河中洲
遊人 乘水陸兼用船 出入其中

黃河中坼小洲開　踏遍明沙日欲闌
漢楚興亡俱寂寞　惟看砂土積爲山*
* 近處 有劉邦項羽決戰場 卽廣武城也

別鄭州

長程臨發更回看　古蹟迷離夢寐間
'明代莊園'春草暗　隋堤烟柳夕陽寒*
＊明代莊園 隋堤烟柳 俱爲鄭州名勝古跡

開封市　觀宋都御街
　市中一條街 兩邊高層建築 具有宋代風格 有牌樓 大書'宋都御街' 觀者如堵

峻閣層臺像舊居　東京民物夢華餘
御街熱鬧都爲爾　只好礬樓聽稗書*
＊街之南角 高樓 大書'礬樓'二字 礬樓 爲北宋七十二家酒樓之魁 『水滸志』中
　宋江托李妓 求見宋徽宗之傳奇故事 亦在此礬樓

包公湖上望龍亭公園

縹緲朱臺聳碧簷　忍敎名勝水中潛
火龍藏在千尋底　却恐他年吐烈炎

嵩山中岳廟
　在登封縣 唐則天武后 登嵩山封中岳 因改地名爲登封云

中岳中天聖帝居　眞身長保劫灰餘
可憐武后登封事　無補荒淫汚史書

嵩陽書院有感
中國四大書院之一

道觀變成儒者居　千年老柏雪霜餘
兩程夫子風猷遠　此世蕭條性理書*
＊明道伊川　講學於此

少林寺
寺爲達磨所居　有'禪宗祖庭'之稱

少林誰信達磨居　祈福投錢日萬餘
千百健兒誇武俠*　祖庭無復講禪書
＊有附設武術學校

過密縣

平郊點點見民居　爛漫桐華春雨餘
漢墓輝煌新壁畫　麗倭美術改修書

打虎亭漢墓 在路邊 余停車 入其室中 觀壁畫 其舞踊像 與高句麗相似 婦人
像 與日本高松塚 尤爲髣髴 今後美術史 關於壁畫源流 將不免改書也

鞏縣 訪杜甫故里

大唐詩聖此生居　　窰室荒碑千載餘
却有遺扁光萬丈　　杜陵稷契是誰書*
　*扁額有‘杜陵稷契’四大字　眞良筆也　筆者未詳

道中 望見白馬寺齊雲塔

鞏縣西來綠野長　　沿途歌吹競春光
遙看白馬齊雲塔　　知是吾行近洛陽

洛陽
　自四月十五日　至二十五日　爲牧丹花會　天下遊人坌集

洛陽城闕化民居　　九代文明靡有餘
可惜牧丹花已老　　春光移入彩箋書*
　*蓮潭李孝友　嘗贈余彩箋一束　要余書中國紀行詩

龍門石窟

萬千靈佛此群居　　百劫風磨雨洗餘
認得新羅傳一脉　　出藍優美欲添書*
　*壁揭‘石窟簡介’　文多未備　故及之

香山白樂天墓

我訪香山白傅居　風流墳土一杯餘
洛陽春色同誰賞*　只買長歌二帖書*
　＊東坡詩 我似樂天君記取 華顚嘗遍洛陽春
　＊墓傍 有商女 賣「長恨歌帖」 近人所書 字畫甚佳 余買二帖而歸

渡伊水　有懷程伊川先生

伊水湯湯逝不居　誰將傳緒續其餘
迂儒不識先賢意　謾說河圖與洛書

天津橋上作

牧丹花老綠陰生　竟日笙歌鬧滿城
却憶邵翁憂世意　天津橋上杜鵑聲

遊王城公園

綠樹連街接萬簷　別開池苑任飛潛
河南節候驚遊子　三月下旬天已炎

洛陽　憶蘭社諸公

香山九老盛名留　洛社耆英又此遊
遙憶漢城蘭友伴　千年重續好風流

贈止山

洛陽三月百花紅　遊子高歌響入空*
安得香山同一夜　懷歐憶白說遺風
＊行中　許捲洙君　興發　高聲作歌　故第二句及之

長城日晚落霞紅　禁苑春深御帳空
又作正陽門外別*　燕山一笛響悲風
＊年前　余滯北京　止山先我發程而歸國　余有詩曰萬里城頭共躡雲　正陽門外
　手相分　今行　與止山　再登萬里長城　又在北京相別　故第三句及之

南京
　火車　到南京站　下車少憩

金陵佳麗帝王居　千古山河百戰餘
圍老遺詩詳地理　吾行不用按圖書

再過蘇州

蘇州 爲上海洛陽往來之途

綠樹平郊遠接空　人家如在畫圖中
吾行又過蘇州去　未聽寒山寺裏鐘

第四次 中國紀行詩抄 己卯一九九九年 十月

白塔詩社第二回韻

至開封之翌日 竹夫黎史諸友 分路向中岳廟少林寺嵩陽書院等地
余以詩一絶 爲贈

道佛元非心所安　儒家氣脈亦酸寒
嵩陽老柏今何似　爲我攀枝仔細看*

* 嵩陽書院 有漢栢四五樹 程子所嘗撫玩者也 昔余過之 見其枝葉有老衰狀
　故及之

遊龍亭公園 歷覽宋都御街 感徽欽事

宋興文物集中央　汴水春風耀帝床
漠北運輸皮幣重　江南播越道途長
三千嬪御秋華散　七十樓臺夜月凉
最是龍亭舊遊處　滿園霜菊盡情黃

北宋盛時 開封 有七十二酒樓 礬樓 爲其首 今皆像舊復元而全無人影 是日
市民 開菊花展示會 觀者雲集

將之西安　乘火車　過洛陽　與竹夫黎史諸友　相逢於車中
喜賦一絶

別來三日盡平安　　一笑冬天頓忘寒
安得香山尋舊約　　洛陽風物更詳看

昔余遊洛陽　至香山　與竹夫　酌一盃酒於白樂天墓　約以後日重來　今行　竹夫
再往香山　而余以學會事　滯在開封　今雖經由洛陽　而拘於日程　瞥眼經過　可
恨也

西安

汴京三日又長安　　華嶽崢嶸渭水寒
遍歷舊都餘興在　　新詩留備後年看

昔遊西安　余有'渭水華山尙舊顏'之句　實不知渭水華山之面樣　今行　在車中
與諸友　指點華岳連峰　眞壯觀也　翌日　又向法門寺　渡渭水　始覺吾行之不負
西安也

西安夜飲　翌日早發　渡渭水　向法門寺

清宵歌酒樂無央　　苦被催程早起床
渭水華山依舊好　　老身贏得鬢絲長

法門寺

西來佛骨此中安　峻塔衝空白日寒
忍使潮州遷謫客　暮雲秦嶺悵回看*
＊韓退之　諫迎佛骨　遠謫潮州　至藍田　回望長安　有'雲橫秦嶺家何在'之句

訪漢代遺蹟到茂陵
　漢武帝陵　陵之南　有茂陵博物館

何處宮墟是未央　荒陵只有石爲床
漢家謾道英雄主　瀆武窮邊計不長

余從博物館　購得漢瓦拓本十餘點　有長樂未央等字

抵武夷山　捨裝於武夷山莊

萬里飛行四體安　山莊物色最淸寒
平生九曲神遊處　無限風光滿意看

自退溪栗谷以來　吾邦人士　莫不欽仰武夷山　而詩與畫　皆出於依俙像想之間
吾家　有武夷九曲圖屛大小二種　亦此類也　今余　身至其境　飽賞烟霞　感慨何
如

翌日 從山路 乘轎往五曲 訪朱子武夷精舍遺蹟

乘轎緣壁坐猶安　大隱屏高仙掌寒
髣髴櫂歌聲在耳　晦翁遺蹟更探看

五曲 分明是朱子遺蹟 而全無標識 巖面 有淸人所刻「武夷山記」 而亦不言及
朱子 殊可異也

午後馳車到九曲上流地點 乘竹筏沿流而下 歷三曲望玉女峰

遙看玉女聳中央　萬壑千峰映竹床
九曲風光如夢過　但知山水兩高長

竹筏 各置六七小床 乘客安坐 觀兩岸峰巒之轉變 誠樂事也

宿蘇州

小睡還醒夜未央　楓橋西畔月窺床
寒山咫尺鐘聲斷　今古詩人說謾長

余欲遊蘇州 寄懷於詩篇者 久矣 今行 歷覽楓橋及寒山寺 僧俗紛沓 入夜 又
不聞鐘聲 不禁失望

杭州 十一月七日

杭州形勝舊臨安　物博人蕃天不寒
淺碧深黃湖畔樹　惠風詩境我初看

‘淺碧深黃二月時　軟塵如粉夢如絲　杭州名士潘香祖　可憐佳句似南施’柳得恭
用潘詩　足成一絕者也　出『熱河日記』此詩膾炙一時　而柳得恭　實未得一至杭
州

雇舟遊西湖

泝洄身在水中央　荷氣桂香凝酒床
若問西湖眞景勝　蘇堤平遠白堤長

宿湖邊客樓　夜景甚佳

晚泊層樓一枕安　夜湖如海萬燈寒
孤山咫尺林仙宅　梅鶴先從夢裏看

余自少愛誦林逋詩　欲一至其舊居　今聞其舊居　在孤山一隅　車路不通　翌日
余艱步至西泠後門　不免中途而歸　夢中梅鶴　遂成詩讖矣　可笑　十二月三日追
書

西泠印社

一座園莊占得安　湖光山色滿窓寒
畫宗印伯兼詩老　不厭終朝拄杖看

清代書畫篆刻諸名人　結社建堂於此　展示其作品　吳昌碩　亦在其中

暮抵福州市　觀林則徐銅像　投宿閩江飯店

高樓傑閣市中央　廣迓來賓展几床
林子令名流百世　閩江江水與之長

紹興　訪蘭亭二絶　十一月八日

山陰有邑可名央*　脩竹清流擁筆床
宛是右軍修契處　換鵝風韻更悠長*
＊管子　方六里　名之曰社　有邑焉　名之曰央
＊蘭亭入口　有小池　養鵝數十雙　石刻'鵝池'二字　盖因羲之換鵝故事

王氏羲之謝氏安　風標清逈月星寒
流觴曲水成陳跡　詩序猶供萬國看

蘭亭當日詩會　王羲之謝安在上座　王凝之孫綽等十餘人　以次列席　唐柳公權
所錄「蘭亭詩並序」可見

過魯迅祖居　因至咸亨酒店

店頭旗斾耀央央　雲集賓朋幾百床
魯迅遺芳輝四境　紹興有酒味兼長

咸亨酒店　魯迅所嘗留飲處　多見於其小說作品中　酒旗高出簷端　大書'咸亨酒
店'四字　食客雲集　無立錐之地『詩經』'出車彭彭　旗斾央央'央央　鮮明之意

第五次 中國紀行詩抄 乙酉二千五年 十月二十日

余屢遊中國 而獨於滕王閣黃鶴樓 未一登覽 常以爲恨 今年秋 止山教授
與諸少友 强起余 作武漢南昌之行 欲使余酬宿願也 是日發仁川 到上海
先向武漢 機中 用蘭社韻 作一首

老來猶不廢詩歌　萬里中州更渡河
勝地心同流水注　長空身逐白雲過
落霞孤鶩關情久*　芳草晴川引興多*
好向秋風消感慨　不隨騷客怨蹉跎
　*落霞孤鶩 勝王閣王勃序中名句
　*芳草晴川 黃鶴樓崔顥詩中名句

登黃鶴樓

白塔詩社韻

至武漢 歷觀古琴臺歸元寺 晚向黃鶴樓 仰見樓在高丘上 賴諸少友竝力昇
余輪椅 上數十階段 直抵樓下 因用升降機登其最上層 縱目一覽焉

層樓乍倚赤欄頭　無限風光一目收
莫道江山多變改　詩中景象自千秋

和贈洵卿

用白塔詩社韻

洵卿 曾以所作五七言詩十餘首 寄余來 余未之答 今到武漢 洵卿 先自北京
至 迎我于機場出口 因與我一行 終日遨遊 喜何如之 聊以一絶 和其前作

洵卿迎我武城頭　訪古觀風興莫收
此會他年成故事　佳談傳播漢城秋

琵琶亭 十月二十一日

　自武漢　三渡長江　至九江市　卽古之潯陽也　江邊有亭翼然　白樂天聽彈琵琶
　處也　有樂天立像　雋美秀麗　下有石刻琵琶行一篇　毛澤東筆也　憶余十八歲
　時　西皐夏課　得題曰五老吟　其一老妓也　余賦四律　其末聯曰〈莫抱琵琶彈
　夜月　江州詞客淚雙垂〉　塾師打圈于此　稱爲佳句　歲月忽忽　已作六十餘年
　事　今以皤皤白髮　來過此地　不無感懷　爲題一絶

長憶琵琶月夜歌　江州司馬淚傾河
少年課做渾如夢　豈料衰翁此地過

盧山東林寺

　寺爲中國有名古刹　以慧遠法師故也　寺之正門　有晉代古樟樹　殿閣之前　又
　有宋代古檀樹　及元代驛站柳　歷史之悠久　可知矣　近來　寺勢不振　禪僧無
　多　虎溪之在寺門前者　亦近於廢溝　可歎也

寥寥梵誦似蠅歌　晉宋樟檀歲月多
慧老陶翁俱已遠　我今誰與虎溪過

訪陶淵明紀念館及其墓所

一種風流自輓歌　田園情趣亦云多
衡門三逕無尋處　寂寞那堪墓道過

廬山瀑沛　次李白韻 十月二十二日

是日朝食後 入廬山南門 用索道 騰空 越五六峻嶺 始至香爐峰下 面對瀑沛
眞是壯觀 李白三千尺銀河落等句 非過言也 瀑固壯矣 李白豪氣 亦有千古
不泯之感 聊次其韻 瀑傍有李白立像

索道騰空撥霧烟　香爐咫尺瞰長川
謫仙魂與詩同住　誰道騎鯨飛上天

三疊泉瀑布

由廬山東門 至其上頭 則別有瀑沛 比李白所詠瀑沛 尤高且長 近來世所喧
傳也 余自高嶺鎭下來 欲往觀之 日已晚矣 雇轎軍 上數百階段 昏黑始到
上頭 見萬丈層厓 三疊飛流 如龍掀鳳舞 天下絶景也 歸時 夜已近十點鐘
兩岸峰巒撐天 樹木蒙密 轎軍輩 昇余 緣厓取路 寸寸步步以下 若一失足
則深谷千仞矣 賴有孤月懸於兩峯之間 照我前路 無事生還 可幸也已

東南遊客此謳歌　萬丈層厓倒瀉河
列峀撐天深谷黑　却憐孤月照余過

又

案內員劉君(延邊僑胞)言 此瀑 南宋以後 始見知於世 朱子年老 不得登覽
只見畫幅歎曰 使李白過此 應更有名句 可惜也 而自宋至今 千有餘年 尙
無一名句膾炙人口者云 其言不可盡信 然錄而存之

名山當有好詩歌　今古文章量似河
多謝山靈留待我　謫仙當日未曾過

盧山白鹿洞書院

白鹿洞 爲中國四大書院之一 院宇數十棟 崇深宏麗 有孔夫子以降周程朱
諸子立像及碑 中央有明倫堂 刻揭院規 朱子所製定也 我國書院 自退溪先
生以來 皆遵用此院規 白鹿洞 實我國書院之淵源也 余遍歷庭廡 徘徊瞻仰
不忍遽去 但今無一講學者 只有遊客往來而已 亦我儒運衰微之一現象也
慨歎之餘 爲題一絶

紫陽當日盛絃歌　群士充量各飲河
太息吾林風韻邈　謾敎遊客日來過

滕王閣 十月二十三日

南昌 爲江西省都 都市規模廣闊 人口繁盛 滕王閣 位置高爽 飛甍畫棟 宏
傑壯麗 余賴諸少友昇致于數十階段之上 至閣之前門 亦用升降機 登其上
層 憑欄一望 前俯市街 後臨江渚 周邊許多附屬建物 殆類宮殿 池中 有少
年王勃像 頗端雅 綜而言之 風光 比黃鶴樓 尤佳矣

飛甍畫棟聳江頭　天日澄明烟靄收
旅客騷人都會處　落霞孤鶩四時秋

送洵卿北歸

洵卿從我遊長江流域　至四日間　余將以明日還國　洵卿以是日夕食後　發向
南昌機場　歸于北京

遨遊異域忽離歌　夜送洵卿北渡河
我亦一行同返國　高陽他日待君過

還至上海　周覽市街　午後　將登機歸國　回顧四日之遊　吟
一絶 十月二十四日

萬里秋風一放歌　眼明中國舊山河
月從黃鶴樓邊出　雲向滕王閣外過

南遊詩抄 己巳一九八九年 早春

携源卿出國 遊南方諸處 是日 先向台灣 二月十五日

平生遊賞遍江湖　賴有卿卿影不孤
寶島風光曾一瞥　蕭踈華髮復登途

發台北 到花連 歷覽九曲奇勝及大理石工廠 二月十七日

奇石中州擅太湖　台灣有此不爲孤
莫憂溪谷深千仞　橫貫東西有坦途

至香港之翌日 登山頂 因驅車周觀全島 抵落馬洲 望深釧
而返 二月二十日

群山環擁海如湖　七十層樓特立孤
異樹奇珍何足道　馬洲尙阻往來途

澳門散策 二月二十一日

海水無風靜似湖　教堂門閉掛鐘孤
大榕樹下成幽夢　忘却鄉關萬里途

歸國前夕　香港諸人　招余會食于珍寶莊

金臺寶閣酒如湖　廿萬燈紅片月孤
點檢行裝惟筆墨　清風灑我向歸途

附 東北紀行 高句麗故土巡訪詩抄 庚辰二○○○年 仲夏

夜發金浦 到瀋陽 又飛至延吉 投宿綠源賓館 七月三十日

長天飛下瀋陽城　卽向延邊更問程
來泊綠源天未曙　暗中何處水聲生

延邊學術會議

　主題 爲韓國文學與漢文學 我國各大學敎授 與延邊人士 會者殆至百餘人

　又有中國人敎授 自北京上海等地 來者不少

同文四海洞開城　唐宋麗韓共路程
談討滿堂歡意洽　不妨殊土各營生

參席者 大槪是僑胞故云

至豆滿江 觀兩岸情形 有作

兩岸相持似守城　長橋禁斷往來程
滔滔萬古東流水　不識吾民有死生

龍井懷古二絶

一松亭子杳雲烟　滾滾海蘭迤巨川
不見江邊馳馬跡　當時豪傑盡西天

愛國精神衝戰烟　不辭彈雨血成川
風前聽唱先驅者　我淚盈眶向暮天

大成學校二樓上　展示歷代愛國啓蒙運動家及獨立戰士之遺像　此皆舊韓末亡
命國外籌謀光復間關崎嶇至死不避者也　余奉審之餘　不覺凝淚盈眶　敬題此
二絶

登白頭山頂 臨天池　八月三日
　余平生欲一登白頭山頂　觀天池　撫桓解古蹟而歸者　久矣　今以七十六歲之
　老軀　衝風撥霧　置身於天池之上　時天日晴朗　無一點雲　得以縱覽神澤全面
　及其四周峰巒　及下山　天忽陰黑　雨雹如豆　俄而開霽　白日鮮明　可異也

凌空越海穿重城　走到窮邊不計程
神澤四周奇石擁　靈峰萬疊瑞雲生
手捫星斗玄霄近　足破陰霾白日明
一掬撮來桓解土　丁寧遺誥似聞聲

白頭大幹

天北天南靄翠烟　臨風遙想舊山川

白頭大幹三千里　錦繡疆場萬萬天

輯安

自白頭山　歸至二道白河　夕乘火車　盡一夜走行　翌朝至通化　又用自動車
馳二時間餘　始至輯安　盖輯安　在鴨綠江邊　距延吉（豆滿江流域）爲
千五六百里　輯安　今爲朝中交易要衝地云

曾是東明舊帝城　朝中交易此要程
先民故土歸他國　長使遊人感慨生

廣開土境平安好太王碑二絶

古木蒼苔國內城　我來惆愴駐行程
秖緣巨石威容屹　吾族千秋氣勢生

統合三韓七十城　掃淸倭寇斷來程
廣開土境無前業　颯颯英風石面生

觀長壽王陵　因至丸都山城

通溝河畔草如烟　圓墓方墳俯大川
莫歎丸都終寂寞　至今山勢欲衝天

長壽王陵　日本人稱爲將軍塚　太不成說　今已明白知其爲王陵　然丸都城外廓

別有方墳一圓墓三 其方墳規模雖小 形制宛如長壽王陵 中國並廣開土王陵一
括稱爲通溝墓群 不事考究 可歎也

舟遊鴨綠江二絶

鴨江浩浩舊風烟　千里奔流吸衆川
我欲縱舟西下去　統軍亭上嘯長天

寂寂人家不起烟　隔江咫尺我山川
宗邦何日成和合　祝火飛騰南北天

回至瀋陽　八月六日

瀋邑今爲大市城　案圖纔辨使行程
遼東白塔飛行過　遠想薊門烟樹生

觀清太宗陵　因周覽故宮殿閣及所藏文物二絶　八月七日

滿淸皇帝故宮城　文物鮮華慰旅程
歎息窮荒豪傑起　先知曾有鄭先生

圃隱 過遼東 詠女眞地圖詩 ‘坐對地圖還歎息 古來豪傑起窮荒’ 有似預知淸
人之興起

我輩嫌言南漢城　保家存國沒方程
薊遼風雪歸虛夢　歲幣年年苦衆生

宋尤庵　籌謀北伐　孝宗賜貂裘　曰遼薊風雪　爲卿禦寒也

余旅困之餘　終日獨臥賓館　撫念瀋陽往史　題二絕

江都一夕忽頹城　王子妃嬪萬里程
此地成仁三學士　堂堂大義死猶生
　　　　　右　懷三學士

渡江初宿九連城　遼野茫茫幾日程
好哭場中留一語　羨公奇氣壓諸生
　　　　　右　懷朴燕巖

美
歐
紀
行
集

美國紀行詩 只有幾首 附載于歐洲紀行之前 蘇聯紀行 亦附載于
其後

미국 기행시는 몇수밖에 안되어, 구라파 기행시집의 앞에 붙여 실
었다. 그리고 소련 기행시는 뒤에 붙여 실었다.

夕乘西北航空機　發東京　向美國　翌曉　俯視大洋中　有島
嶼　卽夏威夷也　余之目睹西洋風物　此爲其始　喟然吟一絕
辛亥一九七一年　六月

一夜浮由萬里空　　太平洋上日初紅
此行身驗球圓理　　東海之東非復東

夏威伊島

海中仙境儘淸佳　　一色棕櫚十字街
故國月明回首處　　女王何以抑悲懷

今世紀初　梁啓超過此島　引李後主‘故國不堪回首月明中’之句　弔其女王

紐育
　　用前韻

摩天樓閣畫同佳　　萬國金權此‘越’街
試問自由神女像　　慈顏能慰黑人懷

至瑞典之翌日　周覽瑞討克忽虜市街及市廳舍
辛亥一九七一年　九月

始余聞瑞典風雪不時　常苦陰寒　余至而天日晴明　海波寧靜　可幸也　市廳建
物宏麗　三面環海水　海峽兩岸　風光明媚　廳舍二樓上　有一廣堂　四壁塗以

黃金 謂之'黃金房' 每歲 翰林院 施魯鰲賞後 行祝賀舞蹈會於此 國王必參
席云

海晏河淸日色和　北歐風物別於他
黃金房室翰林賞　月旦公評人謂何

舟向女王島 泊王宮後庭

　船行一百里 海峽窈窅 兩岸山林鬱茂 人家隱映于其間 宛然是十幅東洋畵

人與自然相調和　武陵仙境似非他
縱云立憲王無事　長日深宮意若何

老也遏公園晚餐

　午後 加魯鄰西哿醫大 彭德印澹敎授 與其硏究所諸人 導余家族一行 至宛
匿西達 觀國王別莊 因招待晚餐于王室公園內之料亭 湖山淸麗 禽鳥諧鳴
林木間 有似別世界

歷朝王室得人和　富國安民豈有他
湖水淸漪林木茂　却疑遊夢入無何

挹薩羅市 訪趙承福敎授

　趙承福 咸鏡北道鏡城産 以英年秀才 卒業于日本東京大學 解放後 批判李
政權 不得安住國內 繼娶佛蘭西女子 寓居巴里 後至瑞典 以韓國學敎授
奉職于瑞討克忽虜大學 定年退任後 復返于巴里 今以挹薩羅大學招請 來

留於此　講義將畢　行當復歸佛蘭西云　余訪其居　趙歡然迎接　手自炊飯　供
我夫妻　因問全海宗教授安否　且曰“吾邦分斷半世紀　南北言語文化　漸相乖
違　此殊可慮　吾與海內外諸同志　結成一會　發起同質性回復運動者　有年矣”
余觀其貌髮已衰白　窮老絶域　而未嘗一日忘祖國　其可悲也　趙慇懃欲與余
共事　余辭以無能　且後會無期　臨別之際　相視黯然　趙送余至門外　執手不
忍相捨　以寫眞機　授運轉士　使之撮影　又以名刺交換　各認其住所而罷

天涯欣握語音和　　炊飯烹鷄一任他
竟使斯人窮至此　　惡緣不必問誰何

李昌範駐瑞典大使　邀余家族一行于公館　供晚餐

李大使　與余同鄉人　且在高校時節　受業於余　以外交官　久在海外　不相往
來者　數十年矣　是日　聞余至瑞典　卽席招待晚餐　勸余以瑞典名酒　酒味淸
冽　所謂纔傾一盞卽醺人者也　座間話題　皆以鄉里姻戚離合悲歡之緣故　一
言不及他事

一盞香醪釀太和　　親鄰情話不容他
師生相對憐斑白　　其奈年光水逝何

晚到巴里

捨裝於雙提理齊街窪威克飯店　去凱旋門不過幾十步　余散策觀物　街路兩邊
盡是摩老尼愛樹　白花滿發　間有紅色　可愛　○杏詩壇韻

一列芳馨千樹花　　凱旋門外日初斜
靑紅旗斾翻風處　　十二街衢百萬家

孔顧德廣場志感

翌日　乘船溯洄於世那江　回到孔顧德廣場　想起革命時事　因念及於革命先
導之啓蒙思想家

世那江上午風和　　鐵塔衝空不見他
蒙的盧梭身已朽　　法魂民約竟歸何

羅馬途中　二十一日

自多賓致空港　馳向羅馬市

北國春寒始見花　　南來飛絮逐風斜
妻兒婦女車同載　　萬里遊行不失家

觀羅馬帝國時代之遺蹟

南國天晴氣象和　　興亡有數不關他
劇場神殿偉容悴　　舊日榮華今在何

遊拿布里港　因至加波利島

自羅馬　驅車到拿布里　伊太利觀光名所也　遊賞畢　乘船至加波利　風光尤佳
雇車登山頂　周覽市街而歸　途中運轉士　唱山妥累致兒　其唱法　不下於尋常
歌手　昔余少時　在釜山　愛聽此曲　今於現地聽之　回憶四十年前事　爲之一慨

地中海岸最溫和　　椰子棕櫚長倍他

一曲高歌山妥累　殘年攬起舊情何

過愛乙理提宮　大統領宮

逐利爭權戰復和　歐洲聯合亦無他
自由平等誇傳統　原爆投洋底意何

加利波爾的將軍銅像

余年十八九時　愛讀『伊太利建國三傑傳』今行　既踏加富爾路　又參觀加利
波爾的將軍銅像　白首旅程　不免有多少感懷

膽略豪雄心性和　但求國益不求他
少年愛讀三人傳　今日參觀歲幾何

蘇蘭土二絶

從加波利島　發船　泊蘇蘭土港　望見海畔　絶壁千丈　層樓林立於其上　遊人
之尋路緣壁以登者　繹絡不絶　余一行乘車盤廻以上　則上有平地　開一大市
街矣　樹木葱靑　禽聲上下　沿街店鋪　三三五五　據椅而對談者　大概是詩人
畫家輩云

絶壁層樓繚百花　車輪馳上路橫斜
臨街喫茗歡談客　總是無名藝術家
　　　　　　　　　　杏詩壇韻

葱靑街樹鳥聲和　南國風光不比他
每說吾邦形勝好　耽羅巨濟較如何

歎武率因尼事 二十四日

　余遊羅馬　見所謂'新都市'及統一紀念館　羅馬驛等諸建物　皆爲武率因尼所
　造成　近來　伊太利人　頗有贊仰其功績者云　可慨也已

覇道交隣易失和　獨夫爲政禍延他
終看一敗汙疆土　帝國亡靈無奈何

歐洲歸路　戲題二絶 二十五日

萬邦交口唱平和　裏面關心各在他
一個地球爭割破　將來人類果爲何

客中時節屬淸和　日事周遊不及他
囊有餘錢求土産　兒孫趣尙果云何

二十五日　泊金浦空港　一路還家

老眼觀光眩欲花　歸程萬里鬢絲斜
茶爐經几羅前後　始覺吾身坐我家

蘇聯紀行 辛亥一九七一年 八月

二十五日 暮發金浦 由東海 飛過西伯利亞 深夜至莫斯科
一夜橫過北國天　莫斯科市正甘眠
浩然入境無撞禦　有似長江百萬船

翌日周觀莫斯科市內
金塔瓊樓聳半天　馬翁遺像靜如眠
可憐地上多民瘼　卅載憑陵宇宙船

列寧格勒 追感十月革命及獨蘇戰爭時事
赤色旗揚十月天　冬宮時計永休眠
英雄都市今何樣　冷落運河遊覽船

塔斯肯特
　古之石國也
千年石國物華新　樹木靑蒼吸熱塵
買菜賣魚聲慣耳　市場多是我韓人

訪高麗人集團農場
茫茫平野帶長林　種稻栽棉歲月深
試叩村莊詢姓字　居人多朴又多金

越南紀行集

余欲遊越南 久矣 越南 在東亞細亞 與我韓及中國日本 同爲漢字文化
圈故也 族弟石農之次子熙在君 在越南 投資起業 顯有成效 邀其父及
其父友三人石如竹夫古村 同作越南之遊 余亦與焉 而助敎韓在熛君隨
行焉 因遍觀河內順化歷史古蹟 及香江 下龍灣等自然風光 用蘭社及白
塔詩社韻 隨處題詠 以當遊記 錄之得四律二首及七言絶句十七首 將以
揭載于民族文化推進會會誌 又將譯以國文 寄示熙在君 以備異日韓越
故事之一云

나는 오래 전부터 월남에 가보고 싶어했다. 월남은 우리나라 및 중국 일본
과 함께 동아시아 한자문화권이 되기 때문이다. 족질(族姪) 희재(熙在)군
의 주선으로 사박오일 동안 월남관광을 즐기고 돌아와 그곳에서 지은 시
들을 민족문화추진회 회지에 발표하였다. 그리고 이 시들을 국문으로 번
역하여 희재군에게 보내, 후일 한국과 월남 두 나라간의 한 고사(故事)가
되게 했으면 한다.

早發仁川空港 午後到河內 壬午二〇〇二年 一月三十一日
同石農 竹夫 石如 古村 及韓君 ○白塔詩社韻

老碧乘風作遠遊　長天寥廓逐雲流
居然到着越南國　萬水千山來杖頭

茅亭夕餐
熙在君 導余一行 至其工場 遍示其製品(小型船舶) 因設夕餐于茅亭 茅亭
者 倣越南樣式 建造二間 爲休息之所 梯以登焉 則涼燠俱適 有大榕樹 長
條密葉 覆屋簷之半 簷前曲池 繫一小艇 使人覺得南國情趣 甚佳

茅亭一夕做清遊　醉興渾忘時刻流
榕樹喚成南國夢　好敎仙艇泊池頭

翌日空路到順化二絶 二月一日

故都名勝喜來遊　野遠山低水自流
一望市街如畫幅　家家花卉出簷頭

春滿江山日日遊　村村笳鼓競風流
祇緣往昔干戈苦　八十翁婆白盡頭

順化宮城二絶

越王宮裏鹿麋遊　內外城濠水斷流
獨愛中央太和殿　瑰言麗句耀楣頭

山河光服勳名盛　民庶勞來恩澤流
太息嘉隆明命世　奸兇外勢已擡頭

順化王宮懷古 　二月二日

崇墻回互類圍棋　雨灑烟沈古木悲
延壽宮深觀劇處　顯仁門肅出巡時
千年文敎聲徽遠*　四境千戈報道馳
南服唐虞今已矣　蕭條九鼎使人思*
＊正宮太和殿楣頭　刻揭許多詩　有‘文敎千年國　車書萬國圖　南服一唐虞’等句
＊太廟前庭　列立九鼎　刻‘高鼎仁鼎’等字

舟遊香江二絶

江南江北任春遊*　一棹相將溯碧流
忽報現身天女寺*　七層甎塔聳林頭
＊是日江南北住民　處處作春遊　民俗公演女人輩　欲同乘我船　以助興　余固辭之
＊一云　靈姥寺

龍舟安穩鏡中遊　無限風光逐水流

兩岸樹林如翠幄　船窓閑數遠峯頭

遊嗣德王陵園二絕

池臺陵苑好追遊　林木葱靑鶯語流
赫赫崇碑無補國　老松含恨黙垂頭

謙德平生戒逸遊*　君王操執出時流
煌煌殿柱春秋詠*　文雅堪居萬姓頭

　＊嗣德王　以謙德自持　殿曰思謙　堂曰鳴謙　榭曰愈謙
　＊行宮殿上柱頭　遍揭御製秋詠春詠等十餘首

回至河內　二月三日

萬戶千甍似布棋　太平忘却戰災悲
阮家凋落開新運　孔廟莊嚴象舊時
野沃冬春連種穫*　路長南北任驅馳*
莫歎文字形音變　往昔儒風猶可思

　＊一年三回作農
　＊統一後南北交通活潑

遊下龍灣二絕　二月四日

龍灣秘境藉遨遊*　霧解雲消眼逐流*

海面宛如千幅錦　山形多是六鰲頭

　＊熙在君　爲余一行　以其工場所造小型遊覽船一隻　配置灣上以待
　＊是日　雲霧掩噎　及乘船進入　逐漸開霽　海中峰巒　尤覺其神秘景狀

頹唐如我樂斯遊　海上群仙許輩流

莫恨名區難再到　瀛蓬淸景在心頭

文廟二絶

我來如入聖門遊　再拜遺形涕欲流*

萬里異邦欽覿德　下堂一步一回頭

　＊孔夫子及四聖　皆以塑像奉安于中央　十哲只書位牌　奉安于東西壁

憶曾魂夢此經遊*　聖像依然光氣流

三百六旬香不絶*　碧眸蓬髮總低頭

　＊昔余夢拜孔子塑像　自訝曰　我國大成殿無此　此是何地　有老叟曰　此越南孔
　　子廟也
　＊塑像前　各有銅爐　四時燒香不絶　西洋人男女觀光者　並皆低頭致敬

國子監

寂寞門墻供旅遊　榕陰滿地日光流

可憐進士題名石*　八十三龜尙戴頭

　＊東西廊　列立進士題名碑　數至八十三　皆有龜趺　每碑題名者數十人　合計當
　　爲千數百名

訪胡志明廟二絕

勝敗元同一局棋　自由獨立儘酸悲
胡公志業終千古　澤被生靈無盡時

曾在囚中學奕棋　平生逆境未曾悲
東韓遠客誠多感　奉置花環致敬時

題越南紀行詩卷　癸未二○○三年 十二月十二日

昨年春 余與諸友 遊越南 隨處題詠 歸卽揭載于民推會誌 彼都人士 得余
詩藁 附以諸友詩 編成一冊 譯以自國語 閱兩載 始得出版云 族姪熙在 自
越南 購得數十部 用航空荷物 寄余一箱以來 余頒示諸友 因題二絕

天南曾駕白雲飛　越國風烟滿我衣
一掃漢文無片字　儒言儒俗未全稀

長空萬里一箱飛　不是珠犀與錦衣
河內山川來咫尺　香江烟雨夢依稀

並世往來集

並一世 親知及先後輩 往復慶弔聞問之作 別爲一集

한시대 한세상을 같이한 친지들과 선후배 여러 분에 대한 왕복 경조
문문에 관한 시들을 따로 묶어서 일집(一集)을 만들었다.

伽倻山房訪友蓮 戊子一九四八年 孟夏

在釜山伽倻洞

寥闃靑山似太初　　城闉咫尺訪仙居
也知閒界工夫大　　頓覺浮生意望虛

老石通靈爲巨佛　　古苔留跡化奇書
幽窓不作紛紜夢　　臥愛泉聲循夜除

輓中窩許參奉公 鈺 四絕 癸巳一九五三年 仲夏

金官名閥竹庵孫　　東渡恢恢一鑑門
可是寰區波盪日　　舊家懿範賴公存

一命曾霑聖代恩　　歸來奉老遯丘園
他年東史遺民傳　　兩世幽貞綴一編

桃花源裏作朱陳　　三世門墻與比鄰
聞訃不禁雙淚落　　姻親今少老成人

珠山依舊冊丌崇　　寂寞烟霞蕙帳空
倚棹巖前人不至　　遊猿啼鳥自春風

壽再從叔小隱公六十一歲生朝 乙未一九五五年 五月

大隱多矯異　城市來釣譽
小隱爲養眞　偏宜田園居
田園何所有　所有先人廬
有水帶似潁　有山環如滁
中有別一區　退老之舊墟
猗猗千竿竹　綽綽十畝畬
平生弧矢志　看取名齋初*
回鞭遽中道　彌望皆泥淤
柴桑耕且讀*　桐柏樵而漁
及此初度日　正值喜雨餘
甘澤遍丘隴　佳氣溢門閭
舞蹈翩鷺翾　歌什鳴瓊琚
皎皎樊夫人　偶坐端衣裾
翁兮前子姓　執酌一唏噓
誦莪淚未乾　泣棣意久沮
正叔有至言　而我可忘諸
戰伐灰疆土　誅求鑠犁鋤
荒村十室裏　八九無瓶儲
欲樂復何樂　蕭颯興全疏
但願汝曹長　成材各梓輿
吾不於汝曹　矚望將何於
念汝心或結　爲汝眉一舒
況此良宴席　四湊長者車
有客可無酒　有酒可無魚
稱慶以餻喜　吾則不關渠

此訓誠珍重　此慶可但且
天時有往返　人事有乘除
天既錫眉壽　不待養生書
年年長此日　岡如復陵如
風流九老會　古人豈徒歟
淑世欽德儀　薄俗被呴噓

太華聳霄漢　迢迢仙人掌*
團團甘露珠　夜夜垂其上
積歲融爲水　一點無埃块
盈盈白玉盆　風雨不能盪
我欲獻之壽　早朝披雲往
高高不可攀　石臺三千丈
綺霞逼近浮　玉簫徹遠響
仙人俯笑我　遺我九節杖
滿意掬靈液　歸來供清享
一盃起衰癃　二盃失痾癢
三盃豁眼界　浩乎天地廣
不必游汗漫　何用適莽蒼
一區福地中　置身長蕭爽*
春風滿庭宇　芝蘭日日長
＊公嘗自署所居　曰弦齋
＊淵明詩　既耕亦已種　時還讀我書
＊華山之第二峯　曰仙掌峯
＊杜詩　置身福地何蕭爽

輓姜大成敎授 乙未一九五五年 十月

憶從賢弟初通刺　幾載追遊九德池
謝盡黃花違一醉　瀟瀟寒雨灑東籬

斗溪李丙燾博士回甲壽筵三絶 丙申一九五六年 九月

翩翩裙屐少年姿　早稻田街闊步時
一寸丹心雙炯眼　舊邦文獻任梳釐

高才自是國之華　劈散疑雲決亂麻
一部三韓新地理　久庵加額俟庵嗟

斜眺東南半壁天　山河風物轉蕭然
此間也有來頭望　看取菁英郁郁筵

奉次石田李丈齡鎬陽坪新居韻 戊戌一九五八年 三月
　哲嗣家源敎授 要余次韻

一曲淸溪數板扉　山深雲物靄晴暉
春風飼鹿新茸大　曉雨移蓼嫩葉微
婚畢向翁曾與遯　田蕪陶令早思歸
回頭更問淸凉事　白鳥桃花不我違

硯覺金夏得學長六一生朝　遠頌其壽三絶　癸卯一九六三年
時　金硯覺　爲釜山敎育大學長　余自京寄此詩爲壽

平生息食敎壇傍　　寸步何曾涉外方
今日滿庭春色爛　　掀髥一笑視群芳

硯非有覺覺非眞　　那有精華六十春
南國地靈恒衛護　　長敎苦海作梁津

憶昔南遊寄草梁　　周邊濟濟總賢良
愚生偏被公提挈　　半世恩情夢未忘

次韻陶南趙潤濟博士　敦巖幽居三首　甲辰一九六四年　仲春

城隈占得小名山　　一角飛簷萬瓦間
塵土卽今爲佛國　　神仙從古在人寰
曝書樓上芸香烈　　駐杖池邊雲影閒
好是靑靑軒外竹　　風霜餘榦正堪攀
　　　　　　　　風竹軒

先生駐處是家山　　芝圃淸香在此間
靜把詩歌窮古義　　任敎風雨暗瀛寰
平泉花石謾猷好　　甫里琴書歲月閒
定有遠朋來不乏　　洞開門路許躋攀
　　　　　　　　有朋之堂

葡萄架北石爲山　小沼涵虛當兩間
對酒還疑留水府　看棋忽忘在塵寰
墨濃佳句連篇盡　睡美清風一榻閒
最愛源頭來活水　紫陽眞境可追攀
雲影池

陶南趙博士六十一歲生朝　招諸老宿及諸門下士飲　佑成適
因事未赴　翌日　往讀諸公詩　因追賡以七言四絕

南山千疊瑞雲開　滿室春風泛酒盃
好是韶咸交奏席　有朋皆自遠方來

顚連龍象此何時　半壁河山百鬼嘻
太息蓬蒿秋雨裏　著書滿屋白垂垂

詞腦歌殘百草零　琵琶悽絕鄭瓜亭
鄕風族學迷魂久　却被先生喚得醒

欲刱新聲患不經　祇將舊調表微誠
願公壽比仁王岳　閱盡興亡未了靑

秘苑春遊同素波權五翼總長放隱秋岡諸敎授口占
乙巳一九六五年

三月漢陽天氣新　舊宮無數賞花人

最憐一角璿源殿　廢閣荒池草自春

一座淸遊發興新　靑眸華髮盡同人
誰知南北風雲日　有此絃歌泮水春

閒山權重輝總長 回甲壽筵 門下諸君子 請余作祝詩 因題
七言九絕以呈 乙巳一九六五年 暮春

曉霧初開日上東　滿城和氣送春風
何來天樂飄雲外　慶祝花山六一翁

六一星霜髮已銀　童顏不老似仙眞
花山門戶多遺蔭　福壽家中第幾人

乙巳之生不乏賢　桓桓忠武耀瀛堧
翁生同日偏多感　三月初旬第八天

少年劬學八公南　兩袖翩翩白線三
憶否丰姿臨照處　琴湖江水碧於藍

東遊異域孰知心　故國河山霧雨深
月色依微玄海夜　船頭回首幾沾襟

雪案螢囊配菊飱　支離梅雨自朝昏
天晴江戶人波裏　濶步堂堂入赤門

愛國丹心瘁育英　鶴巢臺畔一燈靑
自由鐘震三千里　又把餘生付駱駸

紛紛謗譽不登眉　晚界逍遙日月遲
一卷無爲休更辯*　無爲爲勝有爲爲
＊有隨筆集曰『無爲之辯』

今日華筵遞獻觥　菁英郁郁盡門庭
短詩替作南山頌　不讓金家福壽屛

素波權五翼總長 回甲壽筵四絶 丁未一九六七年 仲春

漢北華南物色新　滿城歌頌郁文人*
仙翁仙姥同盃處　造出人間別樣春
＊署其書齋曰 郁文齋

花山門戶也重新　竹谷風流有主人
願借仙家千日酒　今朝分作八方春

曰素曰波含義新　一篇閒墨更驚人*
素爲純白波流動　這裏洋洋無限春
＊有隨筆集曰『素波閒墨』

峨峨白岳入望新　努力躋攀勸後人
樑頌可知今日驗*　菁英郁郁滿堂春
＊嘗爲서울大學校 商科大學長 作圖書館上樑文

次韻奉寄星山李氏仰止堂 壬子一九七二年 仲夏
　星山李氏上祖某公 麗亡自靖 其後孫 就墓下作堂 扁以仰止 白溪李公基仁
　要余記之 並次其原韻

山巓水曲葆孤忠　善竹金烏易地同
枉己那能求直道　伏雌元是勝飛雄
愁看舊國草萊暗　忍說新朝治化隆
不恨當時文獻缺　崇碑赫赫揭無窮

儂石李海英敎授墓竪碑日 余寄詩三絕 使之埋於墓左
　　　　　　　　　　　　　　　　壬子一九七二年

仙李千年運氣微　名花一朶又辭枝
詩人重說王孫怨　正是東風草綠時

死別多年思憶微　今朝惻惻撫花枝
綠園咫尺成陳跡　竟夜看碁覓酒時

夢到楊州月色微　空山寂寞子規枝
從今賴有墳前石　趙筆金銘闢一時*
＊善丁金彩潤作銘 少泉趙淳書之云

平洲李昇馥翁 八旬宴席 哲嗣文遠敎授 要余作頌壽詩 因
題七言四絶以呈 甲寅一九七四年 七月

八十春光映海陬　南村文酒好風流
此觴那得人人醉　化作昇平六大洲*
＊翁之號 出於昇平六大洲之意

卅載河山任亂蓬　舊枝零落槿花風
好將新幹勤培養*　當日園丁是此翁
＊新幹會 卽翁與其摯友若干人發起而成就之者 故及之

何年木鐸震千門　新報朝朝有至言*
會得靑丘消息好　春風吹起蟄虫魂
＊翁嘗與同志諸公 引受朝鮮日報而經營之 啓發民知 扶回國脈 其功有不可
泯也

南北風雲路不通　憐民憂國藹丹衷
斷霞殘照三千里　一樹分明百日紅*
＊翁於庭植 最愛百日紅 盖以之自況也

林漢永博士回甲之日 門下諸子求余詩以頌其壽 余辭不獲
爲書二絶 乙卯一九七五年 秋

美雨歐風閱幾秋　寰中名碩遍交遊
歸來泮樹春光晚　壇上錚錚吐自由

西河風格百篇詩　却勝孤山處士姿

何似成均老博士　滿庭花草盡瑤琪

碧溪李寅基博士古稀壽筵二絶 丙辰一九七六年 四月

靈區楠谷絶烟氛　千古山花不盡春
認得源深流必遠　碧溪之水日沄沄

東遊桑域北遼陽　早歲英華耀四方
感慨七旬皐比席　嶺南風物是家鄉*
＊博士時爲嶺南大學校總長

金宗吉致逹教授　遊歷歐洲　有詩見寄　余次韻却呈二絶
戊午一九七八年 孟秋

苦李路傍生得全　南金價重已多年
靈芝白石陶淵路　他日重尋洞裏仙

萬里長途賦遠遊　歐風亞雨灑歸舟
何年與我耕爲耦　紅杏村邊聽曉鳩

奉次德陽齋韻* 寄朴澤民兄 己未一九七九年 四月
在高陽 密陽朴氏 丙舍

華閣崇階一日成　山增奇秀水增淸

知因吉隴長垂蔭　看取賢仍總竭誠
朝旭夕霞無限象　秋虫春鳥自來鳴
高陽尙有酒徒否*　松月千秋非俗情*

＊齋在京畿道高陽　故用之
＊高陽酒徒　出中國故事
＊松月　朴氏先祖號

雲巖李相球博士六十一歲生朝　邊衡尹安秉直鄭丙壽諸君
子　求余頌壽之作　爲書三絶 己未一九七九年　晚秋

關北群山峻且雄　猗玆溫雅玉人風
登門濟濟皆英彥　不負平生樂育功

萬邦關市事交征　喜餙平和怒構兵
坐講眞詮頭已白　一家經濟不勝淸

好過滄桑六十春　雲巖爲號亦天眞
雲爲萬物同滋體　巖作千年不老身

晚圃金時璞兄　就所居臨河果樹園　作無違亭　有詩見示　要
余次韻 己未一九七九年

太息人生得意稀　風埃半世悟三非*
無何鄉國徒遊夢　有此田園可賦歸
千樹來禽供晚果　雙溪流水浣春衣

臨河勝似潯陽曲　好共淵明願不違

＊晚圃別號　三非子

戲題絧人所裝橫額 庚申一九八〇年 孟夏

絧人 從故紙堆中 割取字劃之完者 集以成句曰 '蘭法傳竺地' 見者 不知何

意 然筆意奇古 似是阮堂遺墨也 余卽席書五言一絶於其下

老阮說蘭法　毫端深入禪

誰能傳竺地　同笑拈花筵

朴淳碩翁 壽宴韻 辛酉一九八一年

欣將皓首作靑春　春滿仙湖物色新

玉樹交柯輝廣宅　瑤琴偕韻藹佳辰

海東小學傳今日　江左風流憶古人

慚愧愚生通刺晚　鰲山推火是鄕鄰

遲堂朴峻緒敎授 以今年八月 辭泮學而去 所謂定年退職

也 余以七言七絶 表頌壽之意 辛酉一九八一年 仲夏

江南江北暗烟氛　經濟違心託史論

今日敎壇終講處　成均叡智學成羣

早稻田街負笈初　江關風物映襟裾

滄桑浩劫能無恙　兩鬢蕭疎滿架書

人間從古食爲天　農業關心四十年
商務工馳陵谷變　依然端坐說眞詮

首善場中撒手回　杏花壇外硯常開
牛潭風月無邊景*　移得神功筆下來*
＊牛潭　公之故鄉地名
＊公自數年來　傍治書畵　漸入佳境

聞道仙家日月遲　遲遲堂裏煎神芝
將看廋骨淸如鶴　應得靈心勝似龜

忘年交誼賴公多　復有群賢逐日過
最是樂園仁寺店　閒愁融却數盃茶

我以詩章助壽盃　公應作畵寄余來
若非蕭颯風前竹　當是孤高月下梅

遲堂　頗留意於文人畵　善於梅竹故云

竹坡李柱鎬敎授六一長筵 辛酉一九八一年

竹坡兄六十一生朝　門下諸君　呈紀念論文集　余以舊僚　晚始聞知　玆以古詩
一首　頌其壽

季弟自南來　要我壽竹坡

吾與竹坡交　風霜卅載過
審知竹坡賢　非是所好阿
早歲達句獄　慷慨獨立歌
中年登教壇　國粹闡發多
蕭踈兩鬢雪　人生奈老何
聊將一盃酒　遠頌鐵樹花

白影鄭炳昱教授回甲之辰　知舊門生　呈紀念論文集　宋載
邵林熒澤兩友　求余頌壽之什　余爲作古詩一篇　奉副其意

壬戌一九八二年　仲春

小白媚雲黛　太白切星辰
餘勢作走龍　千里到海濱
嶺南清淑氣　分萃洛之滣
兩白遺形影　白影卽斯人
早遊延禧村　自覺白衣民
畢業駱山下　國學償宿因
專精古詩歌　韻律得其眞
悠久時調源　溯至滿殿春
只此永有辭　聲價足千緡
彼哉百啾喧　他日摠灰塵
昔我得散藁　一讀便會神
海上風雨夜　挑燈坐達晨
往事如夢境　居然老逼身
忽聞舊甲回　不禁感懷新
欲書頌壽句　思拙眉苦顰

神仙事固誕　龜鶴語亦陳
最是佳子弟　溫溫席上珍
況復門下英　文質俱彬彬
一笑勸霞酒　春風滿四隣

暉山兄老母百歲生朝　設宴于大項故里　廣速賓友　因請祝
壽詩各一章　余因事未赴　追後　次韻奉寄　壬戌一九八二年　仲秋

爲頌君家福履長　遙天稽首向高堂
芝蘭遶砌春無恙　銀寶埋園夜有光*
積德可輕千戶富　含誠聊奉萬年觴
京鄉處處傳佳話　壽洞元來在密陽*

＊稗書　有寡婦　得銀甕於地中　埋諸後園　食貧如舊　待其諸子學成而登仕　始
　發而與之
＊密陽府誌　稱大項爲壽洞

又靑鄭炳祖教授　訪余于日本東洋文庫　言其回甲在邇　余
爲作祝詩七絶以贈　壬戌一九八二年　十月

堂堂天嶺鄭公鄉　陶叟詩中第幾章
好是泰山喬嶽裏　人材之盛最咸陽

薀溪溪水碧於藍　文獻家聲擅嶠南
出得又靑靑更別　風流他日續奇譚

泮中絃管幾星霜　濟濟群英遍一方
況得杏壇諸硯友　華箋寶墨四時香

老大方知吾自吾　英蘭奚獨産文豪
密敦月敍詩千百　有否風蒲一絶高

萬里聯袟汗漫遊　美歐文物入淸愁
關心最是扶桑國　戰後風潮復逆流

扶桑小住鬱余懷　歲月侵尋兩鬢皚
逆旅相逢談笑處　茶香偏憶樂園街

遙想華筵奉壽觴　階前蘭玉倍輝光
何由滿酌金莖露　好送江南瑞草傍

雨田辛鎬烈翁古稀之歲　受業諸生　要余頌壽之作　余爲書
長句以呈　癸亥一九八三年　孟夏

漢城人稠居日窄　地下埋却三淸川
司諫之洞成湫巷　先生家無半畝田
喜雨霑田吾亦喜　民胞物與似當然
自號雨田窮益苦　硯田筆耕幾多年
漆板粉墨亦云苦　白髮種種侵華顚
春風自長書帶草　閉戶端坐閱簡編
城中才俊慕古道　問字質義來聯翩
風騷易禮隨叩應　別有妙諦言外傳

東方遺緒尙未墜　識大識小惟其賢
七十古稀今不稀　況復體氣和無恙
名敎之中有樂地　還丹吸氣非眞詮
燕巖美仲偏好事　終日尋逐金神仙
剛健篤實遵聖訓　仁者必壽有彼天
吾詩且可止於此　要待滿百重開筵

爲金兄浩吉　奉次其大人雲田翁重牢宴韻二首

癸亥一九八三年　十月

愛誦關雎六十年　重牢此日福垂天
清流九曲源無盡　華燭三宵座復圓
且得逍遙遊物外　不要馳驟在人先
芝蘭玉樹春如海　可但申家有樂全

慶會高堂日似年　仙翁仙姥降何天
花明蛺蝶春情逸　波暖鴛鴦午夢圓
滿幅瓊章酬復唱　盈庭彩舞後還先
故園三秀靈根大*　遍給鄕邦壽福全

＊翁世居安東芝澧　芝澧有九曲上流　三秀故里之稱

斗梅朴智弘敎授回甲壽筵三絕 甲子一九八四年　九月

憶吾與子始相知　白晳靑眸二十時
羊胛光陰流去盡　今朝爲寫晬筵詩

倍達園中幾盡簪　草梁館外細論心
君爲語學吾爲史　每愧工夫有淺深

閱盡滄桑得此筵　芝蘭玉樹耀庭前
方山白史無消息　惟祝梅兄壽百年

玉田車基璧教授回甲之筵　成均諸友　求余祝詩　爲賦七絕
三章　以頌之

今日天晴海不氛　成均多士靄如雲
斯筵偏覽鄉關遠　南北山川劃以分

鴨水西流不盡天　海門咫尺是龍川
世人謾說藍田玉　不識斯間有玉田

平生民族義高揚　合理稱情好主張
他日河山成一統　披襟同醉萬年觴

于海李柄銑教授回甲二絕

驪州三秀本根同　百世之親情不窮
兄弟一床劬國學　何曾逐利似商工

槿桑言語起源同　變化流移不可窮

感慨六旬風雨裏　孤燈耿耿做眞工

寄呈雲谷金源敎授 乙丑一九八五年 孟春

泮中絃誦緟淸緣　年齒何曾較後先
廿載夢魂徵逐處　一輪明月半邊川

川上層甍自一村　就中雲谷更高門
半生混濁心追古*　沙礫之中玉有君
*混混與世相濁 獨其心追古人而從之 韓退之語也

憶昔相攜紐育街　又來江戶慰離懷
漢城今日相酬唱　努力宗邦憂樂偕

竹夫李簾衡敎授回甲之筵 成均漢文學同僚諸君子 爲頌其壽 求余
詩章 余爲作七言四絶以呈 辛未一九九一年 新春

今日新晴曉旭紅　何來天樂遠飄空
丹丘仙子迎華甲　琴瑟塤篪一座同

早向春風泮水遊　講壇勤苦廿年秋
大東經學編成帙　好把芳名揭卷頭

茶山研究好因緣　實是堂中袂更聯
險世同心毫不變　這間爭說竹夫賢

華筵春酒祝無疆　三角山高漢水長
爲誦白巖贊一節　海亭松月永垂光

朴永錫敎授回甲之年 諸知舊同人 將刊行記念論叢 余以
此二絶 題其卷端 壬申一九九二年 一月

先春消息到梅花　水也村中第幾家
史館十年聲價重　紛紛稱頌偏京華

曾從彝傳識先公　又見莘莘繼述功
異土遍搜光復蹟　長敎偉業耀無窮

蒼史李春熙敎授 自成大文獻情報學科 定年退職 余爲作
七言四絶 揭載于紀念論叢之卷端 壬申一九九二年 五月

好古求敏聖有言　如今學術轉多門
須知文獻先情報　卅載莘莘泮水村

戰禍吾邦最執徐　萬籤千軸散亡餘
勤從諸院搜文庫　目錄成爲一好書

杏下新詩興溢杯　墨林聊復試高才
幾年臨寫蘭亭帖　蘇阮齋中一脉來

丕闡堂前綠草茵　尊經閣裏蠹書塵
休言往事成陳跡　別後餘情久益新

三亭朴友登茁　要次其敬慕亭韻 壬申一九九二年 仲秋

此地樓臺豈偶成　慕先追孝出常情
平郊秋熟黃雲色　別院春深好鳥聲
花露濡毫詩思軟　竹陰移榻夢魂淸
密城家世多遺蔭　萆祿可徵天報明

祝經洲柳友赫仁回甲 癸酉一九九三年 八月

不關烏兔遞遄飛　南極壽星長照衣
水柳靑靑三百載　春光先向此中歸

天晴仙鶴一雙飛　萬里江淮快振衣
展也平生琴瑟友　關雎歌罷好來歸

珍禽瑞鳥遶庭飛　長遣春風拂彩衣
遍踏地球村裏路　吉祥嘉運滿裝歸

祝芝軒金友浩吉回甲 癸酉一九九三年 十月

六十年前寅降生　芝山澧水以才鳴

如今刺促雞羣裏　想望秋天一鶴橫

陶山私淑倡諸生　博約家謨復大鳴
物理源頭通道學　高談淸論任縱橫

斯盧東表喬雲生　靄靄朝陽鳳鳥鳴
何日翮翮成羽翮　南天遙見大鵬橫

賀少泉陶山院長之任

東望臨瀛瑞靄生　鶴山千載鶴長鳴
好將邦國經綸手　學社詩壇逸氣橫

陶山儒案續先生　進道門開法鼓鳴
願使東方遺緒振　西來異敎禁專橫

三十日　聞芝軒急逝　甲戌一九九四年　四月
　慟傷之餘　用蘭社韻　作一絶　以代輓歌

新綠千林躑躅開　嗟君仙去孰同盃
許多遺業應難忘　東海月明笙鶴來

五月二日 同少泉馳至浦項 哭芝軒 夜宿青松臺 復用前韻
甲戌一九九四年 五月

碧岫蒼灣別境開　思君不見獨銜盃
晉康明月丹陽雨*　應有精靈任去來
＊晉州丹陽 皆芝軒曾與蘭社同人遊歷處

追頌少泉市長當選 乙亥一九九五年 七月

銀髮星眸鶴里身*　翻然來占漢城春
包公淸直聲天下*　今日吾邦亦有人
＊小泉世居江陵鶴山里
＊市長出馬之初 市民 皆以少泉 比之于宋包靑天

江南雨夜追悼惟性 乙亥一九九五年 八月
　惟性 成耆浩號

常時消息不相聞　一隔重泉倍憶君
悽對硯床眠不得　廣陵寒夜雨紛紛*
＊年前 遊北京 至頤和園 惟性 買一匣石硯 贈余 載歸漢城 置諸左右 自惟性
　逝後 不忍開視 余所居江南區 舊廣州地故曰廣陵

輓心岳李崇寧博士二絶 乙亥一九九五年 月

奎星昨夜墜天東　語學堂中丈席空

斯界已成金子塔　　更敎花卉滿庭紅

憶昔成均學術團　　惠然來導語言班
名山浮石終宵話　　冬至霜風不厭寒

竹夫李簁衡教授　自泮橋學府　定年退職　余作七言七絶以呈
丙子一九九六年　仲夏

天道循環作四詩　　成功者去乃其宜
獨憐今日明倫路　　卅載師生遽別離

星老茶翁學脉長　　詩書易禮說汪洋
探微發奧尋遺緒　　一穗靑燈幾十霜

碧松軒外接肩遊　　實是堂中更聚頭
樸學無華人莫說　　杏壇詩酒足風流

丹丘仙境藥山陽　　何日巾車返故庄
我欲歸農凝水北　　度阡越陌叩門墻

雙溪寺　追悼朴澤民雨達兄　丙子一九九六年　七月

老姑壇迥共穿雲　　蕭寺泉鳴度夜聞
今日石門重到處　　亂山飛雨獨無君

幾年徵逐海山雲　最喜雙溪梵唄聞
惆悵中宵孤倚枕　空樑落月却疑君

寄謝龐樸敎授 丙子一九九六年 十二月

海內名聲灌耳雷　漢城三日更飛回
他年待我楓橋畔*　轉訪西湖賞古梅

*龐書來 附以詩一絶 有'更向楓橋聽晚鐘'之句 盖中國人士 將於二年後 召
　開實學會議於蘇杭地方故云

又靑喪車 自三星醫療院 早發向咸陽 余不能往餞 用杏詩
壇韻 作二絶 以代輓歌 丁丑一九九七年 五月

不向靈輀酹一盃　漢江鳴咽去程催
嗟君今日歸鄕國　超遞京山更莫回

杏樹詩壇酒百杯　春風秋雨歲華催
良筵少一增悲感　漠漠天南鳥獨回

宮田節子女史 有書來 余答之 附以詩一絶 丁丑一九九七年 五月

我識君心似水晶　竹園松屋也增淸
落花飛絮三春盡　惱殺嬌鶯喚友聲

陽圃李相澤敎授華甲論文集寄題三絶

春陽滿圃百花香　陽圃嘉名意味長
養得太和充五內　篇篇織出好文章

奎章閣裏挹淸芬　萬卷圖書博我聞
前代華銜提學席　英英才俊集如雲

峨峨德裕擁南陬　萬古江川不廢流*
今日弧筵同祝壽　笑看海屋更添籌
＊江川　陽圃故里名

石如成大慶敎授　以丁丑八月　定年退職于母校成均館大學
余用杏詩壇韻　作七言七絶　以頌之　丁丑一九九七年　仲秋之月

憶我曾過石洞家　門墻牢落夕暉斜
霜摧雨打三千日　別有春風一樹花

成均學令本儒家　正道堂堂不側斜
菀彼千年文杏木　祇看有實未看花

初年鬼戲妨居家　蕩漾風潮帆幾斜
鬻畫藏名非射利　古今堂裏寫蘭花

今世未聞良史家　擧多偏瑣與尖斜
知君實事惟求是　慧眼何曾眩鏡花

謾託伊周扶國家　舊韓衰運轉傾斜
半生追究雲公事　積藁堆床禿筆花

碧松一境似吾家　任意追遊巾帽斜
講罷別開詩社席　幾回吟月又題花

頓齋書籍撤還家　六五年光逐水斜
笑別講壇回首處　滿庭瑤草與琪花

羅州丁氏追遠齋次韻 戊寅一九九八年　季夏

卜得名基宿願成　新開丘壟却多情
崇碑字古龍蛇隱　敞閣軒高水月淸
夜靜靈芝應吐氣　春深喬木更敷榮
紫雲瑞日祥光裏　門戶稱揚不盡聲

戲贈懷川 戊寅一九九八年　仲秋

朝朝行過頓南橋　矻矻專工互晝宵
鶴賦雲詩都束閣*　辛勤蒐輯嶺東謠*
＊鶴峰之賦　雲川之詩　皆爲懷川先世之遺作
＊旌善　阿里娘歌

次韻奉寄河東鄭氏墓齋落成宴 戊寅一九九八年 仲秋
　友蓮歿後 其子弟輩 遵遺意 爲其先祖 築齋舍于晋州先塋下 訪余于京師
　備述其間之經過 因要余次韻 追念吾與友蓮之舊誼 爲之歔欷 卽席題贈

好是名山世葬阡　巍然高閣出雲煙
榮攀蓮桂何年事　慶溢松楸此日筵
世態傷今仍感舊　家謨裕後且承前
瀛洲徵逐渾如夢　爲寫詩章和淚傳

哭經洲柳友赫仁 己卯一九九九年 二月 ○蘭社韻

人生命運薄如紗　水谷眞珠遽斂華
蘭社勝筵嗟少一　春來隨處淚濺花

祝玄洲金東漢兄回婚宴 己卯一九九九年 三月 ○蘭社韻

善家餘慶自仁天　花燭洞房情倍前
玉樹芝蘭交映處　德陽春色浩無邊

哭金基赫敎授 己卯一九九九年 十月
　讀少泉詩草 有輓金基赫敎授之作 余始知金敎授之長逝 傷悼之餘 用蘭社
　韻 追題一絶

何來一曲輓歌聲　此夜知君遊太清

玉貌眞衰今永閟　秋風東望歎浮生

南洲崔烈坤敎授古稀壽筵　余以七言三絶寄呈
己卯一九九九年　十一月

人生堪賀古稀年　置酒迎賓設壽筵
積善之家餘慶在　南洲今日是當然

翩翩才氣早知名　泮水淸風佩玉聲
學政多年勤服務　平生心在育群英

脩竹靑靑蔭舊軒　嶠南文艶法山村
如今綱紀頹荒日　有此賢孫持一門

訪鹿邨于中央病院　用蘭社韻　以七言一絶慰之
庚辰二〇〇〇年　一月

身常淸健語生香　小跌何須慮內傷
號令夜叉斯速退　明朝一笑整衣裝

奉呈德谷安丈　胤洙　庚辰二〇〇〇年　三月

華髮飄疎不着巾　喜將餘粟恤窮貧
巖燈夜雨床書閱　澗草春風野鹿馴*

思肅貽謨遺後世*　眉星傳緒賴先人*
靈長山色靑如染　德谷千年物象新
　*安丈　築室於廣州山中以居　養鹿數十群
　*思簡文肅兩公諡號　合爲思肅堂
　*文肅　卽　順庵先生　爲眉叟星湖之的傳

輓西牛韓沽劻敎授二絕　庚辰二〇〇〇年　月　〇蘭社韻

篤學平生人共欽　和同末世少知心
魂靈不礙關山路　應駕靑鸞向故岑*
　*韓　平安北道人　越南後　不得一往故鄕

我初相見卽相欽　釜港三年話素心
北漢山樓今永訣　秋風含淚望遙岑

聞李澤植博士逝去　發靷已有日　追作輓詩　〇蘭社韻

持身凝重對人寬　一任滄桑萬疊瀾
黙老遺風尙未盡　棺中應襲舊衣冠

李博士　晚年歸依天主敎　而自以黙軒後孫　未嘗忘儒家傳統　故末句及之

晚圃金時璞兄祥日 以詩代哭四絶 庚辰二〇〇〇年 季秋

嗚呼廿載忘年交　一別仍成萬里遙
今日又違靈座哭　靑楓蕭瑟幸州橋

鶴爺雲老闡眞詮　景泗流芳五百年
季世賢孫勤紹述　文華垂後且光前

泰山頂上挹仙風　長白天池又盪胸
滿載雲霞探勝卷　世人長憶病簑翁*
＊有病簑翁中國旅行記一卷

三非當日發咨嗟*　晚卜田園自一家
溫雅風流應不泯　長敎明月照臨河
＊晚圃 別號三非子

晚圃逝後　余未得一哭寢門　今於撤机筵之日　又以先事作鄕行　辜負半生之情
誼　我懷何如　玆以七言四絶　寄呈于象設之前　他日泉下相逢　或可以此爲今生
之證也耶　抆淚追書

哭淵民李家源兄 庚辰二〇〇〇年 十一月 〇蘭社韻

淵翁才學寔超群　季世猶能玉石分
已把文名輝一國　更將筆力掃千軍*
明倫巷冷飛秋葉　溫惠山空掩暮雲
太息麗韓十家後　曺河卞鄭更添君*

＊杜詩 筆陣獨掃千人軍
＊金滄江與其弟子 編麗韓十家文抄 余謂十家之後 當添入曺兢爕 河謙鎭 卞
　榮晚 鄭寅普四君子而今又當以李家源足之

哭默窩安康煥兄 辛巳二〇〇一年 一月 〇蘭社韻

飄然僊擧遠遊如　寂寂松篁掩舊居＊
太息凝州文運否　無人更讀五休書＊

＊密陽金浦里
＊默窩 嘗印出『五休子集』五休 卽其先祖五休子先生也

安秉直教授回甲三絶 辛巳二〇〇一年　月

天晴冠岳碧崔嵬　又謹堂中舊甲回
競把霞觴同祝壽　群英濟濟落星臺

謹字家規百世傳　竹溪風月在身邊
志存經濟憂民切　十幅連屏蔘歎篇

平生固守象牙塔　也有遠朋來雜杳
我欲結鄰老果村＊　主人一笑還無塔

＊又謹 居在果川

省皐李成茂敎授　自國史編纂委員會定年退任　余以詩三絶
爲頌

漢上天晴化日長　定年休退頌聲揚
須知老果遺芳處*　之子風流更有光
＊國史編纂委員會　在果川故云

吾李淵源八百春　一家三秀孕群孫
水原最號門欄盛　今日聲華更有君

學界翶翔獨拔群　兩班科擧好論文
愧余老拙無能甚　聊把詩章共倒樽

慕何李憲祖兄古稀之筵　以詩爲頌三絶
辛巳二〇〇一年　七月　〇蘭社韻

清洛透迤火旺山　宜寧咫尺是鄉關
地靈孕得無量壽　長遣春風滿笑顏

著述連編氣聳山*　幾多籌劃破難關
休言四序成功去　剩得金星照玉顏
　＊慕何　蒐輯其經營談論　刊行四冊

身名家範重於山　榮辱昇沈本不關
爲問慕何何所慕　晉朝陶令北朝顏*
　＊北朝顏之推　以家訓有名於世　載在『小學』

過淵民舊居　辛巳二〇〇一年 九月
門前石刻 '梅華老屋'四字

梅華老屋有餘清　頓水橋西一逕明
半掩松窓人不在　依稀昔日讀書聲

禁苑墻東玉溜淸*　蕭條門巷夕輝明
尋常來往頓橋路　忍聽山陽隣笛聲*

＊玉溜　淵民家在秘苑墻東　有泉自苑中出　嘗自署其居曰玉溜堂
＊隣笛　昔嵇康死後　向秀　過山陽舊居　聞隣人吹笛　感懷亡友　作思舊賦　後因
　以隣笛　爲悼念故人之語

釜山友人某　求余近作詩　辛巳二〇〇一年 十月

湖海親朋信息疎　喜君通電慰窮居
休從老我求新作　詩比前年漸不如

宋建鎬靑巖之喪　未及往吊　賦詩代輓　壬午二〇〇二年 一月

曩在軍政下　民權一時微
公居大衆前　揮戈回落暉
我主心山賞　衆論於公歸
縱橫談世事　幾度叩我扉
遽爾成千古　應恨素志違

富川 祭山康卞榮晚先生墓 壬午二〇〇二年 五月
　實是學舍古典文學研究會諸君 讀譯『山康齋文抄』余使諸君 略具脯核 往
　赴富川之墓所 設奠于床石 余以所製祭文 跪讀以告 祭罷 不勝凄感 爲題
　三絶

文章一代卞先生　弔國悲秋任獨鳴
鴨綠江妣驚闇昧　西天拖老愧馳橫

曾經逸石莅民生　一任樹州詩以鳴
歿後仍成聯枕臥*　荒原寂寂夕陽橫
＊三兄弟一列同塋

凌風莊裏晚凉生　月影臺邊遠鶴鳴*
山海陪遊如昨日　白頭來拜淚雙橫

＊凌風莊 余之釜山寓所 公嘗於樓上 過夏數日 月影臺 鄭友蓮 邀致公於馬
　山別莊 余亦從而遊

安斗守敎授 自成均館大學定年退職 余將其姓名演其義
爲五言絶句 以祝其壽 壬午二〇〇二年 仲秋

安心立命者　安且樂其生
斗是北斗星　守是堅守城

聞田中正俊教授逝去　寫哀　壬午二○○二年 十二月

海水翻風岸起沙　石神凄冷故人家*
漢城一別成千古*　上野春櫻幾度花*
＊田中 家在東京鍊馬區石神井台
＊往年余招請田中敎授於漢城 與旗田翁開東亞學術會議
＊昔余之自日本歸國也 田中敎授與旗田西嶋諸公 作送別會于上野之韻松亭

不許精金混礫沙　東方史學有名家
戰中戰後遺編在　詞致玲瓏千百花

輓遲堂朴峻緒敎授　壬午二○○二年 十二月

履素安身不怨天　平生兢惕似臨淵
杏壇寂寞唱酬處　一曲薤歌兼送年

星宇金基台敎授 定年退任之席 以詩爲頌三絶

癸未二○○三年 初春

經世濟民能者誰　講壇論學亦難爲
佳哉吾友守初志　耿耿參星庭宇輝

心山思想共支持　結社經營歷幾時
今日萬人俱仰德　這間勞苦我深知

泮中奉職閱平生　養得群髦擅校名
好是定年休退日　碧松亭畔百花明

述懷 示暉山一灘 _{癸未二〇〇三年 七月}

不向凝川理釣絲　靑襟白髮滯京師
杏壇陳跡授徒處　蘭社深情酬友時
風雨對床嗟已遠　烟霞遊屐歎何遲*
餘生只可守初志　鳳翥龍騰非所期
　*余嘗愛「徐霞客遊記」 欲仿而爲之 而竟未得也

新秋 贈宋載邵林熒澤金時鄰 三敎授 _{癸未二〇〇三年 九月}
　止山絅人懷川 三人者 皆以今年回甲 余以詩爲頌 兼寓勉進之意

長霖乍霽已秋聲　漢上山川氣象淸
農父田間朝日出　漁翁海畔夕雲生
篤工無使初心改　秀作頻敎老眼驚
更向竿頭加一步　畿京實學共推明*
　*余區分吾邦實學 爲近畿派 與京派 故云畿京實學

歲暮 追憶故友柳子壽 _{癸未二〇〇三年 十二月}

歲月忽忽逝若飛　感今懷舊易沾衣
荒村風雨雞鳴苦　絶塞烟霜鴈信稀

波外聲音空入夢*　篋中詞翰尙留輝

賣文故事從誰說*　漢水西流永不歸

　＊余夢遊海金剛　方山　與孫友永鍾　適至　云是學術調查行　余大喜　欲移船相
　　近　忽爲大風所引去　兩人搖手於波浪之外　因杳然矣
　＊昔方山　自釜山就食都下　有出版社爲賣其文　資助其生活　余寄詩曰　滿地悽
　　風寒雨裏　可憐京洛賣文人

哭菁丁金晉均敎授二絕 甲申二〇〇四年　二月

朗如星月重如山　名播勤勞大衆間
英氣雄心應不死　虹光直射鬼門關

吾輩倚君如倚山　牧書論討十年間
重重世債嗟無限　忍向泉臺永閉關

一誠李特求敎授回甲之筵　以詩爲祝 甲申二〇〇四年　六月

架上典墳千卷黃　庭前蘭菊四時香
六旬今日增康健　韓李家門茀祿長

香山孫漢圭古稀之筵　寄題二絕 甲申二〇〇四年　六月

風流千載白香山　今日香山號一般
世路古今多異軌　名稱相合有何關

軒軒六尺丈夫身　活動居然到七旬
勤篤平生鄉士愛　競傳吾密有斯人

.

哭鹿邨高柄翊兄二絶 甲申二〇〇四年 七月

邇來閱月不相過　一夕歸天意若何
泰岳忽頹河失道　'東洋學'子痛傷多

十年蘭社隙駒過　寂寞新編可奈何*
若聚親朋今日淚　漢江江水也無多
＊蘭社第二詩集新出而未及見而逝

雙梅堂鷄肋集

年前 就退里 重修先人之廬 扁其齋曰覃齋 堂曰雙梅堂 爲老後歸
棲之計 索取詩藁之見遺者 一幷編輯曰雙梅堂鷄肋集 鷄肋云者
"棄之可惜 食之無味"之意也

몇해 전에 퇴로마을에 가서 옛집을 수리한 뒤에 서재는 담재(覃齋),
마루는 쌍매당(雙梅堂)이라는 현판을 달아두고 노후에 와서 살 계
획을 하였다. 그리고 낡은 시고(詩藁)들, 빠져 있는 시고들을 찾아내
어 모두 한데 묶어 '쌍매당계륵집(雙梅堂鷄肋集)'이라고 하였다. 계
륵(鷄肋)의 뜻은 "버리자니 아깝고 먹자니 맛이 없다"는 옛말을 취한
것이다.

盤溪亭逢雨 至暮始霽 奉次諸長老韻 辛巳一九四一年 四月

晚眺閒吟步澗濱　無邊光景雨餘新
落花鷄犬孤村夕　芳草牛羊遠岸春
一境幽居無俗物　四時淸賞有遊人
明朝擬覓桃源路　招導山靈駕水神

發桃源亭向表忠寺 辛巳一九四一年　月

一入桃源未遽還　新晴鞋襪向雲山
玆行擬宿招提境　指點煙霞杳藹間

壽再從祖父退修齋先生六十一歲生朝 壬午一九四二年 五月

孟夏之月月旣望　積雨新霽天微凉
南方壽星大如斗　煌煌下照福履鄕
東冥先生舊甲回　華筵盛饌中堂開
翠幕絳帳羅前後　滿室和氣薰風來
床頭瑤琴鳳凰鳴　庭際玉樹芝蘭明
華山道士舞羽扇　蓬海仙侶醉霞觥
先生悄坐不擧殤　定有懷抱鬱莫宣
當時未盡子輿養　此日那忘正叔言
餻喜稱慶任所爲　强與子弟一展眉
眉一展兮擧家慶　小子奉爵兼爲辭
先生胸腹濶太倉　中有萬卷詩書藏

口懸黃河談義理　手織雲漢成文章
噫噫此語可盡先生美
先生儀表泰岳峙　先生旨訣洛閩是
英年發軔趨向篤　晚歲循規蹈行熟
衰頹猶賴棟樑支　愚蒙皆待蓍龜卜
大隱不妨就城市　舊居幾度戀田里
故山物色今更佳　玄猿白鶴俱歡喜
但願一盃增一歲　十盃增十歲
百盃千盃至不計
氣力益健容貌新　長時不老似靈椿
朱顏綠髮照映宇宙八千春

再從祖退修齋先生壽宴翌日　同諸長老　往三隱亭　拈韻共
賦　余亦敬次　壬午一九四二年　五月

未聞泉石取傷廉　此地藏修歲久淹
三逕裘羊同過訪　一床墳典獨沉潛
岸鬪犬牙溪囓壑　亭飛翬翼樹齊簷
不辭連日留佳客　酒有山肴飯有鹽

獨上西亭　憶裵李兩友　甲申一九四四年　三月

亂裏逢春感慨增　憑欄默默思難勝
無如此地關情甚　況有伊人結契曾

一境烟霞迤短屐　萬籤書帙伴孤燈
回頭正是依然處　華岳中天翠幾層

磧川寺朝起戲題 甲申一九四四年 五月
　余避日帝徵用 竄山谷間 一日 至淸道磧川寺 許戚成氏姊 自大峴送酒饌來

　余旅困之餘 不覺頓喫大飮 醉倒堂中 翌朝始起 覓紙題此

堂中白衣少年子　淸宵大醉睡正熟
鼻息漸高聲洶洶　雷轟潮震傾高屋
老師宿客都魂驚　起視窓月依然明
此時少年方做夢　夢翻滄海挈長鯨
掀天動地鬪一場　手擲巨物如小羊
覺來無言獨一笑　尙疑飛沫滿空床

伽倻山籠山亭次韻二絶 乙未一九五五年　月

慣聞疊石與重巒　十載依稀夢寐間
坐着孤雲詩境裏　宛其流水宛其山

摩天龍舞百層巒　臨水翬飛亭一間
欲問崔仙當日事　孤雲無跡過前山

家藏古畫幅二絕 乙丑一九八五年 初春

荷鷺

夢覺池塘草　芰荷已着霜
銜魚忽相忘　思在天一方*

＊畫無款識 覽者 當以神求之 若區區問其人之爲誰 便落在下風耳 不然且可
　於吾詩中有得也

蘆雁

泠泠十五絃　大有瀟湘意
却又牽舊情　含蘆下汀沚

畫者 旣不願露其姓名 吾且恐吾詩之爲蛇足也 雖然 無吾詩 何以得如初筆
碧史又識 如初書

晚晴 乙丑一九八五年 八月

山村連夜雨霏微　今日新晴快曝衣
晚汲淸泉閒煎藥　蟬聲如海暮雲歸

雨後登山亭 有感而作

穿林緣澗一蹊微　雨後靑山滿我衣
舊讀依稀如夢境　蘆花遺作不如歸

見複壁中 外國稗書雜誌 朽敗蠹蝕 皆余少時所耽讀者也 爲之一慨

寄呈尙虛安炳周半丁丁範鎭兩友
兩友 以退溪學會事 將向日本 余以病落後

病臥山窓萬慮微　東天那得振征衣
羨君更踏神田路　買得新書滿橐歸

老母宋氏 丙寅一九八六年 六月

愛養桑麻似養蘭　三冬風雪紙窓寒
平生不說鄕村苦　每問京師寢處安

嚴光山 省伯兄墓 以詩代哭

園有柿梨庭有蘭　堪嗟風雨半床寒
富春千古葱蘢氣　長護佳城體魄安

西皐憶先兄 丙寅一九八六年 八月

幾回白日看雲眠　今日沼沼玉界仙
寂寞西皐松竹裏　一燈猶記讀書年

嚴光茶村人家 密陽山外面嚴光里 丙寅一九八六年 九月

柴車落日渡溪橋　絢索編茅又達宵
愧我不知農事苦　七年南路採民謠

夜到鄕第 見雙梅盛開 喜作 丁卯一九八七年 四月

夜發昌原抵密陽　半輪新月照虛堂
年年句引春風至　儘是梅花不我忘

偶閱「海山故事集」憶山康翁

一代文星耀漢陽　山康風格匹爲堂
憶曾多事編詩稿　滿紙褒題尙未忘*
 *山康見余詩稿 輒有題評 故末句及之

自京還鄕道中望華岳 丁卯一九八七年 六月

漸近鄕山喜拭靑　華南依舊好園亭
今行不惜花時過　新竹新蕉綠滿庭

翌日 步上山亭 聞鶯有感

新秧出水四郊青　亂樹成陰擁一亭
久別黃鶯猶記我　慇懃相喚近前庭

歸宿鄉第 見電視器中選舉演說光景 卽席口占
　丁卯一九八七年 十二月

騷音掀動嶺湖南　獨夜青燈坐小庵
誰是操雞兼搏鴨　中原逐鹿是陳談
＊操雞搏鴨 益齋贊高麗太祖語

偶閱『黨議通略』書示友人

黨議東西忽北南　更推明老斥尤庵
君看湖嶺分張勢　我我桐巢非古談＊
＊『我我錄』老論人士所著 『桐巢漫錄』南人所著 俱是代表黨論之作

新正 歸鄉第 拜祠堂 因啓藏書室 點檢函架
　　　　　　　　　己巳一九八九年 一月

滿室芸香鬪蠹魚　先人手澤賁幽居
傳家有此書千軸　亂世浮榮視蔑如

再明日發向京師 己巳一九八九年 二月

一區園沼養禽魚　素性偏宜山澤居
嶺雪撲眉情却別　京塵迷眼意何如

夏季歸鄉第感舊二首 己巳一九八九年 九月

憶昔庭闈昏復晨　卅年孤露淚痕新
却憐蒼翠盤松樹　滿地成陰迓主人

夢罷北窓雞報晨　少年情況入懷新
携書欲向西皋去　遜老宜翁已古人

余兒時就傳　出處于西皋精舍　每曉　雞三唱　輒起盥漱　挾冊受日課　今已屬
五十年前事矣　李遜堂裴宜庵兩先生　皆吾昔時師長也

立春前日還鄉　仍留至上元節 庚午一九九〇年 二月

漢城風雨夢家園　只把幽懷付永言
好是今年上元節　村醪社肉醉昏昏

還鄉翌日　以「四山碑銘」校註事　同諸君起居于西皋精舍

平生懷抱在西園　泉石煙霞有宿言

嗟我讀書聲輟久　耶歌佛誦遞朝昏

村之北 有佛寺 東有耶蘇敎堂 皆近年所建 而朝夕歌唱誦說 其聲洋溢于閭里
聽之甚苦

觀善契會翌日　西皐閒坐 庚午一九九〇年 五月

林亭過雨一番寒　花壓池塘柳蔭欄
琴匣拂來蛛網落　茶甌飮罷篆烟殘

西崦人家

臨溪破屋竹籬寒　滿發辛夷護井欄
太息田園非舊日　村兒凋瘵牧歌殘

六月末 以事往釜山 歸路暫入鄕廬 坐西亭 辛未一九九一年 六月

長夏林亭萬綠交　風埃倦客暫還巢
小泉過雨能鳴枕　新竹牽風乍拂茅

過村家有感

簷角飛花蛛網交　籬邊喬木鵲爲巢

新生運動今無處　只見村家盡去茅

桃源亭　贈源卿　辛未一九九一年　九月

我家三世種桃花　翠壁丹崖一逕斜
今世無因藏勝境　隔溪終日走塵車

二八成親手挿花　鸞飄鳳泊鬢絲斜
平生京國追名利　辜負名山挽鹿車

初冬村居　辛未一九九一年　十一月

頹然歸臥草堂高　不爲他人拔一毛
門斷車輪蒼犬睡　架抽書帙白魚逃

南郊閒行　辛未一九九一年　十二月

少日虛名自處高　鬢邊蕭颯已霜毛
心閒村路犬相逐　面慣林塘魚不逃

京居所藏書籍 分其一半 載歸故里 述懷 呈杏詩壇諸公
壬申一九九二年 八月

萬國塵雰苦未晴　一生書劍愧無成
諸公他日如相憶　退老村前問耦耕

耦耕坪二絶
　　藍湖之上 有田數百畝 曰耦耕坪 我先世所命名也 余少時 以親命 監農 監
　　農云者 監董農作之事也 而余輒携稗史小品等冊子 出坐田頭 以消日 時時
　　向農夫 問其作業何如而已 土地改革後 就食都市 閱歷五十星霜 頃年退職
　　頗有歸去田園之志 顧今農村民力枯渴 將無爲我代耕者 且余年老身衰 無
　　力自耕 可歎可歎

南鄉遐眺海山晴　守拙歸田計未成
憶昔監農無所事　湖邊終日坐看耕

終年較雨又量晴　農事元非一日成
愧我未能躬耒耟　老來容易說歸耕

秋夜鄉廬憶先兄　壬申一九九二年 九月

凝水湯湯華岳青　少年詩禮共趨庭
白頭孤向西窓宿　四壁秋蟲不可聽

再訪故里 詠庭松二絶　壬申一九九二年 十二月

歲暮村莊再度尋　蕭條落葉滿前林
盤桓手撫孤松處　認得潯陽處士心

孤松歲久不盈尋　也有風標凌衆林
却憶三春桃李節　蒼髯寂寞少知心

自訟　癸酉一九九三年 三月
　近欲蒐集余年來散文雜藁　準備出一書　念余兒時　就家塾讀書　一意要學朱
　子　盖父兄師長之期望於余者如此也　到今老白首　自視所作文字　或史或文
　殆類於雜學　毫無涉於存心養性工夫　不免爲朱子罪人矣　題此一絶以自訟

初無鵬翼遠圖南　雜學平生負晦庵
野寺看碑探佛蹟　村家携冊採民談

春興　癸酉一九九三年 四月

崇朝微雨響前簷　大地蘇枯更起潛
舍北舍南花早晚　休言世態異凉炎

春日鄉廬

花連欄角竹連簷　一室圖書玩味潛

最愛庭松張翠盖　不憂三夏盛蒸炎

過春風亭遺址 癸酉一九九三年　五月
在退老洞口藍湖之上

花落人空野鳥啼　前宵風雨水生溪
無端想像江湖樂　閒聽菱歌到日西

農民歎

雨歇山村布穀啼　家家携鍤引淸溪
平生勤苦將何益　白粲如山來自西*
*白粲　白米

兎峴　望見亡弟墓 癸酉一九九三年　七月
在退老村後山

蒼山依舊繚雲屏　宿草荒墳任亂螢
京洛風霜多歲月　阿兄毛髮亦星星

西皐精舍　憶先兄

寂寂松篁擁几屏　空齋乾死讀書螢

夜來淚眼遲翹首　天際孤明有一星*

*先兄　曾號素丁　又號一星

留鄉第二絶 癸酉一九九三年 十二月

村莊終日不關扉　鶏犬安閒轍跡稀
荒歲政宜甘咬菜　園中採採滿筐歸

松蒼竹翠翳軒扉　三日從容俗事稀
嶺雪湖雲千里路　明朝又向漢城歸

過三門洞 甲戌一九九四年 二月

三門洞　在密陽城南　古之沙門郊也　田土肥美　邑人耕種相連　郊之南　有馬巖　斗入江中　天然釣臺　佔畢齋先生'開仰凝川舊釣磯''鱖魚已躍桃花水'等句是也　昔余嘗有「早春沙門郊居」詩曰'柳梢舒眼荻生芽　一夜瀟瀟雨薄沙　臥想鱖魚時節近　馬巖春水更如何'此詩傳播一鄉　濫得詩名　可笑也　余之郊居已屬四十年前事　今人口稠密　昔之田園　盡變爲繁華市街　余所寓處　迷失所在　久矣

長憶沙門郊外居　馬巖春水鱖魚初
詩中藏得田園景　莫恨繁華失舊廬

退老洞神贈答詩 甲戌一九九四年 三月

余暫歸故里　過洞神之社　整襟致敬　忽於耳邊　如有神語曰　子一生　役役風

塵 今雖晚矣 何不效淵明賦歸 享有田園之樂 余惕然有間 賦得二絶 題曰
退老洞神贈答詩 聊以是自解云

西皋松竹影踈蕭　洞裏閑雲自暮朝
京洛賣文空自苦　故園尚有栗芋饒
　　　　　　　　右　退老洞神贈余之辭

風塵垂老髮蕭蕭　非爲虛榮向市朝
京肆古書千萬軸　任情游翫腹常饒
　　　　　　　　右　余答退老洞神之辭

暮春登西亭 甲戌一九九四年 四月

衆芳飄落不須收　暇日臨風一破愁
荷着舊根登水面　藤抽新蔓向墻頭

聽鄰叟語

湖上平田歲有收　一家康濟也無愁
縱然列國催開放　不使春蕪遍隴頭

村莊晚眺 乙亥一九九五年 一月

凍雲殘雪夕陽低　獨樹人家一鵲啼

知是邑城場市罷　翁歸牛返越前溪

雙梅堂鷄肋集　405

西亭 參觀善契會 乙亥一九九五年 四月

憶昔劬書夜達晨　松風梧月四時新
如今尙作蘭亭會　千載山陰一路春

罷會後 別西亭

寂寂園池曛更晨　隔年來到感懷新
明朝旋向京師去　花落鶯啼又一春

初夏西亭 有懷桑山 因而覽物感時 爲題一絶
乙亥一九九五年 五月

　桑山 李稹號 年前歿于大邱

林泉汨㳌枕邊聞　幾載同椉吾與君
綠暗紅殘池閣靜　任敎飛絮逐風紛

契會翌日上西亭二絶 丙子一九九六年 五月

芳艸萋萋澗路迷　春風扶策向村西
林中忽聽黃鶯語　應喜塵踪訪舊栖

柳絮漫空晴日迷　小山東畔曲池西
筆床茶竈皆依舊　只欠親朋並榻栖

留鄕第　與隣友夜飮 丙子一九九六年 十二月

一斗靑梅醉興濃　纖纖初月已昇東
偏憐白髮無貧富　到老方知天道公

午夢至一處 富士山入望 知其爲日本東京 而無人迎我 悄
然而返 覺後有感

雪裏閉窓午睡濃　蘧蘧忽到海之東
旗田長逝藤間遠　我史何人持論公

村莊秋況 丁丑一九九七年 十一月

嶺尾歸農我已遲　餘年活計恐將虧
鷄豚里社豊年樂　浮世虛名可比斯

還鄕道中作 戊寅一九九八年 四月

乍出都城快欲飛　車中半日息塵機

沿途春色濃如酒　只惜農村生意微

登三隱亭

洞裏春晴燕子飛　山齋寥閴坐忘機
松壇老榦撐天壯　藥圃新芽出土微

退里十八詠　戊寅一九九八年 五月

華岳返照
長空飛鳥盡　積翠自千層
屈曲山蹊見　雲邊歸有僧

藍湖過雨
何處輕雷動　長風引雨過
漁人齊返棹　浩盪白鷗波

清德園竹
　清德堂 我退老一門之宗宅也
宗祊儼陟降　靜肅舊園墻
最是千竿竹　清風灑一方

靜存庭松
　靜存軒 我仲曾祖靜存軒公之精舍
百載傳思慕*　雲烟護舊楣

清陰遍庭廡　蒼鬱老松枝
＊精舍左右 有思庵慕庵

南郊耦耕

　　耦耕坪 在村之南 我曾大父恒齋公所命名也
峽谷燒痕淺　湖田春色遲
老農談故事　及見舊風儀

東墅三隱

　　三隱亭 我季曾祖庸齋公別墅 三隱 謂漁隱樵隱酒隱
明月漁樵逕　清風漉酒巾
洞中來往客　俱似古仙眞

西皐讀書

　　西皐精舍 我曾大父恒齋公之別墅 舍伯素丁公及余 少年讀書處
萬卷古香溢　屛孫遺業承
十年脩竹裏　風雨耿孤燈

北洞栽桑

　　北洞 卽魚盆洞 我先君 植桑於此 以蠶業起家
平生經濟志　手植百千桑
南路春光晚　家家出繭箱

自濡藏板

　　自濡軒之西 有藏板閣
家學積梨棗　奎星輝四隣
芸香長闢蠹　字字見精神

正進講鐘

華岳白頭脈　凝川淸洛流
山高水長處　正進響千秋

轎峰霽月

碧窓隱霧雲　夜久書聲撤
忽覺洞天開　晴峯方吐月

龍峴明霞

暮雨過西嶺　家家泉底紅
近村稱壽洞　應與武陵通

友亭古木

北風吹大陸　萬物正離披
老榦寂無動　中心祇自知

佛堂遠瀨

　　里之西北　有佛堂谷
老木荒崖畔　曾經住梵宮
松風吹遠瀨　禪誦有無中

碧巖玩瀑

層崖溪直立　噴薄洞中天
百劫風霆裏　靑山只寂然

陽堤納凉
十頃陂池古　千年部曲餘
飛甍拂林杪　遊客納凉初

霧夜九壯
　　里之東隣曰九壯洞　每秋冬之交　大霧漫天
　　俗傳此地　將生九壯士　爲匡國救民之英雄云
歲月興亡裏　山河歌哭中
莫愁雲霧晦　天地孕英雄

霽天無隻
　　天晴氣朗　則金海無隻山　遠出於天末
何處長風過　海氛一夕消
萬人翹望裏　無隻出雲霄

佑成　釜山時　作退里十六詠　欲以慰老親傷時戀古之懷　舍伯素丁公　譯以國文
揭載于密城校誌　歲月忽忽　已屬四十年前事　孤露之慟　踽凉之悲　不能自定
故里風物　亦有時過境遷之感　特以存舊之意　不加改定　只補以二首　因製十八
詠圖屛　以置座隅云
戊寅一九九八年　孟夏之月　志于漢南之紅實房

洛洲齋 與鄕友夜話 己卯一九九九年 五月

作舍三年奈道傍　吾生自可辨行藏
每從事後論成敗　謾向人前說短長
鶯囀江南花爛漫　雁歸塞北月凄凉

感君留我供鷄黍　荷篠深情未易量

傷農家 己卯一九九九年 十一月

黃雲收盡四郊平　秋後家家訴郡城
穀價不登牛價落　終年十口莫聊生

又

古人修學講治平　杜漸防微似守城
今日四維都不振*　山崩海溢奈民生
*管子 禮義廉恥 國之四維 四維不振 國乃滅亡

順天鄕病院 省源卿疾 獨歸高陽 悽風動地 亂雪撲人 自
不能定情 車中强吟一絶 庚辰二〇〇〇年 一月

出門步步更回頭　雪撲車窓和淚流
六十年來同苦樂　如今漂蕩一孤舟

新秋宿山亭 庚辰二〇〇〇年 九月

井梧園竹作輕寒　一霎西風暑氣殘
夜靜澗流憑几聽　朝晴峰嶂揭簾看

親朋牢落關懷久　鄉里蕭條着座難
惟是嘉俳名節近　家家餅酒賀平安

嶺南樓秋眺

一笑憑樓江水寒　湧金門上夕暉殘
少年霞鶩秋天句　滕閣豈惟王子安*
　*王勃 字子安

還京車中戲用六言體

凝川鷗鷺盟寒　華岳烟霞夢殘
底事勞勞往返　故籬松菊要看

重牢日 贈內二絶　庚辰二〇〇〇年 十二月

東床當日好緣成　閱盡風霜感淚橫
彩舞盈庭春意洽　聊持此樂慰餘生

憐君筆蹟未完成　多少歌章枕畔橫
聊附拙辭編一冊　他生可得證今生

內子 嘗手抄我家先世歌章 題曰「退里歌辭」因病中斷 常以爲恨 余將使婦兒
輩 續書成冊 附以余所作蕉花頌祝歌 以備異日家間故事

是日　溫知會諸公見枉　酌酒縱談

學釰學書無一成　市中年少任豪橫
寒齋薄酒談千古　可但嚶鳴求友生

秋後　再到退里舊庄　辛巳二〇〇一年　十二月

頻訪園林氣味淸　樵翁漁叟不曾驚
犬知人過隔籬吠　雞喜日暄登樹鳴
村店舊醅猶適口　山廚新菜更多情
如今世界風濤惡　野隱何如隱市城

初冬復至退里

十月南州場圃淸　重來物色使人驚
風吹洲渚蒹葭散　霜落藩籬蟋蟀鳴
萬里滄波勞遠夢*　一莊修竹寓深情*
平生未享田園樂　太息明朝又漢城
＊憶美洲寓居之兒若孫
＊先人手植園竹　今鬱茂成林

春寒 壬午二〇〇二年 一月

　家居 竊歎世態 以詩自慰 詩中有'春寒'二字 取以爲題

少輩飛揚老者寬　　誰能隻手障狂瀾
經綸未見鵬張翼　　形相還多猴沐冠
風撼竹枝妨夜靜　　雪侵梅萼惱春寒
家中也有斑衣戲　　笑對病妻聊勸餐

西園感舊

　汎稱西皐精舍之園林曰西園 我王考晚年藏修處

感舊傷今每自寬　　西園追憶淚汍瀾*
幼年見背康成帳*　　亂局違彈貢禹冠*
一路蓬蒿來轍斷　　半床風雨短檠寒*
蕭條惟有籬邊菊　　秋後落英供夕餐*

＊余兒時 讀書於王考膝前 來客每擬以鄭家小同 余年十四 王考見背
＊余十一歲讀書經畢 有客戲言他日我國獨立 汝必被薦爲學部大臣
＊王陽出世 其友貢禹 彈冠以待
＊風雨對床 蘇家兄弟故事 余先兄歿後 獨宿西園 不勝踽凉之悲
＊『離騷經』夕餐秋菊之落英

舊第 修築訖工 志喜 壬午二〇〇二年 四月

樂志何殊鄉與京　　弊廬粧點已垂成
小車從此閒來往　　千里湖山一路晴

余所寓漢陽之西坰 早朝馳車 踰秋風嶺 則日未昃 可到密陽

西皐精舍 追慕曾大父恒齋公 壬午二〇〇二年 四月

晩卜溪山寂寞濱　著書論史樂淸貧*
當年手種紅桃樹　又作東風滿院春
＊有文集五冊及『讀史箚記』四冊

源卿 病不能同來 余獨留舊庄 爲題一絶 寄懷

牢落舊庄藍水濱　有田有屋未全貧
庭前梅杏園中竹　我植君培凡幾春

悼亡 癸未二〇〇三年 四月
　歸葬故山 返虞于退里舊第 後二日 獨坐西亭 有作 〇蘭社韻

南路凄風泣送靈　此心惟願醉無醒
宣城寂寞烟霞閣*　退里蕭條福壽屛*
病室尙餘守門鶴*　先齋久死讀書螢*
憑軒孤坐人來少　惟有木蓮花滿庭
＊烟霞閣 溪南堂號 內子生於此
＊我家有篆書百壽百福屛
＊余購得華人梅鶴圖 取李尙迪'一樹梅花鶴守門'之句 題其左 置之病室 有年
＊余少時 讀書于先墅 內子 晨夕督廚婢 供余餐 已屬六十年前事

又

虞祭畢後 將還高陽寓舍 踰嶺至黃澗 不勝悽愴 賦六言一絕 ○白塔詩社韻

千山綠暗紅稀　一路鶯啼鷰飛
北望京郊緬邈　噫吾誰與同歸

又

抵高陽寓舍 哭罷 兒輩各返其家 翌日 間有弔者至 亦旋去 余獨坐殯側 無
以遣懷 賦五言一絕

殯廳人漸稀　花塢蝶雙飛
牀几皆依舊　嗟君獨不歸

還鄉 與諸從弟姪 會于西亭 癸未二〇〇三年 六月 ○蘭社韻

庭松園竹翠連天　復有薔薇花正妍
靜裏棋聲眞不俗　閒中茶味有同禪
雨過陂澤潤千畝　雲擁峰巒圍四邊
莫道老人無所事　新詩又就兩三篇

還鄉 坐西亭 聞鶯 癸未二〇〇三年 六月 ○白塔詩社韻

環亭萬樹拂天靑　款款黃鸝訴舊情
此地讀書多歲月　篋中吟艸記分明

還鄉途中作 _{癸未二○○三年 十月 ○蘭社韻}

我老將爲八十翁　乘車猶復賴藜笻
身同流水向滄海　心逐浮雲游太空
翠篠引風含古樂　殘葵傾日靄孤忠
年來漸覺鄉居好　社酒隣餐談笑中

哭長姪文伯

嗟君胡遽棄衰翁　廣廈摧樑路失笻
寂寂宗祊人不在　滿園梧竹掩秋空

自解

深愧他人稱我翁　時時强步伴孤节
詩經一束三秋盡　莫道殘年活計空

與實是學舍經學研究會諸生　譯註『茶山詩經講義』 今秋將刊行二冊

秋盡日　至蓮花洞新墳　志感
　　　　　　　　甲申二○○四年 十月（陰九月晦日）○蘭社韻

　是日　爲亡室撤殯日　兒輩奉魂帛　埋安于故山塋左　余亦隨往焉

又送秋風到故山　悠悠往事莫追攀

村翁牽犢候溪上　谷鳥迎人噪樹間
天聳三峰文氣壯　地占一壑淚痕斑
華南舊宅新粧點　也識魂靈日往還

松 甲申二〇〇四年 十月

庭植多年長過尋　蒼然已作歲寒心
終呈磊落撑天勢　更展清凉滿地陰
春榻掃花頻擧箒　夜窓和韻試鳴琴
得君可但風霜契　大廈明堂寄意深

初冬小雨旋止 獨坐鄉廬詠懷 甲申二〇〇四年 十二月 〇蘭社韻

電速光陰儘可驚　孟冬寒氣逼衣生
殘雲天末魚鱗薄　小雨簷端玉溜鳴
一盞香茶心更定　萬竿脩竹境逾清
邇來厭向京街道　蟹字家家異國名

還鄉翌日步至魚盆洞 年條未詳
我家桑園 廢爲稻田 今亦荒蕪居半

魚盆洞口雨初晴　臥木橫溪橋自成
太息農家丁壯盡　平田今亦少人耕

夢
松
集

余年八十餘 尙未歸栖于鄕第 鄕第 有老松一樹 余愛之 每關于懷 一日
夜 夢一蒼髥叟 訪余寓舍曰 公豈忘我耶 吾獨守公之故宅 風雨雪霜
五十年矣 今公亦老白首矣 何不賦歸 逡巡徘徊於京郊之間也 余瞿然以
謝曰 子非吾歲寒之友耶 吾尙無決歸之意 子姑還家 爲我留待四五年也
蒼髥叟 憮然以返 余憫甚 覺而記二絶 (庭松問答詩) 因號近年所作詩篇
曰 夢松集

내가 팔십이 넘도록 고향집으로 돌아가지 못하고 있다. 고향집에는 내가
사랑하는 노송 한그루가 있는데 어느날 밤 꿈에 한 창염수(蒼髥叟, 노송의
신)가 찾아와 고향집으로 돌아오기를 청하였다. 내가 4, 5년 뒤로 미루고
타일러 보냈다. 그런데 왠지 마음이 편치 않아 꿈이 깬 뒤에 시(詩) 두 수
를 짓고, 또 근년에 지은 시들을 엮어, '몽송집(夢松集)'이라 했다.

庭松問答詩 二千五年 二月三日

竹樹連墻花映樓　主人不在小庭幽
盤桓撫我來何日　孤影蕭疎春復秋
　　　　　右蒼髯叟贈余詩

華南寥廓舊亭樓　老我不來門逕幽
獨守空庭風雪裏　知君心事冷於秋
　　　　　右余答蒼髯叟詩

閑居 讀王朝實錄 有感

吾邦實錄也多虛　良史無人似董狐*
馴致黨爭偏主論　任將賢俊肆行屠
山林峻望名何盛　君主威權勢却孤
今日那堪言世事*　藏修聊可遂吾初

*孔子曰 董狐 古之良史也
*余曾有論文「李朝儒教政治及山林之存在」因指「山林」爲御用學者

近欲刊行拙著詩文 慕何投兼金以相助 余以詩一絕爲謝

已識人生慾望虛　殘年惟憶首丘狐
賴君高義刊吾稿　不羨滄江有武屠*

*滄江金澤榮 舊韓末 亡命寓通州 賴武進屠寄(官翰林 字歸甫 號敬山)贊助
　刊行其詩文 其贈屠詩曰 謂我詩堪刻 囊金擲若無 屠有文學聲望 多見于滄
　江集中

贈別鄉友 二月二十日

逢筵不欲遽分離　對坐重歎世局危
院內論爭交拍案　街頭集會競揮旗
梅寒雪月眞相得　松老風霜也自支
半壁河山春且至　吾人莫作楚囚悲

記夢

夕從電視器中　觀中國史劇　入夜　夢到三峽　值三國戰爭　余在蜀陣　問諸葛
軍師何在　急馳欲相見　忽馬蹶　驚而覺　自念有似孩童之夢　不耐一笑　聊題
一絕

楚江蜀峽夢迷離　萬馬千兵棧道危
乍閱戰爭中路返　曉窗猶似拂旌旗

過光化門

不愁扁額去將離　土偶群形着坐危
最是宮城交代式　爲誰日日動旌旗

閑中述懷 奉呈蘭社諸公 三月十日

覃叟何曾歎老衰*　詩心猶似少年時
頭童却被隣兒笑　齒豁先令廚婦知

朋席酒酣春浩浩　書窓茶罷日遲遲
芳蘭結社相徵逐　無限塵愁不上眉
＊覃叟　覃齋叟　碧史別號

遊麗水二絶
入梧桐島　乘車至頂上　登眺望臺

千里遨遊興不衰　天蒼海碧縱眸時
梧桐傳說還多事　人世悲歡不欲知

鎭南館　仰懷李忠武公事

萬事人間有盛衰　此心堅確不隨時
鎭南功績耀天下　誓海盟山人少知

初春郊居　有懷公溥伯經　汝重諸從　三月二十二日

節序紛忙孰挽留　佳辰且未作淸遊
南天積靄朝而暮　北路寒風春似秋
茶罷香烟迤案足　詩成明月上簾鉤
今年契事應同席　桃李芳園一解愁

閑中 讀史記張良傳 留侯世家

子房元不欲封留　只願赤松相伴遊
忍見韓彭歸一網　從仙脱俗自千秋

觀善輔仁契會 密陽天淵亭 四月二十六日

故園桃李耀春暉　千里歸來興不微
十世門欄敦孝友　一區山澤任潛飛
藏修肯與俗緣接　觀輔勿令先訓違
却憶昔年垂釣處　凝川四月鱖魚肥

散會後獨坐書懷

送罷賓朋已落暉　小樓閑坐篆烟微
江南萬里新歸鷰　也識主人傍檻飛

遊龍仁民俗村 五月二十日

龍駒屹立一衙門*　民俗千年此有村
鐵匠紙工今似古　船丁店媼曉連昏
鈴閣尊嚴官長貌　刑場索莫罪囚魂*
此身如入昇平世　南北乖離不欲論
　＊由正門以入　前面　別有巍巍一宇　大書龍駒衙門四字　龍駒　龍仁古號

＊東軒正堂 設置官員坐像 吏屬列立其前 設枷械棍杖於場中 髣髴施刑之狀

門前小市 五月二十一日

　每週火土兩日 商人輩 自近郊搬入産物 就我公寓門前 開小市 各家主婦
　早朝來集 買魚菜以歸 靜而無譁 可見習俗之美也

小市開場近我門　淸晨魚菜自郊村
從看賣買人情厚　不說搶攘世態昏

寄浩堂金鍊三嘉村莊 五月二十七日

塵蹤無計涉瀛蓬　曾愛仁鄕帶古風＊
酒味有時詢店媼　農談終夕伴隣翁
靑編喜閱短檠下　白髮羞看明鏡中＊
春樹暮雲勞夢想　何時重與一樽同

＊三嘉 今屬陜川郡 山重水複 成一別世界 鄕校及書堂 到處有古風可尙
　杜甫寄李白詩「渭北春天樹 江東日暮雲 何時一樽酒 重與細論文」
＊浩堂 與隣近村友 結社讀書 浩堂每日自歎其早老髮白

自順天鄕病院 將歸高陽 路過慕何龍山二村之居

郊市栖遑歎轉蓬　羨君江閣挹淸風
千編書籍百壺酒　不讓神仙河上翁

楊平活水書室　留贈主人　七月十九日

遠招賓友誼非輕　　快興何辭斗酒傾
境近市闠猶不俗　　語關鄉國更多情*
平郊列峀群鬟擁　　活水寒塘一鑑成*
蘭社清緣隨意足　　風流到處樂餘生

　*主人本安東人　我一行中　太半是安東人　故云
　*朱子詩「半畝方塘一鑑開　天光雲影共徘徊　問渠那得淸如許　爲有源頭活水
　　來」

陶山悅和莊　中夜無寐　追憶溪南往事　八月二十二日

溪南墟落絶人烟*　　湖岸惟存半畝田
詩詠仙臺聲在耳*　　夢回霞閣淚盈船
窓間孤月明還暗　　木末閒雲斷復連
梔子棕櫚盆影遠*　　高堂淸話更何年

　*溪南　爲水沒地區　每旱餘　湖水減其半　舊墟露出其一邊
　*遊仙臺在陶山之北　余遊甥館之翌年春　登斯臺　有詩一絶　諸長者　各以其韻
　　見和　船衣襟也　溪南大廳曰烟霞閣
　*烟霞閣　有梔子棕櫚二盆　長皆一丈餘　外舅南坡公　甚愛之　客至　輒置酒於
　　二盆之間　談笑以爲樂

忠州　觀中原高句麗碑　八月二十四日
　碑在野田中　覆以小閣　丹靑煥爛

三尺碑身聳草烟　　丹靑照耀路傍田
想看後日英雄氣　　破却隋師百萬船

北京六者會談之後 我南北問題 明暗如前 有賦 九月二十日

曾謂天公太不情　幾年南北阻堅城
往來雜沓關門闢*　和戰支離歲序更*
洰水夜寒明月照　漢皐日晚白雲生
何當高笑開胸臆　永絶蝸牛角上爭
＊南北通關 部分實施 開城往來及金剛山觀光者 每日千名以上云
＊和戰: 平和協定與停戰協定 尚在論爭中

讀杏坡詩選 九月二十一日

芊眠詩語儘多情　恰似春花藹錦城
清夜披吟不成寐　床頭燭跋幾番更

憶寄孫友

白首無從慰遠情　望中千里隔重城
洰江烟雨崧山月　幾夜相思到五更

暇日出外 暮歸公寓 至中夜無寐 十一月三日

幸州城外路橫斜　細雨馳車獨返家
案上堆書連竹影　窓前移枕近蘭花
衰年淡食渾忘肉　長夜孤吟謾啜茶
電視器中看却厭　世間無處不喧譁

慕何 刊行其先世文集 總七冊頒帙到余 余以詩爲賀

門路堂堂不側斜　琴書泉石號名家
江山文藻新增色　特地春風碧李花

玄洲訪我實是學舍 談及其近況

黃江一曲抱村斜　德義文華桂洞家
最是百年門戶計　不栽桃李種棉花

又 白塔詩社韻

憶昔源亭一夜眠　江山淸遠少塵烟
休言疾病分離苦　猶勝瑤琴久斷絃*
＊玄洲夫人 擧病往浦項長子寓所 玄洲留京第 每自傷其孤獨

贈少南

處世端嚴視不斜　況兼忠孝世傳家*
追思異域觀眞影*　枳棘叢中有槿花
＊全義李氏世譜 載有世宗御題「家傳忠孝 世守仁敬」八字
　往年余遊越南 過某會社壁 掛一大型寫眞 諦視之 少南與越南要人某 兩人
　比肩攝影者也

秋懷　十一月二十八日

寥廓秋天雁叫哀　我懷慘慄莫能裁
霜餘紅葉隨風散　霧後黃花向日開
文字謾登新院楣*　夢魂空繞舊池臺
許多聞問難回信　一任書牀簡牘堆
　*近年 各處新築亭榭院宇等建物 輒要余記之 余辭不獲已 作記文以付之 舉
　　皆刻揭其楣

母別子　不記何日 姑錄於此
　　金剛山南北離散家族相逢場 有九十六歲母 與七十三歲子 相面 旋以翌日
　　作別 子抱母慟哭 余從電視器中 見此光景 爲題一絶

山川草木亦含哀　母子相離淚莫裁
今日何人揮大斧　南天北地坦途開

淸溪川二絶　十一月二十九日
　　與實是學舍經學研究會諸少友 遊賞半日 淸溪川 新開水道 以各種彫刻 粧
　　飾兩崖之壁 市民之遊賞者 及外國觀光客 每日雲集 今已至千數百萬名云

淸溪曲折玉音哀　畫壁連延錦片裁
寄語當年仇甫氏　川邊風景此重開*
　*「川邊風景」作家朴泰遠 自號仇甫氏

蕩滌百年亡國哀　舊京風物剪刀裁

環球觀客來千萬　崇禮興仁門大開

歲暮郊居 十二月二十八日

笑索梅花簷一巡*　枝間青鳥語頻頻
歲行將盡購新曆　身老且衰懷故人
退里松篁空入夢　漢山風雪又迎春
何年好作歸田計　淨掃西樓案上塵
＊杜甫詩「巡簷索共梅花笑」

歲末 聞湖南大雪 農家被害莫甚 不禁憂歎

將看青帝向南巡　何事陰天降雪頻
遠港示威聲震海*　田間還作失農人
＊我國農民團體 遠征于香港 抗議示威 連有報道

蘭社新年之會 奉呈諸公 二千六年 一月九日

新年喜得一盃巡　賴是詩壇唱和頻
老境長長無事日　華筵濟濟有情人
北關松樹猶含雪　南國梅花已放春
好待第三蘭集出　清辭麗句滌烟塵

訪陶山梅　憶故友淵民　一首 二月五日

昔壬午(一九四二)初春　余自溪南　訪陶山梅　寄淵民詩一絕　曰[獨向新年憶
故人　西雲千里渺音塵　陶山風雪梅初動　淸夢頻回洛水濱]　時淵民　留學于
京城明倫學院　余滯溪南　無與晤言　以此寄懷者也　淵民　收錄此詩于其所著
[玉溜山莊詩話]　爲儕輩所諷詠　歷三十餘載　至丁巳(一九七七)年間　淵民
游海外　購得一小扇　歸卽書此詩于扇面以付余　余至今藏之篋中　又將三十
年矣　向余刊拙稿　此詩見漏　頗以爲恨焉　今於陶山悅和齋講讀之暇　暫至巖
栖軒　見諸梅尙未結蘂　庭宇冷落　追憶往事　不禁惆悵　用蘭社韻　賦此一首
以自遣云

陶山行過每心傷　　六十年華夢一場
幾樹寒梅春寂寞　　隔隣孤笛晩悲凉*
樽前揮筆風流遠　　篋裏藏詩歲月長
今我來斯誰與語　　溪雲溪月杏聲光
*向秀過嵇康故居　聞隣家吹笛　感而有賦　自此隣笛　遂成爲悼念故友之詞

鄕廬述懷

歸臥鄕廬白日遲　　感今懷古更移時
名留學校先生案*　跡似山林處士姿
竹葉迎風琴作響　　梅花映雪玉爲肌
明朝馳向京郊路　　橐裏蕭條筆一枝
*先生案　凡官府乃至公共機關之前任者名單　謂之先生案　例如慶尙道先生案
慶州府戶長先生案等

夢 鹿邨過余 示其所作詩 旣覺 不能記其句 悲感交至

春夜沈沈更漏遲　故人一笑執盃時
幾年風雪空山臥*　夢裏依然是舊姿
*鹿邨墓 在楊州馬石

西皐精舍修契 四月九日

老檜脩篁一境深　蘭亭故事是山陰
群賢款對花同笑　好句催成鳥和吟

曾捲圖書辭講席　謾將巾服託儒林
爲言此地良緣在　莫惜年年春共尋

翌日別西皐精舍

卜築園亭歲月深*　蒼松綠竹菀交陰
此身又作京華客　春鳥秋蟲任叫吟
*園亭 我曾祖考別墅

湖南春遊
與白塔同人 遊扶安高敞等地 四月二十一日～二日

好是東津萬頃西　春風徵逐醉如泥

雲開郊野兼天闊　雨暗邊城接地低
古寺千年圍老木*　層崖百丈擁淸溪*
餐廳當午多珍味　未到全州莫解携*

  *來蘇寺
  *禪雲寺
  *宿扶安海邊之茅項　將以午後　分乘車輛　各歸京師　有言此地距全州不遠　午
　餐于全州　何如　因馳向全州　蓋全州飮食之美　冠于南方故也

落花有感 四月二十九日

群花飄落舍東西　盡被街童踏作泥
山李穩飛芳草岸　却憐占地有高低

漢江晚望 憶寄蘭社諸公 五月二十九日

漢江浩浩劃西東　廿二虹橋路四通
遠近舟檣歌吹外*　古今亭閣畫圖中*
長堤芳草霏霏雨　列峀高松落落風
咫尺相思如楚越　諸公應與我懷同

  *每日　有遊覽船　下上於江中　時發絃管之聲
  *漢江樓亭圖卷　鄭歚所作　有名於世

自鄕還京之日 歷入城東故里 至今是堂 六月十九日

幾年今始過城東　依舊緣江一逕通

閒倚碧欄懷往事*　數聲漁笛渺茫中
＊城東故里 我祖先 自京徙密陽始居之地 緣江有先祖承宣公別墅 曰今是堂

陶山講學之第三日 發向春陽 訪姜氏晚山故宅 午後至丹陽宿 七月四日

携書挈友到陶山　碧嶂淸溪一樣閒
地僻野花沿路發　天晴飛鳥隔江還
容儀無改刀圭後　志趣長存硯墨間
却喜歸途酬逸興　丹丘仙境叩雲關

晚山故宅 留題一絕

敞閣高堂署晚山　主人三世享淸閒
香茶珍菜綿情話　城市塵踪頓忘還

翌日至寧越淸泠浦 少憩 七月五日

陰天馳過越中山　聽斷鵑聲廟宇閒
浦上坐看哀史蹟　江流如往復如還

積雨新晴 出遊街市 覽物興懷 一首 _{八月十二日}

長夏長霖暗市城　今朝雲捲喜新晴
庭中坐見古松影　橋上行聽流水聲
鄉里田蕪憐宿約*　關河書斷悵交情*
却慚少日鯤鵬夢　塵土居然老此生
　*余嘗與內子 約以七十後 同歸田廬 內子歿後 余尙此棲遑於城市
　*余少時摯友 有柳孫兩人 六二五亂中 兩人俱越北 柳歿已久 孫臥病無消息

夜坐 _{八月三十日}

流雲冉冉向西城　萬里星河夜景晴
已覺新秋消息近　窓前喞喞草蟲聲

寄密陽樂山樂水亭主人
　　朴登茁春卿

嶺南形勝密州城　長夏雲陰特地晴
羨子平生山水樂　風流不墜古家聲

秋日還鄉遣懷 _{十一月二十四日}

秋日無人叩我扉　閒中散步覓新詩
村墟霧暗雞聲遠　江浦波寒帆影遲

遯志讀經多所得　空言憂國竟何爲*
且從局外觀消長　莫向塵間妄是非

　＊與實是學舍諸少友　譯述茶山[詩經講義]　近纔畢業　又將[尙書古訓]輪讀　以
　　譯述爲事

慕何　在家調病　以詩慰之二絶

問藥尋醫時出扉　掃除塵事未忘詩
詩中滿貯陽和氣　充溢眞元也不遲*

　＊曩余通話　問其動靜　則曰今日得詩三絶　方入電腦　歸自書室云

叱退夜叉風振扉　喜從杜甫共吟詩
春花秋月優遊好　白髮何愁起動遲*

　＊張退庵　病起　滄江寄詩曰「夜叉退歸風振扉」退修公在觀龍寺　困小癘　深齋
　　以詩慰之曰「杜甫吟詩起不遲」

洵卿　在北京　以自作詩「秋思」六絶　見寄　余用蘭社詩韻
和答一絶

剝啄聲來喜啓扉　燕京萬里六章詩
吾知驪壑探珠苦*　今日莫言歸國遲

　＊洵卿從其夫君　留學中國　與北京大學諸敎授　譯述韓國文集叢書　驪壑探珠
　　用崔孤雲語　以喩其古典探索之勞云

歲暮述懷　十二月二十二日

晚卜郊坰做野人　一堂書籍好藏身
伯夷豈合從西伯　庾信胡爲作北臣*
　*唐詩「傷心庾開府　老作北朝臣」

策杖乘車探勝槩　題花詠月答良辰
世間榮辱相忘久　白飯靑蔬樂我貧

還鄉　復詠庭松
　昔我先君　手植一松於中庭　蒼菀可愛　先君別世已歷三十五年　余每自京暫
　歸鄉第　見此松默守空宅　不撓不變　有同於信臣　余輒有題詠　今行　復吟一
　絕

寂寂門墻待主人　蕭然一榻着衰身
妻梅婢竹還多事*　惟賴蒼松作信臣
　*宋代林逋故事

新年謾題　二千七年　一月二十五日

浮世榮華總是愁　此身曾未逐時流
生涯澹泊貧猶樂　學業荒蕪老更羞
我願口中無洛蜀*　誰知皮裏有春秋*
飄然欲去親鷗鷺　只少江湖一葉舟

　*宋代黨論　洛(程伊川)蜀(蘇東坡)
　*晉書褚裒　季野(裒字)有皮裏春秋　言其外無臧否而內有所褒貶也

夢至西皐先墅 手撫梅竹 覺後 題一絕

夢尋先蹟破閒愁　寂寞園亭歲月流
綠竹引風如有訴　紅梅映雪似含羞

奉寄蘭社諸公

漢上塵氛溢目愁　吾人索寞少風流
春來且復酬餘興　苑有花兮江有舟

開歲後 不得還鄉 以詩自慰 二月二十五日

南天翹首暗黃塵　百感重驚歲序新
海外知名無補世*　墻東寄隱有高人*
桃源雞犬應依昔　栗里田園又告春
白首栖遑城市側　故山雲鳥謾傷神
＊新年 自中國日本人士 寄來年賀狀甚多
＊王君公(後漢)陸文圭(宋)稱爲[墻東隱] 或稱爲[墻東先生] 言其不深入於山
　林而隱約於城市之側 以保其令名

早朝發向陶山 午抵義林池 食冰魚 二月二十七日

長程六百遠衝塵　行過晴湖景象新
笑引一盃仍大嚼　冰心冰質快醒人

陶山悅和齋 與諸生開講 讀退溪先生書

一年兩度接芳塵　眞訣留香五百春
最是巖梅消息近*　好將遺韻授來人
　*有人言近來氣候溫暖　巖樓軒諸梅　亦將不日吐蘂云　故及之

示長兒　四月五日
　長兒熙渤　今春　自順天鄕醫科大學　定年退職　欲歸密州舊第　作田園生活
　且以救療鄕里貧民之疾病爲計云　余知其意已決　無以截住　作此以示之

歸田何惜露沾衣　但學淵明願不違*
也向農民勤致意　肯從商客效投機
盃盤益覺菜香好　風雨勿令花事非
却幸老夫心氣淨　不敎雙眼礙烟霏
　*淵明歸田園詩　有「衣沾不足惜　但使願無違」之句

同木曜會諸友　遊坡州美術團地

風吹花片撲人衣　勝地良辰兩不違
石逕閒行聞鳥語　松陰端坐息塵機

四月十四日 還鄉 翌日登三隱亭 修契事

山開野闢宿雲晴　病客還鄉眼忽明
妙句時從茶後得　閒愁多自枕邊生
池塘日晏群鱗泳　院落春深百喙鳴
此地隔年方再會　臨分聊復一樽傾

路過聞慶 追憶鹿邨
四月十七日 中部高速道路

四月冠山細雨晴*　故人顏色記分明
鹿門邨況今何似　遙想寒烟滅復生
*冠山 聞慶古號

嶺東紀遊 五月十一日～十二日
郭稹·朴丙鍊 兩敎授 邀我遊嶺東 一宿于永郎湖畔 翌日 入雪嶽洞 遊覽訖
踰陳富嶺 遍歷襄陽江陵旌善等地 過五臺山麓 至橫城 作別還京

遨遊初不計閒忙　飽賞山川嗅古香
借榻永湖神氣淨　馳車陳嶺道途長
蝶知春暮紛狨翅　鶯喜晨清好哢吭
臨別把盃聊贈語　願君聲價聳京鄉

又

昔年　余曾與內子·源卿遊嶺東　宿永郎湖畔　有詩紀之　今行　獨臥湖邊一室
中夜轉輾無寐　爲題一絕　以志余懷

嶺東山水應酬忙　　到處名詩齒頰香
最是永郎湖畔夜　　宿緣遺韻入思長

退里散抄 七月五日
歸京前一日　獨臥西亭　適有客至　談話　少頃辭去　尤覺無聊　用蘭社韻遣懷

夢遊仙境覓眞源　　剝啄何人叩我門
春雉飛輕過後院　　午雞聲遠在前村
竹爐煮茗添新味　　石壁題詩見舊痕
太息吾行明復發　　池臺寂寂掩黃昏

題珠藏玉府

王考省軒公　刊行星湖集二十七冊　其木板所藏處曰珠藏玉府　在退老里自濡
軒之境內　近來盜難頻發　難於守護　不得已移置木板于密陽市立博物館　珠
藏玉府　今爲空閣而猶揭舊扁

近畿實學溯淵源　　吾祖猷謨自一門
玉府珠藏今寂寞　　夢中時復叩星村*
＊星村　卽安山星村　星湖先生舊庄也　今有星湖記念館

發陶山　晚過醴泉仙夢臺　七月十六日
　　寓巖李公閱道(退溪先生從孫)別業

仙臺沼遞洞天寒*　　李氏山林夕照殘
文字尙留先世蹟　　烟霞長供後人看
千株松樹吟風好　　萬朶蓮花寫景難
一曲淸川流不盡　　雲仍百代享平安
＊洞口立一石　刻「仙臺洞天」四字

宿平昌山中

瓊樓玉宇信淸寒*　　晚泊山中暑氣殘
云是蓬坪場市路　　可山碑石駐車看*
＊宿所在五臺山麓　開一別世界　歐羅巴風建物　爲數十棟
＊可山　李孝石號

晚過幸州山城　有懷權忠莊公　九月十日
　　權忠莊公　權慄將軍

長空澹澹鳥歸遲　　落照荒臺遠笛悲
當日幾人能解事　　令公一代每憂時
攘夷氣魄風雲作　　衛國誠忠草木知
撫古傷今非得已　　滄桑閱劫浩無涯*
＊滄桑閱劫　壬辰亂後四百餘年間　我國命運　經無限波瀾曲折　以至于今日　尙
　此南北分斷　與野角立　不知前頭狀況　將至何境　故末句云云

畫夢 與一灘遊嶺南樓 覺後 寄詩一絕

老病相思見面遲　夢中徵逐亦堪悲
何年釣得凝川鯉*　笑語淋漓對飯時
＊凝川鯉 密州故老相傳 吾鄉有盤中三名物 一正覺山吉更菜 二凝川鯉魚炙
　三北面白米飯

暇日 至江南大母山 歷過親知諸家 竝不叩門 獨歸到奉恩
寺 感舊寫懷 十月十二日

城市閒行不露蹤　晚歸僧院獨聽鐘*
風吹街樹秋聲近　雲捲江臺夕景濃
險路關情同枳棘*　韶顏入夢似芙蓉
蕭條往跡無人問　一曲孤歌意萬重
＊昔余居三成洞 在寺之近處 嘗與內子源卿 數次遊寺 今來 有老僧記余面
　邀入茶室 致慇懃焉
＊余曾爲軍政所壓迫 解敎授職 被拘囚於治安局 出監後 避走日本 寓居松戶
　市 此時源卿每隨余而行 苦樂與同焉

一灘 以其先祖遜齋集 見贈 以詩一絕 爲謝

昔賢今日莫追蹤　敬重有如千石鐘
盥手燒香開卷處　嘉言麗句似春濃
遜齋(河沖) 以佔畢門人 仕于朝 表從南袞 用事 欲公之附於己 公斥其奸 歸
隱鄉里以卒

初冬 憶鄕庄 十一月十六日(日)

節儉平生不說貧　居然已作老衰身
惟將隱德追先世　肯逐奇名做別人
一室圖書淸有趣　三亭泉石淨無塵*
却嫌虛假欺鄕曲*　善美元來出自‘眞’

　＊余曾大父恒齋公三兄弟　各有別業　曰西皐　曰靜存　曰三隱
　＊西洋人　自古代　有三種德目　眞也善也美也　而吾東方學者　只注重於善一邊
　　而於‘眞’之一字　鮮有用意者　遂致‘虛假相仍’至有‘假道學’之稱(明儒邵
　　寶之言曰願爲眞士大夫　不願爲假道學）去‘眞’益遠矣　可不戒哉

寄河友 十一月二十日

憐君久食貧　濁世善持身
筆下有珠玉　門前無雜人

歲暮詠懷 十二月二十三日(日)

北地南天靄暮烟　更敎時事擾心田
白山尙阻登攀路　黃海不通漁釣船
厭向淸眞求導引*　肯從浮薄被牽連*
故園梅竹應相待　可得逍遙送晚年

　＊有後輩　憫余衰憊　屢勸以丹學修鍊法　余至今不應其請
　＊向有市中某人士　要余聯名於其團體　余遜辭以謝之

又

　　絶句

處世平生厭俗烟　　皤皤白髮未歸田
春風吹入凝川曲　　好共閒鷗泊小船*
*將以來年四月　還鄉　修契事　故云

聞江原道大雪丈餘　道路阻絶　不禁憂慮 二千八年 一月二十二日

大雪彌漫關嶺東　　寒風凓冽市街空
明朝應得神靈護　　海晏天晴瑞日紅

新年未得還鄉　獨守郊舍　適有鄉友至　酌酒敍懷 二月十七日

夢裏頻煩向洛東　　通宵情話積懷空
不羞華髮添霜白　　却笑衰顔借酒紅
涉世甘追牛步後　　會心惟在蠹編中
今年又負沙鷗約　　一任春江雨打篷

聞北路稍開　擬將往遊開城　預賦一首　以示木曜同人
　　　　　　　　　　　　　　　　三月十三日

南北彊場路乍通　　關防猶未釋戈弓
朴淵名瀑霑飛雨　　滿月荒臺挹晚風

寂寞善橋忠血冷　蕭條靈寺敎藏空*
何時直向浿城去　長嘯江山追牧翁*

＊靈通寺　大覺國師義天修行處　義天有『新編敎藏總錄』　近年南北協力　重建
　寺宇　而敎藏無一存者云
＊牧隱永明寺詩「長嘯倚風磴　山靑江自流」一聯　有名於世

憶寄江南友人

江南當日四隣通　我距君家只數弓
一自郊居顏色阻　野桃山杏又春風

四月十二日還鄕

　爲修契事

　是日　早發高陽　馳車歷大邱　至密山渡(凝川上流)　日已晩矣　鄕友數十人　邀
　余入酒店　餉夕餐　盖將以翌日修契于退里之西亭　而先有商議事故也

還鄕千里到江干　鷗鷺飛來雪一團
客路不嫌詩想動　賓筵無使酒壺乾
年豊猶覺民生苦　官弊尤令世事難*
好是蘭亭修契帖　風流留跡後人看*

＊諸人談及時事　多有憂慮之意
＊有人　取余行裝中詩軸　朗詠一篇　因曰此蘭亭故事　而吾鄕勝會也　詩藁　當
　爲傳後計　不可艸艸遺棄也云

翌日 西亭修契 示席上諸人一絕

世間榮辱不相干　面面淸儀月共團
舊竹引風還自靜　春花霑露莫催乾

午後 衆客散歸 獨坐西軒 題一絕

一春花竹擁欄干　漫坐不嫌蒲作團
嘉客送歸茶未冷　新詩題罷墨初乾

與木曜會同人 遊韓宅植物園 五月二十七日
　　安城白岩

花爛春山作畫圖　更教芳草錦茵鋪
拭眸對友顏如玉　抵掌談詩句似珠
鶯出谷中投老柳　魚游池面動新蒲
歸哉四序田園興　聊學當年范石湖

夜臥無寐 念我平生經歷 不無多少曲折 用蘭社韻 自慰
　　　　　　　　　　　　六月二十五日

處世何曾作喜悲　卅年隨分住京師
泮中絃管優遊處　海外風霜放浪時
少輩才輕難與語　故人病重漫相思*

試看陶老辭終句　天命元來樂不疑
　*余少時摯友　有兩人　滄洲李載浩　斗梅朴智弘　皆臥病　莫相往來　斗梅遠在
　　金海　又移梁山　夐無消息

成均館懷舊

不管世間歡與悲　平生粉墨作人師
碧松亭外巡盃日*　文杏壇邊考課時*
　*碧松亭　舊制　師生　序次以坐　行燕飲之禮　謂之(碧松飲)
　*夏期終講之日　聚學生輩於杏壇之陰　使之提出其論述　教授第其高下

哭善丁二絶

冠岳雲沈艸木悲　吁嗟少輩失良師
念君贈我寒梅意　情思芳馨無盡時

送君今日不勝悲　遠向娥林別漢師
記否落星臺下店　五人終夕醉談時*
　*君在病中　每思親友　欲與共飲　余數次就君家近處　與竹夫石如瀛山　對君而
　　坐　醉談終夕

與木曜同人 遊積城古縣 因至漣川境 軍事分界線
七月二十八日

不因陰雨止吾行　爲是名區半日程
泉冽酒香村有店　民稀壤瘠縣無城
諸葛莫能高臥睡　淵明何事早歸耕
眼看荊棘阻南北　戮力同參開太平

楊平活水書堂 與諸少友 講退溪先生書二絶
　始欲向安東矣 以余身病 不堪遠行 因開講於此

郊行纔歇又江行　活水書堂百里程
講討遺書三日夜　還疑此地是宣城

賢主歡迎我一行　朝吟暮講重規程
何時共築儒家壘*　好作千年不壞城
＊主人權氏五春 同參朝暮講席 因曰洞裏有佛寺及基督教會 而近皆撤去 此
　堂可以爲儒學中心云

敬順王陵

新羅納土北方行　寶馬香車耀去程
寂寞荒陵秖此是　夢魂無復遶金城

新凉

新凉遍入萬家樓　況復郊原富有收
縱道病翁愁永夜　不同騷客詠悲秋
賓朋罕到廚房淨　杖屨停行澗道幽
却喜後生多俊逸　任將名字耀靑丘

懷西皐精舍

西皐半百閉書樓　落葉堆庭人不收
何日脫身塵土裏　憑欄高嘯水雲秋

偶閱舊稿 有「華山秋夜讀書時」之句 因憶 華山故事 題
一絶

讀書當日愛禪樓　猿鳥不驚林澗幽
安得故山重理屐　行行尋壑又經丘

暇日過村家 坡州廣灘面 十月七日

秋聲己着井梧枝　正値農家多事時
少婦携兒餉南畝　靑狵吠客守西籬

重陽日憶鄉第

空庭捲映老松枝　千里家山返幾時
黃菊數叢應待我　何由扶策向東籬

午後閒坐

蘭抽新葉竹生枝　手灌盆叢到午時
小市當門喧暫息　鄰婆負戴共過籬

憶凝川舊遊

牢落凝川舊釣臺　長堤楊柳有誰栽
平生辜負江湖約　只任閒鷗自去來

歸鄉第作 十月三十一日

吾鄉遠在洛東涯　千里馳來日未斜
雞哺新雛穿入圃　犬知舊主導還家
庭松過雨舍生氣　籬菊經霜保晚花
最愛連墻萬竿竹　百年蒼翠俗塵遮

西亭 憶故友李君稹二絶

幾年筇屐澗之涯　　細草幽花路不斜
舊日朋遊俱寂寞　　蕭疎白髮獨還家

少日歡情靡有涯　　討論何厭互橫斜
夕陽一笛悲凉裏　　忍過當年竹外家

白塔詩社席上 贈諸公二絶

白塔清遊今幾回　　暮年詩力與同衰
好哉昌慶宮南巷　　更勸諸公佩酒來

歲月堂堂去不回　　何關人世有興衰
新年且復增康健　　花外小車閒往來

贈西湖朴昇熙教授
　　西湖　就碧蹄館近處　築室以居　碧蹄館　往昔韓中使行留宿之址　文人墨客
亦從而唱酬爲樂者多　一經滄桑　館宇　化爲廢墟　草木冷落　往時　風韻　無從
尋逐　可恨也　然西湖新居　與我花亭　一牛鳴地　可以朝夕往來也　喜賦一絶
以贈

碧蹄風韻不重回　　草木如今盡變衰
之子多情新築室　　花朝月夕訪余來

黃土峴 弔東學農民戰爭遺蹟 二千六年 五月初旬

安民輔國鎭風塵　東學農民口號新
綠豆將軍今不見　宏樓敞閣慰行人*
 *紀念館 有兩個建物 甚宏敞

午餐于全州 屋號曰宮

停車移榻息行塵　壁上有詩聲調新*
宮女三千都幻夢　綺窓端雅一佳人*
 *我一行中 李特求教授曾過此 題一絶 揭在壁上
 *主人年少女子 韓服淡粧 頗都雅可尙

遊坡州樹木園 十月二十六日

倚檻迎風一灑然　淸潭飛瀑映秋天
靈區雲物宿緣在　杖屨逍遙年復年

奉贈白塔同人

郊舍逢秋興索然　陰蟲鳴壁雁橫天
定知白塔淸緣好　討酒評詩娛老年

陽曆歲初 許捲洙敎授 寄送花開茶一封 以詩一絶爲謝
二千七年 丁亥二月二十二日

久識茶香勝酒香　花開玉雪味偏長
多君寄致寒窓下　陰谷如逢一線陽

仁寺洞畵廊　觀所謂現代畵　戲題

新畵初無文字香　粧虛飾幻說空長
謙翁不作檀公遠　何日披陰快覩陽

晚過幸州山城　記所見

廢堞荒祠葆舊香　江邊落照更拖長
世人趨利偏多事　無限車輪走漢陽

還鄕途中　過佳谷　追悼朴友三亭 四月二十六日

列峀北池江走東　長程撩乱落花風
吾行踟躕違臨穴　忍哭遺墳艸莽中

又

君家佳谷邑城東　　三世門庭保古風
樂水樂山人不在　　亭臺悽立暮雲中

述懷　示白塔詩朋

暮年心跡隱墻東*　　緬仰千秋高士風
賴有淸緣追白塔*　　雪簷雨屋唱酬中*

* 王君公(後漢)陸文圭(宋)世稱爲'墻東隱'或稱爲'墻東先生'言其不深入於
　山林而隱約於城市之側　以保令名
* 楚亭　有『白塔淸緣集』今不傳
* 燕岩　序楚亭北學議“…研究於雨屋雪簷之下　抵掌於酒闌燈炧之際”

石洞二絶　成大慶教授昌寧故里　六月二十八日

我石軒

善家餘慶固無疑　　歷世陰功更比誰
廣宅崇墻非所羨　　風流儒雅儘堪師*

* 有許性齋盧小訥記文　盖與當時諸名碩　往復酬唱　風流儒雅　有足可尙也　我
　曾祖恒齋公　輓我石公詩曰'日用工夫能踐實風流話本更超倫'

日新堂

步步名村行却疑　　盤桓松下是爲誰*
舊園老手逢賢主*　　好把文章耀漢師

＊日新堂門頭　署曰盤桓門　盖取淵明歸去來辭語也
＊有爲堂鄭公記文　末尾自署以友人東萊鄭寅普　盖與主人　相與之誼　不淺而
　深也

記夢

　夜夢遊名山　稱爲'新金剛'與群仙唱酬　覺後　記得一句曰'浮生得此何因果'
　實不解其意　戲用白塔韻　足成一絶

夢入名山吾自疑　仙娥携手不知誰＊
浮生得此何因果　欲向禪家問老師
＊有美貌娘子(所謂案內孃)　挾余扶上階段故云

哭古村

聞君遊岱却生疑　此事茫茫可問誰
泮府諸生應太息　東洋哲學失良師

江邊路　小憩　八月三十日

漢水溶溶映客衣　停車閒坐暫忘歸
蒼松瑟瑟迎風舞　白鳥翩翩向日飛

苦熱 憶江陵舊遊

鏡浦臺高褰我衣　活來亭敞獨遲歸*
遙思東海連天碧　無限淸風逸興飛
　*昔余與諸公　遊船橋莊　余獨上活來亭　吟嘯忘返　諸公臨發　爲余駐車以待
　　深屬未安

一灘　爲余誦其近作詩一絕　次韻却呈

月溪秋雨灑簑衣*　聞子觀漁向晚歸
却憶凝川遊釣日　遙天心逐白雲飛
　*暑氣尙熾　是日爲陰曆七月十二日　序屬秋節故　謂之秋雨

自題「第五次中國紀行詩抄」後　十二月二十七日

長江南北好風烟*　遍踏名山與大川
遙憶匡廬峰上月*　今宵應復照中天
　*是行　遍遊湖北省江西省一帶　故曰長江南北
　*要參照「三疊泉瀑布」詩

冬至日　作

紛紛舊夢總歸烟　滾滾新愁來若川
但願一聲雷動後　祥雲瑞雲滿東天

憶寄江南友人　二千八年 三月十八日

江南當日四鄰通　我距君家只數弓
一自郊居顏色阻　野桃山杏又春風

止山教授定年退職 余以五言二首 爲頌

卓彼茶山老　愛作朝鮮詩
擧國皆矇聾　此意少人知
惟我止山子　曠世通心期
一卷論新穎　萬人咸稱奇

歷史多變化　人物有得失
如非具眼者　曷能把眞實
詩中有美學　要在善表出
我讀止山書　不出門三日

宿南怡島
　島之北端 有靜觀樓 其傍 有洋屋二棟 余家族十餘人 分占而一泊

浩渺秋江濶兩涯　松楓映苑夕陽斜
淸宵一宿良緣在　領略風光好返家

密陽溫知會諸友 求余近作詩 書送今回蘭社之作
二千九年 己丑一月二十二日

架頭五典與三墳　古籍叢中八十春
却恨文章同弊箒　更羞名字混囂塵
竹邊閑屐訪先墅　花外小車逢故人
最是新年鄉社樂　藍湖烟月共怡神

憶舍兄

舍兄墓 在密陽嚴光山西阡

新年不得拜遺墳　痛絶空山草樹春
寂寂寒窓譯書處　盆蘭猶掩半床塵

自述 四月二十二日

末路身名恐有虧　遠郊寒屋好棲遲
讀書飲水渾閑事　節食調疴不後時
勝友論懷常有酒　良辰寓興可無詩
春來且作看花約　戲蝶嬌鶯相與期

西亭獨坐懷舊

綠竹蒼松互弊虧　賓朋送罷夕陽暹
一條依舊尋眞逕*　却憶童年操几時*
＊自村西　向西亭　林間一條路　日尋眞逕
＊昔我王考　日日登亭　余童時　挾冊陪几杖而行

謝呈慕何
　創批社　將刊行余所著述　稱爲全集　慕何　又以兼金相助　余於慕何　未有涓
　埃之報　而每蒙其資助如此　爲題一絶　以呈

感君情義未曾虧　愧我報施何獨暹
蘭社卅年如夢過　蕭條弊稿幾多時

還鄉　四月二十四日

江邊楊柳野中花　一路春風鬢髮斜
華岳三峰迎揖我　深村舊屋是吾家

高陽　與木曜同人　出郊　向豆腐村

春風問柳且尋花*　野路逶迤巷陌斜
豆腐村中甘喫歠　淸談又向賣茶家
＊杜甫詩'元戎小隊出郊坰　問柳尋花到野亭'

宿江華島 記所懷 六月三日

江都寂寞舊行宮　麗代風烟在眼中
達旦兵塵千里暗　崔家權力一朝窮
群山開野平蕪綠　大海連天落照紅
今日吾民新世界　身增勞苦耳增聰

李奎報墓

蒼松白石遶齋宮　幾個崇碑夕照中
賴是文章名不朽　一區兆域保無窮

遊禮山二絶

韓山李氏修堂遺物館
館宇崇深類古宮　名賢懿蹟一堂中
遊人遠近來觀感　三世遺芬靡有窮*
　*三世: 修堂·唯齋·平洲

秋史故宅
堂楣淸寂似禪宮　阮叟聲光在此中
老樹至今如聽讀* 古經遺義孰能窮
　*秋史詩'虛堂盡日無人過 老樹低頭聽讀書' 秋史經學　多掇拾淸儒　而少自家
　　見解

實是學舍諸生 引余遊西海岸 歷江景論山瑞山 至泰安宿
曉起 散步海畔 喫朝飯訖 往觀‘千里浦樹木園’ 七月八日

曉日閒從海畔行　店婆開戶笑相迎
良辰兼得珍羞饋　勝景因敎好句成
樹密花濃鶯語滑　天晴雲捲鷺飛輕
座間不欲談時事　饒舌儀秦列上卿

又

衰齡不厭遠途行　千里遨遊慣送迎
山海風光無限好　那能一斗百篇成

安東獨立運動紀念館二絶
　　與實是學舍經學硏究會諸少友　留宿於此　講退溪先生書

花府年年有此行　新修樓閣喜相迎
終宵論討君無厭　經濟元從博約成

陶山遺化挺郡英　百世淵源八路晴
祖國興亡那坐視　掀天忠義自然成
　＊獨立運動關係諸公　擧皆退溪淵源中人　故及之

感舊 八月十一日

昔在釜山 余與友蓮 約共卜居于東萊金井山麓 有詩曰'名山咫尺是 春雨共
編茅' 時 諸公 會于西面之于人藥欄 爛漫以吟弄爲事 淵民 打圈于吾詩曰
佳哉 然六二五戰爭勃發 卜居之約 不免廢棄 流轉五十年 友蓮死已久 淵
民亦歸道山 余近年 棲息于京郊一隅 而親友凋謝 周圍寂寞 且目見庶民生
活之困苦轉甚 每切憂憫 今回蘭社之韻 得茅字 忽記得海山故事 爲題一首
以寄思 且以少紓吾傷今感舊之懷云

名山當日擬誅茅　戰火飛驕大地焦
只得升壇談古典　那能開圃種新苗
空敎夜月照林路　一任春風吹野燒
白首京郊棲息處　忍看民庶苦征徭

歎世事

應有英雄起草茅　萬民渴望衆唇焦
嗟今志氣誰能養　鄒孟當年戒揠苗

夏日晚坐 八月二十八日

林空山靜鳥飛回　暑氣如蒸夕未衰
遙見漢江淸似鏡　同遊仙客幾時來

有懷南樓風景
密陽嶺南樓

野坼城空一水回　名樓聲價不曾衰
好詩連壁無人賞　只任閒鷗自去來

訪止山研究室　歸後 以七言一絕 寄呈

西橋斜日訪君回　沿路風光興不衰
却寫短詩忙寄去　今宵太乙杖藜來*
＊劉向故事

訪絅人研究室　歸後 題一絕 寄呈

歲月推遷更莫回　摩挲簡帖歎吾衰*
多君學味常淸健　幾許遺賢纂述來
*絅人 編余所與書 作一帖 以相示

湖南紀遊

遊木浦 贈止山一絕
榮山江水逈盤回　儒達巖巖氣未衰
木浦風光如此好　新秋淸賞喜同來

蘭影公園 用其歌謠 成一絶

一曲哀歌唱幾回　埠頭淚盡曲隨衰

深宵片月尙依舊　遊子無情不復來

將發木浦 歲華 要觀南農美術館 余回車至其所

爲賞南農駕暫回　小痴風韻未全衰

模松仿菊平生事　死後猶令觀客來

木浦憶陽原

迢迢南路首頻回　君不相從我益衰

落日海山懷抱切　一雙飛鷺逐人來

*光州韓睿源敎授夫婦　來迎我一行於木浦　供夕餐　頗慰余懷

羅州碧梧軒

鳳鳥高飛不復回　堂楹牢落碧梧衰

名賢尙有遺風在　長使遊人指點來*

*金鶴峰先生　曾爲羅牧　今其內衙　有一室曰金誠一房　要來客止宿

又其城門樓上　有鼓角等施設　市民相傳爲鶴峰遺制云

宿全州

名花佳樹路縈回　仙李王朝運已衰

萬點紅燈街市盛　慶基遺殿少人來

益山彌勒寺址

古塔雄姿今更回　千年寺院有興衰

善花不與薯童穴　地下金銘新出來

暴雨暴炎 過夏甚苦 而秋序將近 爲實是學舍諸少友 作詩
以勉　　九月四日

暴雨暴炎民事荒　誰歟當國理陰陽
海汀頓貴魚鰕味　野隴難期稻黍香
謾說經綸難藉手　莫憂薪水僅充腸
新凉且復親燈火　須識人間歲月忙

憶鄕莊

松菊猶存三逕荒* 每思陶令返潯陽
何時歸坐衡門下　村酒溪魚伴菜香
＊歸去來辭'三逕就荒　松菊猶存'

| 索引 |

李佑成 著作·共編 書目

著書(李佑成 著作集 所收)

『韓國의 歷史像—李佑成歷史論集』 創作과批評社 1982

『韓國中世社會硏究』 一潮閣 1991

『韓國古典의 發見』 한길사 1995

『實是學舍散藁』 創作과批評社 1995

『新羅四山碑銘 校譯』 亞細亞文化社 1995

『高陽漫錄—韓國學의 底邊』 景仁文化社 2005

『碧史館文存』 창비 2005

共編書

『實學硏究入門』 一潮閣 1973

『李朝漢文短篇集』(3冊) 一潮閣 1973, 1978

『韓國의 歷史認識』(2冊) 創作과批評社 1976

『韓國學硏究入門』 知識産業社 1981

『韓國의 傳統思想과 文學』 서울대출판부 1982

『密陽地名考』 密陽文化院 1984

『密陽誌』 密陽文化院 1987

『李晦齋의 思想과 그 世界』 大東文化硏究院 1992

『陶山書院』 한길사 2001

『退老里誌』 正進文化社 2003

실시학사에서 소장연구자들을 지도하여 함께 번역, 출판한 책

經學硏究會

『茶山의 正體傳重辨』 한길사 1995

『茶山과 文山의 人性論爭』 한길사 1996

『茶山과 石泉의 經學論爭』 한길사 2000

『茶山과 臺山·淵泉의 經學論爭』 한길사 2000

『茶山의 經學世界』 한길사 2002

『茶山 詩經講義』(5冊) 사암 2008

古典文學硏究會

『里鄕見聞錄』 민음사 1997; 글항아리 2008(재판)

『趙熙龍全集』(5冊) 한길아트 1999

『譯註 李鈺全集』(3冊) 소명출판사 2001

『卞榮晩全集』(3冊) 성대출판부 2006

『二十一都懷古詩』 푸른역사 2009

『完譯 李鈺全集』(5冊) 휴머니스트 2009

『熱河紀行詩註』 휴머니스트 (근간)

이우성 저작집 5
벽사관문존 상 (시)

초판 1쇄 발행 2010년 1월 11일

지은이 | 이우성
펴낸이 | 고세현
책임편집 | 부수영
디자인·조판 | 디자인시
펴낸곳 | (주)창비
등록 | 1986년 8월 5일 제85호
주소 | 413-756 경기도 파주시 교하읍 문발리 513-11
전화 | 031-955-3333
팩시밀리 | 영업 031-955-3399 · 편집 031-955-3400
홈페이지 | www.changbi.com
전자우편 | human@changbi.com

© 이우성 2010
ISBN 978-89-364-8253-4　93080
ISBN 978-89-364-7976-3(전8권)